국민연금공단

필기시험 모의고사

[6급 사무직]

제 1 회		
	영 역	직업기초능력평가, 종합직무지식평가
	문항수	60문항, 50문항
	시 간	60분, 50분
	비 고	객관식 4지선다형, 객관식 5지선다형

(주)서원각

제1회 국민연금공단 필기시험 모의고사

✎ 직업기초능력평가(60문항/60분)

1. 다음 글을 읽고 화자의 견해로 미루어 짐작할 수 있는 것은?

> 신화를 문학의 하나로 보는 장르론적 사유(思惟)에서 벗어나 담론적 실천으로 바라보는 시각에서 신화는 그것과 연루된 인지와 행위를 다른 어떤 담론보다도 적극적으로 호명하는 장치를 갖고 있다. 다시 말해 신화가 있는 곳에 믿음이 있고 행위가 있으며, 이는 곧 신화가 갖는 강력한 지표성을 말해준다. 이러한 지표성으로 인해 우리는 신화가 우리의 삶에 미치는 직접적인 영향을 더욱 생생하게 경험할 수 있게 된다. 그러나 신화의 지표성은 신화를 개념화하는 것을 더욱 어렵게 만든다.
>
> 개념이 확정되는 것은 그것이 의미체계 어딘가에 제자리를 잡는 것을 말한다. 확고한 의미체계로 이루어진 담론이 그것과 지표적으로 연루된 현실의 간섭을 받는다면 그러한 세계는 그 확고함을 유지하기가 어려울 것이다. 신화의 개념은 그것이 갖는 지표성으로 인해 의미체계 안에서 늘 불안정한 위상을 갖는다. 그 때문에 신화는 강력한 담론이면서도 늘 해체의 위험에 노출되어 있다. 신화의 해체는 다음의 두 가지로 나타난다고 정리할 수 있을 것이다.
>
> 먼저, 신화는 탈신화적 해체에 노출된다. 이를 뮈토스(Mythos, 신화 체계)와 로고스(Logos, 이성 체계) 간에 이루어지는 상호작용으로 파악할 수 있다. 즉, 신화에 내포된 믿음은 맹목적인 것이지만, 신화는 그것을 합리적인 것으로 위장한다. 혹은 탈신화를 통해 얻어진 합리성이라 하더라도, 그것이 어느 순간 맹목적인 믿음의 모습으로 돌변하기도 한다. 그러므로 신화는 늘 명사가 아닌 동사의 모습으로 나타난다. 언제나 이러한 해체의 역동적인 움직임이 수반되기에 신화는 '신화함'이거나 '신화됨'으로 나타나는 것이다. 아울러 그러한 움직임에 대한 반작용을 필연적으로 함의한 역설적 동사인 것이다.
>
> 다음으로, 신화는 사유(思惟)의 한 형태로 문학이나 언어의 경계를 넘어서 존재한다. 기호 작용이라 규정됨으로써 그것은 존재론적이면서 인식론적인 모든 현상에 골고루 침투한다. 신화가 없는 곳은 문화가 없는 곳이고 인간이 없는 곳이다. 한마디로 신화는 필연적인 것이다.
>
> 신화의 이러한 특성 때문에 신화는 더욱 위험하고, 잠재적이며 때로는 무의식적인 것처럼 보인다. 그러나 바로 이 때문에 우리는 신화를 더욱 노출시키고, 실재화시키며, 의식화시킬 필요가 있다. 이것이 앞서 말한 탈신화일 터인데, 그러한 사유는 우리의 문화를 맹목으로 얼룩진 부패한 모습이 아닌 활발한 모습으로 숙성된 발효한 모습으로 거듭나게 할 것이다.

① 신화는 기존의 차원을 넘어선 보다 깊이 있는 사색을 통해 거듭나야 한다.

② 신화는 문학 외의 다양한 예술적 차원에서 사유되어야 한다.

③ 문학은 신화를 담론적 시각으로 바라보는 하나의 수단이다.

④ 신화를 노출함으로써 저마다의 문화를 더욱 수용할 수 있게 된다.

2. 다음은 정보공개 청구권자에 대한 자료이다. 이 자료에서 잘못 쓰여진 글자는 모두 몇 개인가?

> 정보공개 청구권자
>
> ○ 모든 국민
> • 미성년자, 재외국민, 수형인 등 포함
> • 미성년자에 의한 공개청구에 대하여 법률상 별도의 규정이 없으나, 일반적으로 미성년자는 사법상의 무능력자로서 단독으로는 완전한 법률행위가 불가능하다. 그러나 무능력자의 범위는 대체로 재산보호를 위해 설정된 것이며, 정보공개와 같은 성질의 행위는 다음과 같은 경우에는 가능하다고 본다.
> –중학생 이하 : 비용부담능력이 없기 때문에 단독으로 청구하는 것은 인정하지 않으며, 친권자 등 법정대시인에 의한 청구가 가능
> –고등학생 이상 : 공개제도의 취지, 내용 등에 대하여 충분히 이해가 가능하고 비용부담능력이 있다고 판단되므로 단독청구 가능
>
> ○ 법인
> • 사법상의 사단법인 · 재란법인, 공법상의 법인(자치단체 포함), 정부투기기관, 정부출연기관 등
> • 법인격 없는 단체나 기관 포함
>
> ○ 외국인
> • 국내에 일정한 주소를 두고 거주하는 자
> • 학술 · 연구를 위하여 일시적으로 체유하는 자
> • 국내에 사무소를 두고 있는 법인 또는 단체
>
> ※ 제외대상 : 외국거주자(개인, 법인), 국내 불법체류 외국인 등

① 1개 ② 2개

③ 3개 ④ 4개

3. 다음은 S공사의 기간제 근로자 채용 공고문이다. 이에 대한 설명으로 바르지 않은 것은?

> □ 접수기간 : 20xx. 2. 17.(금) ~ 20xx. 2. 21.(화) (09:00~18:00)
> □ 접수방법 : 이메일(abcde@fg.or.kr)
> □ 제출서류
> – 이력서 및 자기소개서 1부(반드시 첨부 양식에 맞춰 작성 요망)
> – 자격증 사본 1부(해당자에 한함)
> □ 서류전형발표 : 20xx. 2. 22.(수) 2시 이후(합격자에게만 개별 유선통보)
> □ 면접전형 : 20xx. 2. 23.(목) 오후
> – 면접장소 : 경기도 성남시 분당구 성남대로 54번길 3 경기지역본부 2층
> □ 최종합격자 발표 : 20xx. 2. 24.(금) 오전(합격자에게만 개별 유선통보)
> ※ 위 채용일정은 채용사정에 따라 변동 가능
> □ 근로조건
> – 구분 : 주거복지 보조
> – 근무지 : S공사 경기지역본부
> – 근무조건 : 1일 8시간(09~18시) 주 5일 근무
> – 임금 : 월 170만 원 수준(수당 포함)
> – 계약기간 : 6개월(최대 2년 미만)
> – 4대 보험 가입
> ※ 최초 6개월 이후 근무성적평정 결과에 따라 추가 계약 가능
> ※ 예산 또는 업무량 감소로 인원 감축이 필요하거나 해당 업무가 종료되었을 경우에는 그 시기까지를 계약기간으로 함(최소 계약기간은 보장함).

① 접수 기간 내 접수가 가능한 시간은 근로자의 근무시간대와 동일하다.

② 제출서류는 양식에 맞춰 이메일로만 제출 가능하며, 모든 지원자가 관련 자격증을 제출해야 하는 것은 아니다.

③ 서류전형 발표일 오후 늦게까지 아무런 연락이 없을 경우, S공사 홈페이지에서 확인을 해야 한다.

④ 모든 최종합격자는 최소 6개월 이상 근무하게 되며, 2년 이상 근무할 수도 있다.

Ⅰ4~5Ⅰ 다음 글을 읽고 물음에 답하시오.

최근 국제 시장에서 원유(原油) 가격이 가파르게 오르면서 세계 경제를 크게 위협하고 있다. 기름 한 방울 나지 않는 나라에 살고 있는 우리로서는 매우 어려운 상황이 아닐 수 없다. 에너지 자원을 적극적으로 개발하고, 다른 한편으로는 에너지 절약을 생활화해서 이 어려움을 슬기롭게 극복해야만 한다.

다행히 우리는 1970년대 초부터 원자력 발전소 건설을 적극적으로 추진해 왔다. 그 결과 현재 원자력 발전소에서 생산하는 전력이 전체 전력 생산량의 약 40퍼센트를 차지하고 있다. 원자력을 주요 에너지 자원으로 활용함으로써 우리는 석유, 석탄, 가스와 같은 천연 자원에 대한 의존도를 어느 정도 낮출 수 있게 되었다.

그러나 그 정도로는 턱없이 부족하다. 전체 에너지 자원의 97퍼센트를 수입하는 우리는 절약을 생활화하지 않으면 안 된다. 많은 국민들은 아직도 '설마 전기가 어떻게 되랴.'하는 막연한 생각을 하면서 살고 있다. 한여름에도 찬 기운을 느낄 정도로 에어컨을 켜 놓은 곳도 많다. 이것은 지나친 에너지 낭비이다. 여름철 냉방(冷房) 온도를 1도만 높이면 약 2조 5천억 원의 건설비가 들어가는 원자로 1기를 덜 지어도 된다. ㉠'절약이 곧 생산'인 것이다.

에너지를 절약하는 방법에는 여러 가지가 있다. 가까운 거리는 걸어서 다니기, 승용차 대신 대중교통이나 자전거 이용하기, 에너지 절약형 가전제품 쓰기, 승용차 요일제 참여하기, 적정 냉·난방 온도 지키기, 사용하지 않는 가전제품의 플러그 뽑기 등이 모두 에너지를 절약하는 방법이다.

또, 에너지 절약 운동은 일회성으로 그쳐서는 안 된다. 그것은 반복적이고 지속적으로 실천해야만 할 과제이다. 국가적 어려움을 극복하기 위해서는 얼마간의 개인적 불편을 기꺼이 받아들이겠다는 마음가짐이 필요하다.

㉡에너지 절약은 더 이상 선택 사항이 아니다. 그것은 생존과 직결되므로 반드시 실천해야 할 사항이다. 고유가(高油價) 시대를 극복하기 위해서는 우리 모두 허리띠를 졸라매는 것 외에는 다른 방법이 없다. 당장 에어컨보다 선풍기를 사용해서 전기 절약을 생활화해 보자. 온 국민이 지혜를 모으고 에너지 절약에 적극적으로 동참한다면 우리는 이 어려움을 슬기롭게 극복할 수 있을 것이다.

4. ㉠에 담긴 의미로 적절한 것은?

① 절약을 하게 되면 생산이 감소한다.
② 절약으로 전력 생산량을 증가시킨다.
③ 절약은 절약일 뿐 생산과는 관련이 없다.
④ 절약하면 불필요한 생산을 하지 않아도 된다.

5. ㉡에 대한 반응으로 가장 적절한 것은?

① 새로운 에너지 개발은 불가능하다.
② 에너지 절약 제품이 더 비싸질 것이다.
③ 에너지가 풍부할 때 실컷 사용해야 한다.
④ 에너지 절약은 생존의 문제이므로 꼭 실천해야 한다.

6. 표는 A씨의 금융 상품별 투자 보유 비중 변화를 나타낸 것이다. ㈎에서 ㈏로 변경된 내용으로 옳은 설명을 고르면?

금융 상품		보유 비중(%) (가)	보유 비중(%) (나)
주식	○○(주)	30	20
	△△(주)	20	0
저축	보통예금	10	20
	정기적금	20	20
채권	국·공채	20	40

㉠ 직접금융 종류에 해당하는 상품 투자 보유 비중이 낮아졌다.
㉡ 수익성보다 안정성이 높은 상품 투자 보유 비중이 높아졌다.
㉢ 배당 수익을 받을 수 있는 자본 증권 투자 보유 비중이 높아졌다.
㉣ 일정 기간 동안 일정 금액을 예치하는 예금 보유 비중이 낮아졌다.

① ㉠㉡　② ㉠㉢
③ ㉡㉢　④ ㉡㉣

7. 다음은 재해복구사업에 관한 내용이다. 이를 이해한 내용으로 옳지 않은 것은?

> 1. 목적 : 풍수해로 인한 수리시설 및 방조제를 신속히 복구하여 안전영농 실현
> 2. 근거법령 : 자연재해대책법 제46조(재해복구계획의 수립 · 시행)
> 3. 사업시행자
> • 복구계획 : 시장 · 군수 책임 하에 시행
>   –시 · 군관리 수리시설 : 시장 · 군수
>   –공사(公社)관리 수리시설 : 공사 사장
> • 하천, 도로, 수리시설, 농경지 복구를 2개 사업 이상 동시에 하여야 할 경우는 시장 · 군수가 주된 실시자를 지정하여 통합실시 가능
> 4. 재원 : 국고(70%), 지방비(30%)
> • 국고(70%) : 재해대책예비비(기획재정부) – 피해 발생시 소관부처로 긴급배정
> • 지방비(30%) : 지자체(시 · 도 및 시 · 군)별로 재해대책기금 자체 조성
> 5. 사업(지원) 대상 : 1개소의 피해액이 3천만 원 이상이고, 복구액이 5천만 원 이상인 경우 지원
> 6. 추진방향
> • 국자재원 부담능력을 고려, 기능복원 원칙을 유지
>   –기능복원사업 : 본래 기능을 유지할 수 있도록 현지여건에 맞추어 복원
>   –개선복구사업 : 피해 발생 원인을 근원적으로 해소하거나 피해 시설의 기능을 개선
> • 모든 사업은 가능한 당해 연도에 마무리 되도록 하고, 규모가 큰 시설은 다음 영농기 이전까지 복구 완료
> • 홍수량 배제능력이 부족한 저수지 등의 주요시설 복구는 개선복구를 원칙
> • 유실 · 매몰 피해 농경지가 대규모인 곳은 가능한 경지정리 사업과 병행하여 복구하고, 도로 및 하천과 농경지가 같은 피해를 입은 지역은 동시 시행계획을 수립하여 종합 개발 방식으로 복구(소관청별 사업비는 구분)
> • 행정절차는 간소화하고 복구공사를 선 착공

① 피해액이 3천만 원이고, 복구액이 4천만 원인 경우는 지원대상이 아니다.

② 하천과 농경지 복구의 2개 사업을 동시에 해야 되는 경우에는 통합실시가 가능하다.

③ 재원이 국고인 경우에는 기획재정부가 예산을 배정한다.

④ 국가재원 부담능력을 고려하여 예외 없이 모든 재해복구는 기능복원을 원칙으로 한다.

▌8~9▐ 다음 상황과 자료를 보고 물음에 답하시오.

> 도서출판 서원각에 근무하는 K씨는 고객으로부터 9급 건축직 공무원 추천도서를 요청받았다. K씨는 도서를 추천하기 위해 다음과 같은 9급 건축직 발행도서의 종류와 특성을 참고하였다.

> K씨 : 감사합니다. 도서출판 서원각입니다.
> 고객 : 9급 공무원 건축직 관련 도서 추천을 좀 받고 싶습니다.
> K씨 : 네, 어떤 종류의 도서를 원하십니까?
> 고객 : 저는 기본적으로 이론은 대학에서 전공을 했습니다. 그래서 많은 예상문제를 풀 수 있는 것이 좋습니다.
> K씨 : 아. 문제가 많은 것이라면 딱 잘라서 말씀드리기가 어렵습니다.
> 고객 : 알아요. 그래도 적당히 가격도 그리 높지 않고 예상문제가 많이 들어 있는 것이면 됩니다.
> K씨 : 네. 알겠습니다. 많은 예상문제풀이가 가능한 것 외에는 다른 필요한 사항은 없으십니까?
> 고객 : 가급적이면 20,000원 이하가 좋을 듯 합니다.

도서명	예상문제 문항 수	기출 문제 수	이론 유무	가격	재고
실력평가 모의고사	400	120	무	18,000	100
전공문제집	500	160	유	25,000	200
문제완성	600	40	무	20,000	300
합격선언	300	200	유	24,000	100

8. 다음 중 K씨가 고객의 요구에 맞는 도서를 추천해 주기 위해 가장 우선적으로 고려해야 하는 특성은 무엇인가?

① 기출문제 수　② 이론 유무
③ 가격　④ 예상문제 문항 수

9. 고객의 요구를 종합적으로 반영하였을 때 많은 문제와 가격을 맞춘 가장 적당한 도서는?

① 실력평가모의고사　② 전공문제집
③ 문제완성　④ 합격선언

10. 다음은 고령화 시대의 노인 복지 문제라는 제목으로 글을 쓰기 위해 수집한 자료이다. 자료를 모두 종합하여 설정할 수 있는 논지 전개 방향으로 가장 적절한 것은?

㉠ 노령화 지수 추이(통계청)

연도	1990	2000	2010	2020	2030
노령화 지수	20.0	34.3	62.0	109.0	186.6

※ 노령화 지수 : 유년인구 100명당 노령인구

㉡ 경제 활동 인구 한 명당 노인 부양 부담이 크게 증가할 것으로 예상된다. 노인 인구에 대한 의료비 증가로 건강 보험 재정도 위기 상황에 처할 수 있을 것으로 보인다. 향후 노인 요양 시설 및 재가(在家) 서비스를 위해 부담해야 할 투자비용도 막대하다.

– 00월 00일 ○○뉴스 중

㉢ 연금 보험이나 의료 보험 같은 혜택도 중요하지만 우리 같은 노인이 경제적으로 독립할 수 있도록 일자리를 만들어 주는 것이 더 중요한 것 같습니다.

– 정년 퇴직자의 인터뷰 중 –

① 노인 인구의 증가 속도에 맞춰 노인 복지 예산 마련이 시급한 상황이다. 노인 복지 예산을 마련하기 위한 구체적 방안은 무엇인가?

② 노인 인구의 급격한 증가로 여러 가지 사회 문제가 나타날 것으로 예상된다. 이러한 상황의 심각성을 사람들에게 어떻게 인식시킬 것인가?

③ 노인 인구의 증가가 예상되면서 노인 복지 대책 또한 절실히 요구되고 있다. 이러한 상황에서 노인 복지 정책의 바람직한 방향은 무엇인가?

④ 노인 인구가 증가하면서 노인 복지 정책에 대한 노인들의 불만도 높아지고 있다. 이러한 불만을 해소하기 위해서 정부는 어떠한 노력을 해야 하는가?

11. 다음 ㈎~㈒의 5가지 문제 유형 중 같은 유형으로 분류할 수 있는 세 가지를 제외한 나머지 두 가지는 어느 것인가?

㈎ 정 대리는 소홀한 준비로 인해 중요한 계약 기회를 놓치게 되었다.
㈏ A사는 숙련공의 퇴사율이 높아 제품의 불량률이 눈에 띄게 높아졌다.
㈐ 지난 주 태풍으로 인해 B사의 창고 시설 대부분이 심각하게 파손되었다.
㈑ 영업팀 직원들에게 올해에 주어진 매출 목표를 반드시 달성해야 하는 임무가 주어졌다.
㈒ 오늘 아침 출근 버스에 사고가 나서 많은 직원들이 점심시간이 다 되어 출근하였다.

① ㈏, ㈑
② ㈐, ㈒
③ ㈎, ㈐
④ ㈑, ㈒

12. 업무상 발생하는 문제를 해결하기 위한 5단계 절차를 다음과 같이 도식화하여 나타낼 수 있다. 빈칸 ㈎~㈐에 들어갈 말이 순서대로 올바르게 나열된 것은?

1. ㈎ ▶ 2. ㈏ ▶ 3. ㈐ ▶ 4. 해결안 개발 ▶ 5. 실행 및 평가

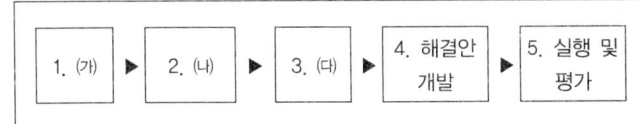

① 원인 분석, 문제 인식, 문제 도출
② 문제 인식, 원인 분석, 문제 도출
③ 문제 도출, 문제 인식, 원인 분석
④ 문제 인식, 문제 도출, 원인 분석

13. **김 과장은 다음 달로 예정되어 있는 해외 출장 일정을 확정하려 한다. 다음 상황의 조건을 만족할 경우 김 과장의 출장 일정에 대한 설명으로 올바른 것은 어느 것인가?**

> 김 과장은 다음 달 3박 4일 간의 해외 출장이 계획되어 있다. 회사에서는 출발일과 복귀일에 업무 손실을 최소화할 수 있도록 가급적 평일에 복귀하도록 권장하고 있고, 출장 기간에 토요일과 일요일이 모두 포함되는 일정은 지양하도록 요구한다. 이번 출장에서는 매우 중요한 계약 건이 이루어져야 하기 때문에 김 과장은 출장 복귀 바로 다음 날 출장 결과 보고를 하고자 한다. 다음 달의 첫째 날은 금요일이며 마지막 주 수요일과 13일은 김 과장이 빠질 수 없는 회사 업무 일정이 잡혀 있다.

① 금요일에 출장을 떠나는 일정도 가능하다.
② 김 과장은 월요일이나 화요일에 출장 결과 보고를 할 수 있다.
③ 김 과장이 출발일로 잡을 수 있는 날짜는 모두 4개이다.
④ 김 과장은 마지막 주에 출장을 가게 될 수도 있다.

14. **다음 중 *A*, *B*, *C*, *D* 네 명이 파티에 참석하였다. 그들의 직업은 각각 교사, 변호사, 의사, 경찰 중 하나이다. 다음 내용을 읽고 〈보기〉의 내용이 참, 거짓 또는 알 수 없음을 판단하면?**

> ① *A*는 교사와 만났지만, *D*와는 만나지 않았다.
> ② *B*는 의사와 경찰을 만났다.
> ③ *C*는 의사를 만나지 않았다.
> ④ *D*는 경찰과 만났다.

> 〈보기〉
> ㉠ *C*는 변호사이다.
> ㉡ 의사와 경찰은 파티장에서 만났다.

① ㉠과 ㉡ 모두 참이다.
② ㉠과 ㉡ 모두 거짓이다.
③ ㉠만 참이다.
④ ㉡만 참이다.

15. **다음 조건을 읽고 옳은 설명을 고르시오.**

> • 수학을 못하는 사람은 영어도 못한다.
> • 국어를 못하는 사람은 미술도 못한다.
> • 영어를 잘하는 사람은 미술도 잘한다.

> A : 수학을 잘하는 사람은 영어를 잘한다.
> B : 영어를 잘하는 사람은 국어를 잘한다.

① A만 옳다.
② B만 옳다.
③ A와 B 모두 옳다.
④ A와 B 모두 그르다.

16. **다음 조건을 바탕으로 을순이의 사무실과 어제 갔던 식당이 위치한 곳을 올바르게 짝지은 것은?**

> • 갑동, 을순, 병호는 각각 10동, 11동, 12동 중 한 곳에 사무실이 있으며 서로 같은 동에 사무실이 있지 않다.
> • 이들 세 명은 어제 각각 자신의 사무실이 있는 건물이 아닌 다른 동에 있는 식당에 갔었으며, 서로 같은 동의 식당에 가지 않았다.
> • 병호는 12동에서 근무하며, 갑동이와 을순이는 어제 11동 식당에 가지 않았다.
> • 을순이는 병호가 어제 갔던 식당이 있는 동에서 근무한다.

	사무실	식당
①	11동	10동
②	10동	11동
③	12동	12동
④	11동	12동

17. 다음 〈상황〉과 〈조건〉을 근거로 판단할 때 옳은 것은?

〈상황〉

A대학교 보건소에서는 4월 1일(월)부터 한 달 동안 재학생을 대상으로 금연교육 4회, 금주교육 3회, 성교육 2회를 실시하려는 계획을 가지고 있다.

〈조건〉

- 금연교육은 정해진 같은 요일에만 주 1회 실시하고, 화, 수, 목요일 중에 해야 한다.
- 금주교육은 월요일과 금요일을 제외한 다른 요일에 시행하며, 주 2회 이상은 실시하지 않는다.
- 성교육은 4월 10일 이전, 같은 주에 이틀 연속으로 실시한다.
- 4월 22일부터 26일까지 중간고사 기간이고, 이 기간에 보건소는 어떠한 교육도 실시할 수 없다.
- 보건소의 교육은 하루에 하나만 실시할 수 있고, 토요일과 일요일에는 교육을 실시할 수 없다.
- 보건소는 계획한 모든 교육을 반드시 4월에 완료하여야 한다.

① 금연교육이 가능한 요일은 화요일과 수요일이다.

② 4월 30일에도 교육이 있다.

③ 금주교육은 4월 마지막 주에도 실시된다.

④ 성교육이 가능한 일정 조합은 두 가지 이상이다.

18. 다음 진술이 참이 되기 위해 꼭 필요한 전제를 〈보기〉에서 고르면?

반장은 반에서 인기가 많다.

〈보기〉

㉠ 머리가 좋은 친구 중 몇 명은 반에서 인기가 많다.
㉡ 얼굴이 예쁜 친구 중 몇 명은 반에서 인기가 많다.
㉢ 반장은 머리가 좋다.
㉣ 반장은 얼굴이 예쁘다.
㉤ 머리가 좋거나 얼굴이 예쁘면 반에서 인기가 많다.
㉥ 머리가 좋고 얼굴이 예쁘면 반에서 인기가 많다.

① ㉠㉢

② ㉡㉣

③ ㉢㉥

④ ㉣㉤

19. 다음 조건을 바탕으로 김 대리가 월차를 쓰기에 가장 적절한 날은 언제인가?

㉠ 김 대리는 반드시 이번 주에 월차를 쓸 것이다.
㉡ 김 대리는 실장님 또는 팀장님과 같은 날, 또는 공휴일에 월차를 쓸 수 없다.
㉢ 팀장님이 월요일에 월차를 쓴다고 하였다.
㉣ 실장님이 김 대리에게 우선권을 주어 월차를 쓸 수 있는 요일이 수, 목, 금이 되었다.
㉤ 김 대리는 5일에 붙여서 월차를 쓰기로 하였다.
㉥ 이번 주 5일은 공휴일이며, 주중에 있다.

① 월요일 ② 화요일

③ 수요일 ④ 목요일

20. $A \sim G$ 7명이 저녁식사를 하고, 서울역에서 모두 지하철 1호선 또는 4호선을 타고 귀가하였다. 그런데 이들이 귀가하는 데 다음과 같은 조건을 따랐다고 할 때, A가 1호선을 이용하지 않았다면, 다음 중 가능하지 않은 것은?

> ㉠ 1호선을 이용한 사람은 많아야 3명이다.
> ㉡ A는 D와 같은 호선을 이용하지 않았다.
> ㉢ F는 G와 같은 호선을 이용하지 않았다.
> ㉣ B는 D와 같은 호선을 이용하였다.

① B는 지하철 1호선을 탔다.
② C는 지하철 4호선을 탔다.
③ E는 지하철 1호선을 탔다.
④ F는 지하철 1호선을 탔다.

21. 일정한 규칙을 찾아 빈칸에 들어갈 알맞은 숫자를 고르시오.

> 7 14 15 19 ( )

① 17 ② 20
③ 23 ④ 27

22. 회사에서 최근 실시한 1차 폐휴대폰 수거 캠페인에 참여한 1~3년차 직원 중 23%가 1년 차 직원이었다. 2차 캠페인에서는 1차 캠페인에 참여한 직원들이 모두 참여하고 1년차 직원 20명이 새롭게 더 참여하여 1년차 직원들의 비중이 전체 인원의 30%가 되었다. 1차 캠페인에 참여한 1~3년 차 직원 수를 구하면?

① 180명 ② 200명
③ 220명 ④ 240명

23. 35명 이상 50명 미만인 직원들이 지방에 연수를 떠났다. 참가비는 1인당 50만 원이고, 단체 입장 시 35명 이상은 1할 2푼을 할인해 주고, 50명 이상은 2할을 할인해 준다고 한다. 몇 명 이상일 때, 50명의 단체로 입장하는 것이 유리한가?

① 37명 ② 45명
③ 46명 ④ 47명

24. 다음은 국민연금 보험료를 산정하기 위한 소득월액 산정 방법에 대한 설명이다. 다음 설명을 참고할 때, 김갑동 씨의 신고 소득월액은 얼마인가?

> 소득월액은 입사(복직) 시점에 따른 근로자간 신고 소득월액 차등이 발생하지 않도록 입사(복직) 당시 약정되어 있는 급여 항목에 대한 1년치 소득총액에 대하여 30일로 환산하여 결정하며, 다음과 같은 계산 방식을 적용한다.
> • 소득월액 = 입사(복직) 당시 지급이 약정된 각 급여 항목에 대한 1년간 소득총액 ÷ 365 × 30

> 〈김갑동 씨의 급여 내역〉
> • 기본급 : 1,000,000원
> • 교통비 : 월 100,000원
> • 고정 시간외 수당 : 월 200,000원
> • 분기별 상여금 : 기본급의 100%(1, 4, 7, 10월 지급)
> • 하계휴가비(매년 7월 지급) : 500,000원

① 1,645,660원 ② 1,652,055원
③ 1,668,900원 ④ 1,727,050원

25. 다음은 과거 우리나라의 연도별 국제 수지표이다. 이에 대한 설명으로 옳은 것을 〈보기〉에서 고른 것은?

항목＼연도	2022년	2023년	2024년
(가)	−35억 달러	−28억 달러	−1억 달러
상품수지	−30억 달러	−20억 달러	7억 달러
서비스수지	−10억 달러	−5억 달러	−12억 달러
(나)	10억 달러	−13억 달러	5억 달러
이전소득수지	5억 달러	10억 달러	−1억 달러
자본 · 금융계정	17억 달러	15억 달러	15억 달러
자본수지	5억 달러	7억 달러	−3억 달러
금융계정	12억 달러	8억 달러	18억 달러

※ 소득수지는 본원소득수지로, 경상이전수지는 이전소득수지로, 자본수지는 자본·금융계정으로, 기타자본수지는 자본수지로, 투자수지는 금융계정으로 변경하여 현재 사용하고 있음.

〈보기〉

㉠ (가)의 적자가 지속되면 국내 통화량이 증가하여 인플레이션이 발생할 수 있다.

㉡ 국내 기업이 보유하고 있는 외국인의 배당금을 해외로 송금하면 (나)에 영향을 미친다.

㉢ 국내 기업이 외국에 주식을 투자할 경우 영향을 미치는 수지는 흑자가 지속되고 있다.

㉣ 외국 기업이 보유한 특허권 이용료 지불이 영향을 미치는 수지는 흑자가 지속되고 있다.

① ㉠㉡　　② ㉠㉢

③ ㉡㉢　　④ ㉢㉣

26. 다음 표는 각국의 연구비에 대한 부담원과 사용 조직을 제시한 것이다. 알맞은 것은?

(단위 : 억 엔)

부담원	사용 조직＼국가	일본	미국	독일	프랑스	영국
정부	정부	8,827	33,400	6,590	7,227	4,278
	산업	1,028	71,300	4,526	3,646	3,888
	대학	10,921	28,860	7,115	4,424	4,222
산업	정부	707	0	393	52	472
	산업	81,161	145,000	34,771	11,867	16,799
	대학	458	2,300	575	58	322

① 독일 정부가 부담하는 연구비는 미국 정부가 부담하는 연구비의 약 반이다.

② 정부부담 연구비 중에서 산업의 사용 비율이 가장 높은 것은 프랑스이다.

③ 산업이 부담하는 연구비를 산업 자신이 사용하는 비율이 가장 높은 것은 프랑스이다.

④ 미국의 대학이 사용하는 연구비는 일본의 대학이 사용하는 연구비의 약 두 배이다.

▌27~28▐ 다음은 커피 수입 현황에 대한 표이다. 물음에 답하시오.

(단위 : 톤, 천 달러)

구분 \ 연도		2021	2022	2023	2024	2025
생두	중량	97.8	96.9	107.2	116.4	100.2
	금액	252.1	234.0	316.1	528.1	365.4
원두	중량	3.1	3.5	4.5	5.4	5.4
	금액	37.1	42.2	55.5	90.5	109.8
커피조제품	중량	6.3	5.0	5.5	8.5	8.9
	금액	42.1	34.6	44.4	98.8	122.4

※ 1) 커피는 생두, 원두, 커피조제품으로만 구분됨
2) 수입단가 = 금액 / 중량

27. 다음 중 표에 관한 설명으로 가장 적절한 것은?

① 커피전체에 대한 수입금액은 매해마다 증가하고 있다.
② 2024년 생두의 수입단가는 전년의 2배 이상이다.
③ 원두 수입단가는 매해마다 증가하고 있지는 않다.
④ 2025년 커피조제품 수입단가는 2021년의 2배 이상이다.

28. 다음 중 수입단가가 가장 큰 것은?

① 2023년 원두
② 2024년 생두
③ 2025년 원두
④ 2024년 커피조제품

▌29~30▐ 다음 자료를 보고 이어지는 물음에 답하시오.

〈연도별 대기오염물질 배출량 현황〉

(단위 : 톤)

구분	황산화물	일산화탄소	질소산화물	미세먼지	유기화합물질
2020	401,741	766,269	1,061,210	116,808	866,358
2021	433,959	718,345	1,040,214	131,176	873,108
2022	417,645	703,586	1,075,207	119,980	911,322
2023	404,660	696,682	1,090,614	111,563	913,573
2024	343,161	594,454	1,135,743	97,918	905,803

29. 다음 중 각 대기오염물질의 연도별 증감 추이가 같은 것끼리 짝지어진 것은?

① 일산화탄소, 유기화합물질
② 미세먼지, 유기화합물질
③ 황산화물, 미세먼지
④ 일산화탄소, 질소산화물

30. 다음 중 2020년 대비 2024년의 총 대기오염물질 배출량의 증감률로 올바른 것은?

① 약 4.2%
② 약 2.8%
③ 약 -3.9%
④ 약 -4.2%

▮31~32▮ 다음은 SWOT분석에 대한 설명이다. 설명을 읽고 문제에 제시된 SWOT분석을 통해 도출한 전략으로 옳은 것을 고르시오.

SWOT이란, 강점(Strength), 약점(Weakness), 기회(Opportunity), 위협(Threat)의 머리글자를 모아 만든 단어로 경영 전략을 수립하기 위한 도구이다. SWOT분석을 통해 도출된 조직의 외부/내부 환경을 분석 결과를 통해 각각에 대응하는 전략을 도출하게 된다.

SO 전략이란 기회를 활용하면서 강점을 더욱 강화하는 공격적인 전략이고, WO 전략이란 외부환경의 기회를 활용하면서 자신의 약점을 보완하는 전략으로 이를 통해 기업이 처한 국면의 전환을 가능하게 할 수 있다. ST 전략은 외부환경의 위험요소를 회피하면서 강점을 활용하는 전략이며, WT 전략이란 외부환경의 위협요인을 회피하고 자사의 약점을 보완하는 전략으로 방어적 성격을 갖는다.

내부 / 외부	강점(Strength)	약점(Weakness)
기회 (Opportunity)	SO 전략 (강점-기회 전략)	WO 전략 (약점-기회 전략)
위협 (Threat)	ST 전략 (강점-위협 전략)	WT 전략 (약점-위협 전략)

31. 다음은 국내 화장품 산업의 SWOT분석이다. 주어진 전략 중 가장 적절한 것은?

강점 (Strength)	• 참신한 제품 개발 능력과 상위의 생산시설 보유 • 한류 콘텐츠와 연계된 성공적인 마케팅 • 상대적으로 저렴한 가격 경쟁력
약점 (Weakness)	• 아시아 외 시장에서의 존재감 미약 • 대기업 및 일부 브랜드 편중 심화 • 색조 분야 경쟁력이 상대적으로 부족
기회 (Opportunity)	• 중국 · 동남아 시장 성장 가능성 • 중국 화장품 관세 인하 • 유럽에서의 한방 원료 등을 이용한 'Korean Therapy' 관심 증가
위협 (Threat)	• 글로벌 업체들의 중국 진출(경쟁 심화) • 중국 로컬 업체들의 추격 • 중국 정부의 규제 강화 가능성

내부 / 외부	강점(Strength)	약점(Weakness)
기회 (Opportunity)	① 색조 화장품의 개발로 중국 · 동남아 시장 진출	② 다양한 한방 화장품 개발로 유럽 시장에 존재감 부각
위협 (Threat)	③ 저렴한 가격과 높은 품질을 강조하여 유럽 시장에 공격적인 마케팅	④ 한류 콘텐츠와 연계한 마케팅으로 중국 로컬 업체들과 경쟁

32. 다음은 국내 SW 산업의 SWOT분석이다. 주어진 전략 중 가장 적절한 것은?

강점 (Strength)	• 다양한 부문의 시스템 구축 경험 및 도메인 지식 확보 • 시장의 신기술 거부감이 상대적으로 낮아 선점기회 높음
약점 (Weakness)	• SW기업의 글로벌 시장에 대한 경쟁력 및 경험 부족 • SW산업을 3D 업종으로 인식해 신규 우수인재 기피
기회 (Opportunity)	• 정부의 SW산업 성장동력화 추진 의지 • 제조 분야의 고품질화, 지능화 욕구로 성장 잠재력 기회
위협 (Threat)	• 중국 등 후발경쟁국과 급격히 줄어든 기술격차 • 고급 SW인력의 이직 등에 의한 이탈 심화

내부 / 외부	강점(Strength)	약점(Weakness)
기회 (Opportunity)	① 한발 빠른 신기술 개발로 후발경쟁국과의 기술격차를 넓힘	② SW기반 서비스 시장 창출
위협 (Threat)	③ 국가별 · 지역별 전략적 해외진출 강화	④ 작업환경변화 등 우수 인력 유입 촉진을 위한 기반을 조성하여 이직 등에 의한 이탈에 대비

33. 다음 중 '조직의 구분'에 대한 설명으로 옳지 않은 것은?

① 대학이나 병원 등은 비영리조직이다.

② 코카콜라와 같은 기업은 대규모 영리조직이다.

③ 종교단체는 비공식 비영리조직이다.

④ 정부조직은 대규모 비영리조직이다.

34. 다음 글의 빈칸에 들어갈 적절한 말은 어느 것인가?

> 하나의 조직이 조직의 목적을 달성하기 위해서는 이를 관리, 운영하는 활동이 요구된다. 이러한 활동은 조직이 수립한 목적을 달성하기 위하여 계획을 세우고 실행하고 그 결과를 평가하는 과정이다. 직업인은 조직의 한 구성원으로서 자신이 속한 조직이 어떻게 운영되고 있으며, 어떤 방향으로 흘러가고 있는지, 현재 운영체제의 문제는 무엇이고 생산성을 높이기 위해 어떻게 개선되어야 하는지 등을 이해하고 자신의 업무 영역에 맞게 적용하는 (　　　　)이 요구된다.

① 체제이해능력

② 경영이해능력

③ 업무이해능력

④ 자기개발능력

▌35~36 ▌ 다음 결재규정을 보고 주어진 상황에 알맞게 작성된 양식을 고르시오.

> 〈결재규정〉
> • 결재를 받으려면 업무에 대해서는 최고결재권자(대표이사)를 포함한 이하 직책자의 결재를 받아야 한다.
> • '전결'이라 함은 회사의 경영활동이나 관리활동을 수행함에 있어 의사결정이나 판단을 요하는 일에 대하여 최고결재권자의 결재를 생략하고, 자신의 책임 하에 최종적으로 의사결정이나 판단을 하는 행위를 말한다.
> • 전결사항에 대해서도 위임 받은 자를 포함한 이하 직책자의 결재를 받아야 한다.
> • 표시내용 : 결재를 올리는 자는 최고결재권자로부터 전결사항을 위임 받은 자가 있는 경우 결재란에 전결이라고 표시하고 최종 결재권자에 위임 받은 자를 표시한다. 다만, 결재가 불필요한 직책자의 결재란은 상황대각선으로 표시한다.
> • 최고결재권자의 결재사항 및 최고결재권자로부터 위임된 전결사항은 다음의 표에 따른다.

구분	내용	금액 기준	결재서류	팀장	본부장	대표이사
접대비	거래처 식대, 경조사비 등	20만 원 이하	접대비지출품의서 지출결의서	● ■		
		30만 원 이하			● ■	
		30만 원 초과				● ■
교통비	국내 출장비	30만 원 이하	출장계획서 출장비 신청서	● ■		
		50만 원 이하		●	■	
		50만 원 초과		●		■
	해외 출장비			●		■
소모품비	사무용품		지출결의서	■		
	문서, 전산소모품					■
	기타 소모품	20만 원 이하		■		
		30만 원 이하			■	
		30만 원 초과				■
교육 훈련비	사내외 교육		기안서 지출결의서	●		■
법인 카드	법인카드 사용	50만 원 이하	법인카드 신청서	■		
		100만 원 이하			■	
		100만 원 초과				■

●: 기안서, 출장계획서, 접대비지출품의서

■: 지출결의서, 세금계산서, 발행요청서, 각종 신청서

35. 영업부 사원 I씨는 거래업체 직원들과 저녁 식사를 위해 270,000원을 지불하였다. I씨가 작성해야 하는 결재 방식으로 옳은 것은?

①

접대비지출품의서				
결	담당	팀장	본부장	최종 결재
재	I	/	/	전결

②

접대비지출품의서				
결	담당	팀장	본부장	최종 결재
재	I	전결		본부장

③

지출결의서				
결	담당	팀장	본부장	최종 결재
재	I	전결	/	본부장

④

접대비지출품의서				
결	담당	팀장	본부장	최종 결재
재	I	/	전결	본부장

36. 편집부 직원 R씨는 해외 시장 모색을 위해 영국행 비행기 티켓 500,000원과 호주행 비행기 티켓 500,000원을 지불하였다. R씨가 작성해야 할 결재 방식으로 옳은 것은?

①

출장계획서				
결	담당	팀장	본부장	최종 결재
재	R		/	전결

②

출장계획서				
결	담당	팀장	본부장	최종 결재
재	R		전결	본부장

③

출장비신청서				
결	담당	팀장	본부장	최종 결재
재	R	전결	/	본부장

④

출장비신청서				
결	담당	팀장	본부장	최종 결재
재	R	/	/	대표이사

37. 다음 글을 참고할 때, 조직문화의 기능을 적절하게 설명하지 못한 것은 어느 것인가?

> 서로의 조직문화가 확연히 다른 두 기업 간의 합병은 기업문화에 어떤 영향을 미칠까.
>
> 1998년 독일의 다임러벤츠는 미국의 크라이슬러 자동차를 인수 합병했다. 그러나 꿈의 결합이 추락하는 건 시간 문제였다. 왜냐하면 서로의 조직문화가 너무 달라서 그들은 늘 충돌했기 때문이다.
>
> 자유분방한 분위기의 크라이슬러 직원들은 독일 특유의 수직적 기업문화를 이해하지 못했고, 두 조직의 결합은 시너지 효과는 고사하고 심각한 문화적 충돌만 일으켰다. 결국 이들의 합병은 엄청난 손해를 발생시키며, 매각을 통해 다시 결별하게 되었다. 기업이 가진 조직문화와 눈에 띄지 않는 공유가치, 신념 등은 모두가 중요한 요소임을 깨달을 수 있는 국제적 사건이었던 것이다.

① 조직 구성원들에게 일체감과 정체성을 부여해 준다.

② 조직의 업무에 몰입할 수 있도록 해 준다.

③ 조직 구성원들의 행동지침으로 작용하여 일탈행동을 통제해 주는 역할을 한다.

④ 뿌리 깊은 굳건한 조직 문화는 조직원의 의견수렴과 조직의 유연한 변신에 긍정적인 역할을 한다.

38. 다음 중 아래의 조직도를 올바르게 이해한 것은?

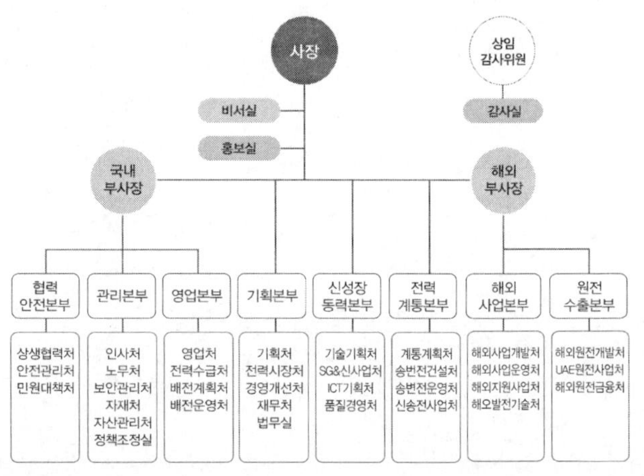

> ㉠ 사장직속으로는 3개 본부, 13개 처, 2개 실로 구성되어 있다.
> ㉡ 국내 · 해외부사장은 각 3개의 본부를 이끌고 있다.
> ㉢ 감사실은 다른 부서들과는 별도로 상임 감사위원 산하에 따로 소속되어 있다.
> ㉣ 노무처와 재무처는 서로 업무협동이 있어야 하므로 같은 본부에 소속되어 있다.

① ㉠　　② ㉢

③ ㉡㉢　　④ ㉢㉣

39. 조직문화에 관한 다음 글의 말미에서 언급한 밑줄 친 '몇 가지 기능'에 해당한다고 보기 어려운 것은?

> 개인의 능력과 가능성을 판단하는데 개인의 성격이나 특성이 중요하듯이 조직의 능력과 가능성을 판단할 때 조직문화는 중요한 요소가 된다. 조직문화는 주어진 외부환경 속에서 오랜 시간 경험을 통해 형성된 기업의 고유한 특성을 말하며, 이러한 기업의 나름대로의 특성을 조직문화란 형태로 표현하고 있다. 조직문화에 대한 연구가 활발하게 전개된 이유 가운데 하나는 '조직문화가 기업경쟁력의 한 원천이며, 조직문화는 조직성과에 영향을 미치는 중요한 요인'이라는 기본 인식에 바탕을 두고 있다.
>
> 조직문화는 한 개인의 독특한 성격이나 한 사회의 문화처럼 조직의 여러 현상들 중에서 분리되어질 수 있는 성질의 것이 아니라, 조직의 역사와 더불어 계속 형성되고 표출되며 어떤 성과를 만들어 나가는 종합적이고 총체적인 현상이다. 또한 조직문화의 수준은 조직문화가 조직 구성원들에게 어떻게 전달되어 지각하는가를 상하부구조로서 설명하는 것이다. 조직문화의 수준은 그것의 체계성으로 인하여 조직문화를 쉽게 이해하는데 도움을 준다.
>
> 한편, 세계적으로 우수성이 입증된 조직들은 그들만의 고유의 조직문화를 조성하고 지속적으로 다듬어 오고 있다. 그들에게 조직문화는 언제나 중요한 경영자원의 하나였으며 일류조직으로 성장할 수 있게 하는 원동력이었던 것이다. 사업의 종류나 사회 및 경영환경, 그리고 경영전략이 다른데도 불구하고 일류조직은 나름의 방식으로 조직문화적인 특성을 공유하고 있는 것으로 확인되었다.
>
> 기업이 조직문화를 형성, 개발, 변화시키려고 노력하는 것은 조직문화가 기업경영에 효율적인 작용과 기능을 하기 때문이다. 즉, 조직문화는 기업을 경영함에 있어 매우 중요한 <u>몇 가지 기능</u>을 수행하고 있다.

① 조직의 영역을 정의하여 구성원에 대한 정체성을 제공한다.
② 이직률을 낮추고 외부 조직원을 흡인할 수 있는 동기를 부여한다.
③ 조직의 성과를 높이고 효율을 제고할 수 있는 역할을 한다.
④ 개인적 이익보다는 조직을 위한 몰입을 촉진시킨다.

40. 다음에 해당하는 리더십의 유형은?

> • 구성원에게 권한을 부여하고, 자신감을 불어넣는다.
> • 구성원에게 도전적 목표와 임무, 미래의 비전을 추구하도록 한다.
> • 구성원에게 개별적 관심과 배려를 보이고, 지적 자극을 준다.

① 카리스마적 리더십
② 변혁적 리더십
③ 발전적 리더십
④ 촉매적 리더십

41. 다음과 같은 자료를 참고할 때, F3 셀에 들어갈 수식으로 알맞은 것은?

	A	B	C	D	E	F
1	이름	소속	수당(원)		구분	인원 수
2	김xx	C팀	160,000		총 인원	12
3	이xx	A팀	200,000		평균 미만	6
4	홍xx	D팀	175,000		평균 이상	6
5	남xx	B팀	155,000			
6	서xx	D팀	170,000			
7	조xx	B팀	195,000			
8	염xx	A팀	190,000			
9	권xx	B팀	145,000			
10	신xx	C팀	200,000			
11	강xx	D팀	190,000			
12	노xx	A팀	160,000			
13	방xx	D팀	220,000			

① =COUNTIF(C2:C13,"〈"&AVERAGE(C2:C13))
② =COUNT(C2:C13,"〈"&AVERAGE(C2:C13))
③ =COUNTIF(C2:C13,"〈",“&”AVERAGE(C2:C13))
④ =COUNT(C2:C13,"〉"&AVERAGE(C2:C13))

42. 다음 워크시트에서 [A1:B2] 영역을 선택한 후 채우기 핸들을 사용하여 드래그 했을 때 [A5:B5]영역 값으로 바르게 짝지은 것은?

	A	B
1	A	13.9
2	B	14.9
3		
4		
5		

① A, 15.9　② B, 17.9

③ A, 17.9　④ C, 14.9

43. 다음 워크시트에서 수식 '=POWER(A3, A2)'의 결과 값은 얼마인가?

	A
1	1
2	3
3	5
4	7
5	9
6	11

① 5

② 81

③ 49

④ 125

44. 엑셀에서 새 시트를 열고자 할 때 사용하는 단축키는?

① 〈Shift〉+〈F11〉

② 〈Ctrl〉+〈W〉

③ 〈Ctrl〉+〈F4〉

④ 〈Ctrl〉+〈N〉

┃45~46┃ 다음 H상사의 물류 창고별 책임자와 각 창고 내 재고 물품의 코드 목록을 보고 이어지는 질문에 답하시오.

책임자	코드번호	책임자	코드번호
정 대리	24082D0200400135	강 대리	24056N0401100030
오 사원	25083F0200901009	윤 대리	24046O0300900045
권 사원	24093F0200600100	양 사원	24053G0401201182
민 대리	25107P0300700085	박 사원	25076N0200700030
최 대리	25114H0601501250	변 대리	25107Q0501300045
엄 사원	25091C0200500835	이 사원	24091B0100200770
홍 사원	24035L0601701005	장 사원	25081B0100101012

〈예시〉

2024년 8월에 독일 액손 사에서 생산된 검정색 원단의 500번째 입고 제품

→2408 − 4H − 02005 − 00500

생산 연월	생산지				물품 코드				입고품 수량
	원산지 코드		제조사 코드		분야 코드		세부 코드		
〈예시〉 2024년 10월 → 2410 2022년 1월 → 2201	1	미국	A	스카이	01	소품	001	폴리백	00001부터 다섯 자리 시리얼 넘버 부여
			B	영스			002	포스터	
			C	세븐럭	02	원단	003	빨강	
	2	일본	D	히토리			004	노랑	
			E	노바라			005	검정	
	3	중국	F	왕청			006	초록	
			G	메이	03	철제	007	외장재	
	4	독일	H	액손			008	내장재	
			I	바이스			009	프레임	
			J	네오	04	플라스틱	010	이음쇠	
	5	영국	K	페이스			011	공구	
			L	S-10			012	팻치	
			M	마인스	05	포장구	013	박스	
	6	태국	N	홍챠			014	스트링	
			O	덕홍	06	라벨류	015	라벨지	
	7	베트남	P	비엣풍			016	인쇄물	
			Q	응산			017	내지	

45. 재고물품 중 2024년 영국 '페이스' 사에서 생산된 철제 프레임의 코드로 알맞은 것은 어느 것인가?

① 24035K0300901201

② 25025K0300800200

③ 24055K0601500085

④ 25074H0501400100

46. 다음 중 생산지(국가)가 동일한 물품을 보관하는 물류 창고의 책임자들로 알맞게 짝지어진 것은 어느 것인가?

① 엄 사원, 변 대리

② 정 대리, 윤 대리

③ 오 사원, 양 사원

④ 민 대리, 박 사원

47. G사 홍보팀에서는 다음과 같이 직원들의 수당을 지급하고자 한다. C12셀부터 D15셀까지 기재된 사항을 참고로 D열에 수식을 넣어 직책별 수당을 작성하였다. D2셀에 수식을 넣어 D10까지 드래그하여 다음과 같은 자료를 작성하였다면, D2셀에 들어가야 할 적절한 수식은 어느 것인가?

	A	B	C	D
1	사번	직책	기본급	수당
2	9610114	대리	1,720,000	450,000
3	9610070	대리	1,800,000	450,000
4	9410065	과장	2,300,000	550,000
5	9810112	사원	1,500,000	400,000
6	9410105	과장	2,450,000	550,000
7	9010043	부장	3,850,000	650,000
8	9510036	대리	1,750,000	450,000
9	9410068	과장	2,380,000	550,000
10	9810020	사원	1,500,000	400,000
11				
12			부장	650,000
13			과장	550,000
14			대리	450,000
15			사원	400,000

① =VLOOKUP(C12,$C$12:$D$15,2,1)

② =VLOOKUP(C12,$C$12:$D$15,2,0)

③ =VLOOKUP(B2,$C$12:$D$15,2,0)

④ =VLOOKUP(B2,$C$12:$D$15,2,1)

48. 다음은 '데이터 통합'을 실행하기 위한 방법을 설명하고 있다. 〈보기〉에 설명된 실행 방법 중 올바른 설명을 모두 고른 것은?

〈보기〉

(가) 원본 데이터가 변경되면 자동으로 통합 기능을 이용해 구한 계산 결과가 변경되게 할지 여부를 선택할 수 있다.
(나) 여러 시트에 입력되어 있는 데이터들을 하나로 통합할 수 있으나 다른 통합 문서에 입력되어 있는 데이터를 통합할 수는 없다.
(다) 통합 기능에서는 표준편차와 분산 함수도 사용할 수 있다.
(라) 다른 원본 영역의 레이블과 일치하지 않는 레이블이 있는 경우에도 통합 기능을 수행할 수 있다.

① (나), (다), (라)　② (가), (나), (다)
③ (가), (다), (라)　④ (가), (나), (다), (라)

49. 다음 자료를 참고할 때, B7 셀에 '=SUM(B2:CHOOSE(2,B3, B4,B5))'의 수식을 입력했을 때 표시되는 결과값으로 올바른 것은?

	A	B
1	성명	성과점수
2	오 과장	85
3	민 대리	90
4	백 사원	92
5	최 대리	88
6		
7	부분합계	

① 175　② 355
③ 267　④ 177

50. 다음은 그래픽(이미지) 데이터의 파일 형식에 대한 설명이다. 각 항목의 설명과 파일명을 올바르게 짝지은 것은?

㉠ Windows에서 기본적으로 지원하는 포맷으로, 고해상도 이미지를 제공하지만 압축을 사용하지 않으므로 파일의 크기가 크다.
㉡ 사진과 같은 정지 영상을 표현하기 위한 국제 표준 압축 방식으로 24비트 컬러를 사용하여 트루 컬러로 이미지를 표현한다.
㉢ 인터넷 표준 그래픽 파일 형식으로, 256가지 색을 표현하지만 애니메이션으로도 표현할 수 있다.
㉣ Windows에서 사용하는 메타파일 방식으로, 비트맵과 벡터 정보를 함께 표현하고자 할 경우 적합하다.

① ㉠ – JPG(JPEG)
② ㉡ – WMF
③ ㉢ – GIF
④ ㉣ – PNG

51. '내부고발제도'와 관련한 다음의 글을 참고할 때, 내부고발제도를 효과적으로 실행할 수 있는 방안으로 적절하지 않은 것은?

> 내부고발제도가 뿌리 내리기 위해 요구되는 것은 법 제도에 앞선 사회적 인식의 전환이다. 우선 조직을 지배하는 온정주의와 연고주의 문화가 뿌리 뽑혀야 한다. 인간적 관계 때문에 부정행위를 보고도 모른 체하고 넘어가는 조직문화 속에서 내부고발제도는 제대로 작동하기 어렵다. 지난 6월 세계일보 조사결과, 사소한 관행적인 부정행위를 '신고하겠다.'는 응답은 39.7%에 불과했다. 이 결과의 가장 큰 이유는 조직의 '보복과 불이익'(46.3%) 때문이다. 내부고발자가 "너 혼자 깨끗한 척 하는 바람에 조직이 망가지고 동료 직원이 쫓겨났다."는 비난을 받으면 괜한 일을 했는가라는 좌절감에 빠진다. 따라서 보복행위를 명확히 규정하여 그 처벌을 강화하고, 공익제보자의 포상 및 보상 기준을 높여 경제적 불이익 때문에 실제 내부고발을 주저하는 일이 없게 해야 한다. 그 제도적 대안으로는 부패 몰수자산의 일정액을 공익신고자지원기금으로 조성하여 공익제보자에 대한 실질적 지원에 활용하는 방안을 생각할 수 있다.
> 현행 내부고발제도는 본인이 직접 실명 신고했을 경우에만 인정한다. 비밀이 보장되어도 신분이 노출될 수 있다는 두려움 때문에 신고에 나서지 않는 현실을 감안해 변호사나 시민단체를 통한 대리 신고 역시 인정되어야 할 것이다. 부득이하게 내부고발자의 신분이 노출된 경우 조직차원에서는 감사·윤리경영 관련 부서에 배치해 관련 업무를 맡기거나 국가 차원에서도 공공기관의 감사부서에서 이들이 일할 수 있는 기회를 적극적으로 제공할 필요가 있다. 결국, 조직의 투명성 강화와 윤리경영은 내부고발제도가 불법행위의 예방제 역할을 할 때 가능하다.

① 내부고발과 개인적인 불평불만은 분명히 구분돼야 하므로 이 둘은 별도의 보고체계를 통해 관리한다.
② 내부고발자의 신원이 확실히 보호될 수 있는 법적, 제도적 장치를 마련해야 한다.
③ 내부고발 정책은 조직 내의 모든 관리자와 직원에게 동일하게 적용되어야 한다.
④ 내부고발자의 상황을 고려해 외부로의 확산을 우선 차단하고 직속상관에게 우선 보고하는 시스템을 마련해야 한다.

52. 다음은 부정청탁금지법의 주요 내용을 정리한 것이다. 이에 대한 올바른 설명이 아닌 것은 어느 것인가?

〈부정청탁 대상 직무〉

대상 직무	
• 인·허가 등 업무 처리 행위	• 공공기관이 생산·공급하는 재화 및 용역의 비정상적 거래 행위
• 행정처분·형벌부과 감경·면제 행위	• 학교 입학·성적 등 업무 처리·조작 행위
• 채용·승진 등 인사 개입 행위	• 징병검사 등 병역 관련 업무 처리 행위
• 공공기관 의사결정 관여 직위 선정·탈락에 개입 행위	• 공공기관이 실시하는 각종 평가·판정 업무 개입
• 공공기관 주관 수상·포상 등 선정·탈락에 개입 행위	• 행정지도·감사 등 결과 조작, 위법사항 묵인 행위
• 입찰·경매 등에 관한 직무상 비밀 누설 행위	• 사건의 수사·재판 등 개입 행위
• 특정인 계약 당사자 선정·탈락에 개입 행위	• 위 14가지의 대상 업무에 대한 지위·권한 남용 행위
• 보조금 등의 배정·지원, 투자 등에 개입 행위	

〈예외 사유〉

- 법령·기준에서 정한 절차·방법에 따른 특정행위 요구
- 공개적으로 특정행위 요구
- 선출직 공직자 등이 공익 목적으로 제3자 고충민원 전달 등
- 법정기한 내 업무처리 요구 등
- 직무·법률관계 확인·증명 등 신청·요구
- 질의·상담을 통한 법령·제도 등 설명·해석 요구
- 기타 사회상규에 위배되지 않는 행위

① 상급자의 부정청탁에 의한 지시라는 걸 알았음에도 거절의사를 표시하지 않고 해당 지시를 수행할 경우 하급자도 처벌대상이 된다.
② 부정청탁에 의한 부정행위가 실현되지 않은 경우엔 '미실현 청탁 행위'가 되어 제재를 받지 않는다.

③ 전기, 수도요금 등 공과금이 부정에 의해 비정상적으로 청구된다면, 당연히 부정청탁금지법에 해당된다.

④ 공공기관에 대한 불만 사항을 공개적으로 요청을 하면 청탁금지법에는 해당되지 않는다.

53. **다음 중 직업윤리로 준수해야 할 덕목의 하나인 '책임'을 강조한 사례가 아닌 것은 어느 것인가?**

① 중요한 계약을 성사시키기 위해 아내의 출산 소식에도 끝까지 업무를 수행한 A과장

② 실적 부진의 원인으로 자신의 추진력과 영업력이 부족했음을 인정한 B팀장

③ 매일 출근시간 한 시간 전에 나와 운동을 하며 건강관리에 소홀함이 없는 C대리

④ 본인이 선택한 일이니 그에 따른 결과 역시 다른 누구의 탓도 아니라는 D팀장

54. **다음은 채용비리와 관련한 실태와 문제점을 제기한 글이다. 다음 글에서 제기된 문제점을 보완할 수 있는 방안으로 적절한 것을 〈보기〉에서 모두 고른 것은?**

> 공직 유관단체 채용비리 특별점검 결과 272개 대상 기관 중 200개 기관에서 적발 건이 발생되었다. 적발 건수의 합계는 무려 946건으로 기관 당 평균 5건에 육박하는 수치이다. 그러나 채용비리 연루자 및 부정합격자 등에 대한 제재 근거 미흡하다는 지적이 제기되고 있다. 공직유관단체 대다수의 기관이 채용비리 연루 직원 업무배제, 면직, 부정합격자 채용취소 등에 관한 내부 규정 미비로 인하여 연루 기관장 등 임원에 대한 해임 이외의 다른 제재수단이 없는 것을 드러났다. 채용비리 연루자 중 수사의뢰(징계요구)된 기관의 임직원에 대해 근거규정이 없어 업무배제가 불가하며, 범죄사실과 징계 여부가 확정되기까지는 최소 3개월의 시간이 소요된다는 것 또한 문제점을 해소하는 데 걸림돌이 되고 있다.

〈보기〉

㈎ 채용비리 예방을 위해 부정청탁 또는 비리 내용을 홈페이지 등에 공개한다.

㈏ 채용비리로 수사의뢰 되거나 징계 의결 요구된 경우 해당 직원을 즉시 업무 배제할 수 있는 근거를 마련한다.

㈐ 채용비리의 징계시효를 연장하는 규정을 마련한다.

㈑ 채용 관리 및 면접 위원 구성의 투명성과 평가 기준의 공정성을 확보한다.

① ㈎, ㈏, ㈐, ㈑

② ㈏, ㈐, ㈑

③ ㈎, ㈐, ㈑

④ ㈎, ㈏, ㈑

55. A공사의 성희롱 방지 관련 다음 규정을 참고할 때, 규정의 내용에 부합하지 않는 설명은 어느 것인가?

> 제○○조(피해자 등 보호 및 비밀유지)
> ① 위원장(인사·복무 등에 관한 권한을 위원장으로부터 위임받은 자를 포함한다)은 피해자 등, 신고자, 조력자에 대하여 고충의 상담, 조사신청, 협력을 이유로 다음 각 호의 어느 하나에 해당하는 불리한 처우를 하여서는 아니 된다.
> 1. 파면, 해임, 그 밖에 신분상실에 해당하는 불이익 조치
> 2. 징계, 정직, 감봉, 강등, 승진 제한 등 부당한 인사조치
> 3. 직무 미부여, 직무 재배치, 그 밖에 본인의 의사에 반하는 인사조치
> 4. 성과평가, 동료평가 등에서 차별이나 그에 따른 임금 또는 상여금 등의 차별 지급
> 5. 직업능력 개발 및 향상을 위한 교육훈련 기회의 제한
> 6. 집단 따돌림, 폭행 또는 폭언 등 정신적·신체적 손상을 가져오는 행위를 하거나 그 행위의 발생을 방치하는 행위
> 7. 그 밖에 피해를 주장하는 자, 조사 등에 협력하는 자의 의사에 반하는 불리한 처우
>
> ② 위원장은 피해자등의 의사를 고려하여 행위자와의 업무분장·업무공간 분리, 휴가 등 적절한 조치를 취해야 한다.
> ③ 성희롱·성폭력 사건 발생 시 피해자 치료 지원, 행위자에 대한 인사 조치 등을 통해 2차 피해를 방지하고 피해자의 근로권 등을 보호하여야 한다.
> ④ 고충상담원 등 성희롱·성폭력 고충과 관계된 사안을 직무상 알게 된 자는 사안의 조사 및 처리를 위해 필요한 경우를 제외하고는 사안 관계자의 신원은 물론 그 내용 등에 대하여 이를 누설하여서는 아니 된다.

① 성희롱을 목격하여 신고한 사람에게 인사상 불이익을 주어서는 안 된다고 설명하였다.

② 성희롱 피해자가 원할 경우, 직장에서는 행위자와의 격리 조치를 취해주어야 한다고 설명하였다.

③ 성희롱 사건을 직무상 알게 된 사람이 피해자의 이름을 누설하는 것은 규정 위반이라고 설명하였다.

④ 성희롱 피해 당사자에게는 우선 어떠한 직무도 부여하지 말고 절대 휴식을 주어야 한다고 설명하였다.

56. 다음 글과 같은 친절한 서비스를 제공하기 위해서 금지해야 할 행위로 적절하지 않은 것은?

> 고객이 서비스 상품을 구매하기 위해서는 입구에 들어올 때부터 나갈 때까지 여러 서비스 요원과 몇 번의 짧은 순간을 경험하게 되는데 그때마다 서비스 요원은 모든 역량을 동원하여 고객을 만족시켜 주어야 하는 것이다. 이를 뒷받침하기 위해서는 고객접점에 있는 서비스 요원들에게 권한을 부여하고 강화된 교육이 필요하며, 고객과 상호작용에 의하여 서비스가 순발력 있게 제공될 수 있는 서비스 전달시스템을 갖추어야 한다. 고객은 윗사람에게 결재의 여유를 주지 않을 뿐만 아니라 기다리지도 않는다.

① 고객에게 짧은 시간에 결정적이고 좋은 인상을 심어주려는 행위

② 고객을 방치한 채 업무자끼리 대화하는 행위

③ 고객이 있는데 화장을 하거나 고치는 행위

④ 개인 용무의 전화 통화를 하는 행위

57. 다음은 '기업의 직업윤리'의 중요성을 다루는 세미나에서 제공된 발표 자료의 일부이다. 이에 대한 설명으로 적절하지 않은 것은?

> 외국인 투자자들은 최근 한국 기업의 기업 윤리 행태에 대해 비판의 목소리를 높이고 있죠. 투자자의 신뢰를 배신한 한국 기업이라고 구체적으로 지칭하며, 이들에 대한 지분율을 낮추는 등 보유 주식을 대거 처분하고 있는 모습을 보이고 있습니다. 특히 가짜 백수오 사건으로 물의를 일으키는 N사가 대표적인데요. N사는 건강 기능성식품을 제조하면서 진짜 백수오가 아닌, 인체에 유해한 물질을 넣었었죠. 이 같은 사실이 공개되기 직전에 내부 임원들이 수십억 원대의 보유 주식을 매각한 사실까지 드러나면서 엄청난 비난이 쏟아지기도 했습니다.
>
> 이러한 행태에 분노한 외국인들은 N사의 주식을 대규모로 매각했고, 주가는 한 달 만에 82% 이상 폭락했죠. 문제는 N사와 같은 행태가 한국 기업 내에서 어렵지 않게 보인다는 것입니다. 국내 최대 자동차기업 중 하나인 Z사는 10조 원이 넘는 지출을 통해 부지를 매입했는데, 이것에 대해 외국인 투자자들은 비상식적인 경영 행위로 판단하고, 경영진에게 일침을 가하기도 했습니다.

① 투자자들은 기업의 경영 방침에 대해 지적하고 간섭할 권리가 있다.

② 한국 기업 경영진들은 종종 자신의 이득만을 위해 정보를 조작하는 등 투명하지 않은 모습을 보이기 때문에 국민들에게 비난의 대상이 되기도 한다.

③ 정보 통신의 발달로 인해 기업들의 정직하지 못한 행태가 쉽게 확인 가능하게 되면서, 기업의 공정에 대한 윤리의식이 기업의 성과에 매우 중요한 요인이 되고 있다.

④ 기업들은 브랜드 이미지를 관리하기 위해 SNS 모니터링, 홍보단 등을 구성하고 운영할 필요가 있다.

58. 다음은 A기관 민원실에 걸려 있는 전화 민원 응대 시 준수사항이다. 밑줄 친 ㈎~㈒ 중 전화 예절에 어긋나는 것은?

> - 전화는 항상 친절하고 정확하게 응대하겠습니다.
> - 전화는 전화벨이 세 번 이상 울리기 전에 신속하게 받겠으며, ㈎ <u>전화 받은 직원의 소속과 이름을 정확히 밝힌 후 상담하겠습니다.</u>
> - ㈏ <u>통화 중에는 고객의 의견을 명확히 이해하기 위하여 고객과의 대화를 녹취하여 보관하도록</u> 하겠습니다.
> - 고객의 문의 사항에 대해서는 공감하고 경청하며, 문의한 내용을 이해하기 쉽게 충분히 설명하겠습니다.
> - 부득이한 사정으로 전화를 다른 직원에게 연결할 경우에는 먼저 고객의 양해를 구한 후 신속하게 연결하겠으며, ㈐ <u>통화 요지를 다른 직원에게 간략하게 전달하여 고객이 같은 내용을 반복하지 않도록</u> 하겠습니다.
> - 담당 직원이 부재중이거나 통화 중일 경우에는 고객에게 연결하지 못하는 이유를 설명하고 ㈑ <u>유선 민원 접수표를 담당 직원에게 전달하여 빠른 시간 내에 연락드리겠습니다.</u>
> - 고객의 문의 사항에 즉시 답변하기 어려울 때는 양해를 구한 후 관련 자료 등을 확인하여 신속히 답변 드리겠습니다.
> - 고객과 상담 종료 후에는 추가 문의 사항을 확인한 다음 정중히 인사하고, 고객이 전화를 끊은 후에 수화기를 내려놓겠습니다.
> - 직원이 고객에게 전화를 할 경우에는 본인의 소속과 성명을 정확히 밝힌 후에 답변 드리겠습니다.

① ㈎

② ㈏

③ ㈐

④ ㈑

59. **다음은 B공사의 윤리경영에 입각한 임직원 행동강령의 일부이다. 주어진 행동강령에 부합하는 설명이 아닌 것은?**

> 제○○조(금품 등을 받는 행위의 제한)
> ① 임직원(배우자 또는 직계 존·비속을 포함한다.)은 직무관련자나 직무관련임직원으로부터 금전, 부동산, 선물, 향응, 채무면제, 취업제공, 이권부여 등 유형·무형의 경제적 이익을 받거나 요구 또는 제공받기로 약속해서는 아니 된다. 다만, 다음 각 호의 어느 하나에 해당하는 경우에는 그러하지 아니하다.
> 1. 친족이 제공하는 금품 등
> 2. 사적 거래로 인한 채무의 이행 등에 의하여 제공되는 금품 등
> 3. 원활한 직무수행 또는 사교·의례의 목적으로 제공될 경우에 한하여 제공되는 3만 원 이하의 음식물·편의 또는 5만 원 이하의 소액의 선물
> 4. 직무와 관련된 공식적인 행사에서 주최자가 참석자에게 통상적인 범위에서 일률적으로 제공하는 교통·숙박·음식물 등의 금품 등
> 5. 불특정 다수인에게 배포하기 위한 기념품 또는 홍보용품 등
> 6. 특별히 장기적·지속적인 친분관계를 맺고 있는 자가 질병·재난 등으로 어려운 처지에 있는 임직원에게 공개적으로 제공하는 금품 등
> 7. 임직원으로 구성된 직원 상조회 등이 정하는 기준에 따라 공개적으로 구성원에게 제공하는 금품 등
> 8. 상급자가 위로, 격려, 포상 등의 목적으로 하급자에게 제공하는 금품 등
> 9. 외부강의·회의 등에 관한 대가나 경조사 관련 금품 등
> 10. 그 밖에 다른 법령·기준 또는 사회상규에 따라 허용되는 금품 등
>
> ② 임직원은 직무관련자였던 자나 직무관련임직원이었던 사람으로부터 당시의 직무와 관련하여 금품 등을 받거나 요구 또는 제공받기로 약속해서는 아니 된다. 다만, 제1항 각 호의 어느 하나에 해당하는 경우는 제외한다.

① 임직원의 개인적인 채무 이행 시의 금품 수수 행위는 주어진 행동강령에 의거하지 않는다.
② 3만 원 이하의 음식물·편의 제공은 어떤 경우에든 가능하다.
③ 어떠한 경우이든 공개적으로 제공되는 금품은 문제의 소지가 현저히 줄어든다고 볼 수 있다.
④ 직원 상조회 등으로부터 금품이 제공될 경우, 그 한도액은 제한하지 않는다.

60. **동진이는 팀원들과 함께 아이디어 회의를 하고 있는 중이다. 다양한 아이디어를 수집하여 정리하고 토론을 하였다. 다음 중 '직무책임'에 관하여 틀린 의견을 낸 사람은 누구인가?**

① 김대리 – 내가 해야 할 직무를 개인적인 일보다 우선적으로 수행해야 합니다.
② 이대리 – 내가 해야 할 직무를 행함에 있어서, 역할과 책임을 명확하게 해야 합니다.
③ 신주임 – 자신의 고유직무만 아니라 소속팀의 공동직무도 공동책임입니다.
④ 정과장 – 직무수행 중 일어난 과실에 대해서는 법적 책임만 져야 합니다.

종합직무지식평가(50문항/50분)

1. 다음 중 사회규범의 종류와 예를 잘못 연결한 것은?

① 관습 – 추석에는 송편을 먹는다.
② 도덕 – 명절에는 차례를 지낸다.
③ 도덕 – 웃어른을 공경하라.
④ 법 – 남을 폭행하거나 남의 신체를 해한 자는 징역이나 벌금에 처한다.
⑤ 종교규범 – 우상을 섬기지 말라.

2. 다음에서 설명하고 있는 민주 국가의 원리는?

- 모든 국민뿐만 아니라 국가 기관도 법에 따라야 한다.
- 국가 권력의 남용을 막고 국민의 자유와 기본권을 보장한다.
- 국가의 통치 행위가 의회에서 제정된 법의 내용과 절차에 따라 이루어져야 한다.

① 국민 주권
② 권력 분립
③ 법치주의
④ 인치주의
⑤ 절대주의

3. 다음 법 규정을 통해 추론할 수 있는 내용을 아래의 〈보기〉에서 고른 것은?

[도로교통법]
제12조 시장 등은 교통사고의 위험으로부터 어린이를 보호하기 위하여 필요하다고 인정하는 때에는 유치원 및 초등학교 등의 주변 도로 가운데 일정 구간을 어린이 보호 구역으로 지정하여 자동차등과 노면전차의 통행속도를 시속 30킬로미터 이내로 제한할 수 있다.

〈보기〉
㉠ 국가는 국민이 가지는 불가침의 인권을 확인한다.
㉡ 법률에 의해서만 국민의 기본권을 제한할 수 있다.
㉢ 국가는 자유와 권리의 본질적인 내용을 침해할 수 있다.
㉣ 국민의 자유와 권리는 질서 유지를 위해 제한될 수 있다.

① ㉠㉡ ② ㉠㉢
③ ㉡㉢ ④ ㉡㉣
⑤ ㉢㉣

4. 다음 중 민법에 대한 옳은 설명을 〈보기〉에서 고른 것은?

㉠ 개인 간 분쟁 해결을 위한 소송 절차를 다룬다.
㉡ 개인의 가족 관계나 재산 관계를 규율하고 있다.
㉢ 사회적 질서, 공공의 생활을 규율하고 있다.
㉣ 소유권 존중의 원칙, 계약 자유의 원칙 등을 기본 원칙으로 삼았다.

① ㉠㉡ ② ㉠㉢
③ ㉡㉢ ④ ㉡㉣
⑤ ㉢㉣

5. 다음 밑줄 친 경우에 해당하는 사례를 〈보기〉에서 고른 것은?

개인의 권익 침해 유형에는 사적인 생활 영역에서 개인 간에 권리 침해가 발생한 경우와 <u>범죄 행위 때문에 권리가 침해되어 형법의 적용을 받는 경우</u>가 있다.

〈보기〉
㉠ 갑은 지하철에서 성추행을 했다. ㉡ 을은 재판상 이혼을 하려고 한다. ㉢ 병은 컴퓨터 바이러스를 유포했다. ㉣ 정은 친구에게 빌린 돈을 갚지 않았다.

① ㉠㉡　② ㉠㉢
③ ㉡㉢　④ ㉡㉣
⑤ ㉢㉣

6. 다음 중 지방공기업의 사업으로 옳은 것은?

① 주민복지사업
② 도시철도사업
③ 우편사업
④ 양곡관리사업
⑤ 마을상수도사업

7. 다음은 형사 소송의 절차이다. 절차에 맞게 ㈎~㈒를 순서대로 나열한 것은?

㈎ 사건 발생 ㈏ 검사의 기소 ㈐ 고소, 고발, 자수, 인지 ㈑ 경찰과 검사의 수사 ㈒ 재판으로 유·무죄 및 형 확정

① ㈎㈐㈑㈏㈒
② ㈎㈑㈐㈏㈒
③ ㈎㈒㈐㈑㈏
④ ㈐㈎㈏㈑㈒
⑤ ㈐㈎㈑㈏㈒

8. 다음 법들의 공통점으로 알맞은 것은?

민법, 대통령령, 교육공무원법, 형사소송법

① 근대 자본주의 국가의 모습을 해결하기 위한 법이다.
② 일정한 절차에 따라 조문의 형식으로 제정된 법이다.
③ 특수한 사람, 장소, 사물에 대해 제한적으로 적용되는 법이다.
④ 국가 또는 공공 단체를 법적 주체로 하여 공권력 관계를 다루는 법이다.
⑤ 권리와 의무의 내용, 종류, 주체, 발생, 변경, 소멸 등을 규정한 법이다.

9. 다음 내용을 일반화한 진술로 옳은 것을 〈보기〉에서 모두 고른 것은?

> 우리들은 다음과 같은 것을 자명한 진리라고 믿는다. 모든 사람은 평등하게 창조되었고, 창조주로부터 일정의 양도할 수 없는 권리가 부여되어 있다. 이들 가운데 생명, 자유, 행복을 추구할 권리가 있다. 정부는 이러한 권리를 보전하기 위하여 인민들 사이에 세워진 것이므로 그 정당한 권력은 피치자의 동의로부터 유래하고 있는 것이다.

〈보기〉

㉠ 기본권은 국가 권력을 직접적으로 구속한다.
㉡ 기본권은 누구에게도 양도할 수 없다.
㉢ 기본권은 법률로써 제한될 수 있다.
㉣ 기본권은 인민들 사이의 계약에 의해 성립되었다.

① ㉠㉡
② ㉠㉢
③ ㉡㉢
④ ㉡㉣
⑤ ㉢㉣

10. ㈎~㈐에 대한 설명으로 옳은 것은?

㈎ 강제가 없는 법은 그 자체가 모순이며 타지 않는 불이요, 빛이 없는 등불과 같다.
㈏ 사회가 있는 곳에 법이 있다.
㈐ 피레네 산맥 이쪽에서의 법이 산맥 저쪽에서는 불법이다.

① ㈎는 권리와 의무를 동시에 규율하는 법의 양면성을 보여준다.
② ㈏는 도덕과 구분되는 법의 특징을 잘 표현하고 있다.
③ ㈎와 ㈏에서 '법'은 동일한 의미이다.
④ ㈎~㈐에서 법은 모두 국가의 존재를 전제로 하고 있다.
⑤ ㈐는 법의 상대성과 다양성을 나타내준다.

11. 다음에 해당하는 소비자의 권리는?

- 자유롭고 공정한 경쟁이 이루어지는 시장에서 보장될 수 있다.
- 방문 판매원들의 허위 · 기만행위 등으로부터 소비자를 보호하기 위해 할부 거래에 관한 법률, 방문 판매 등에 관한 법률이 제정되었다.

① 보상을 받을 권리
② 선택할 권리
③ 안전할 권리
④ 알 권리
⑤ 의견을 반영할 권리

12. 다음 설명과 가장 관련이 깊은 행정법의 기본 원리는?

- 사회가 전문화되고 복잡해짐에 따라 행정이 관료 집단의 인간적인 능력만으로는 행해지기 어려워졌다.
- 오늘날 행정법은 '행정 규제적 기능'에서 '행정 유도적 기능'을 수행하고 있다.
- 행정권은 자의적으로 행사되어서는 안 된다.
- 행정법은 정당성을 가지도록 제정되어야 하고, 공정하게 집행되어야 한다.

① 민주행정의 원리
② 법치행정의 원리
③ 복지행정의 원리
④ 사법국가주의
⑤ 지방분권주의

13. 다음 내용에 해당하는 사례로 가장 적절한 것은?

> 피의자가 책임 능력이 있고, 자신의 범죄 행위가 가지는 위법성을 제대로 인식하고 있다 하더라도, 피의자에게 범죄 행위를 하지 않을 수 있는 가능성이 없다면, 피의자를 범죄자라고 비난할 수 없을 것이다. 행위 시의 구체적인 사정으로 보아 행위자가 범죄 행위를 하지 않고 적법 행위를 할 것이라고 기대할 가능성이 없을 경우에는 그 행위자를 비난할 수 없을 것이다.

① 반사회적 행위를 했으나 처벌 규정이 없는 경우
② 법령에 의한 행위인 경우
③ 어린아이가 칼을 휘둘러 사람을 다치게 한 경우
④ 저항할 수 없는 폭력에 의해 범죄를 저지른 경우
⑤ 정신병자가 지나가는 사람을 폭행한 경우

14. 네트워크 조직의 특성에 대한 설명으로 옳지 않은 것은?

① 응집력 있는 조직문화를 만드는 데 유리하다.
② 업무처리의 신속성과 유연성을 확보하는 데 유리하다.
③ 네트워크 기관과 구성원들 간의 교류를 통한 신뢰관계 형성이 중요하다.
④ 각기 높은 독자성을 지닌 조직단위나 조직들 간에 협력적 연계장치로 구성된 조직이다.
⑤ 유기적 조직의 하나로서 직접 감독에 필요한 지원인력이 불필요하다.

15. 인간관계론에 관한 설명 중 옳지 않은 것은?

① 공식조직을 중시하여 사회적 인간관계를 강조한다.
② 인간의 사회적 측면을 중시하는 이론이다.
③ 경제적 욕구보다 사회적 인간관계를 강조한다.
④ Y이론적 인간관으로 발전하였다.
⑤ E. Mayo의 호손실험에 의해 연구되었다.

16. 정책평가의 일반적 기준이 아닌 것은?

① 수익자 대응성
② 평가자의 전문성
③ 목표달성도
④ 능률성
⑤ 수혜자의 만족도

17. 직무분석과 직무평가에 대한 설명 중 옳은 것은?

① 직무분석에서 직급 · 직무등급을 결정한다.
② 직무평가에서 직류 · 직군을 결정한다.
③ 직무분석이 수직적 분석이라면, 직무평가는 수평적 분석이다.
④ 직무평가가 직무분석보다 먼저 이루어진다.
⑤ 직무분석은 논리적 판단에 따른 분류로서 각 직위의 상대적 비중을 판별하여 직무등급을 정한다.

18. 「정부기업예산법」에서 추구하는 회계방식의 설명 중 옳지 않은 것은?

① 현금주의를 사용한다.
② 원가계산을 한다.
③ 기업적 성격이 강하다.
④ 발생주의를 일부 도입했다.
⑤ 자산에 대한 감가상각을 인정한다.

19. 다음 중 님비(NIMBY)가 아닌 핌피(PIMFY)현상으로 볼 수 있는 것은?

① 월드컵 경기장 유치
② 쓰레기소각장 설치
③ 장애인학교 설립
④ 핵폐기물처리장 설치
⑤ 시립화장장 설치

20. 다음 중 분권화에 대한 설명으로 옳지 않은 것은?

① 신속한 사무 처리에 기여한다.
② 규모의 경제를 실현한다.
③ 규모가 클수록 분권화된다.
④ 위기의 존재는 집권화를 촉진한다.
⑤ 관리자의 양성에 기여한다.

21. 다음 중 최근 강조하고 있는 성과 중심의 행정과 거리가 먼 것은?

① 성과급 보수
② 개방적 계약임용제
③ 근무성적평정의 객관화
④ 발생주의 회계방식의 적극 활용
⑤ 부패방지와 직업공무원제의 강화

22. 다음 중 책임운영제에 대한 설명으로 옳지 않은 것은?

① 성과중심의 관리방식을 중시한다.
② 책임운영기관의 장에게 재정상의 자율성은 제약하지만 행정상의 자율성을 부여한다.
③ 미국의 PBO와 같은 맥락이다.
④ 우리나라도 시행되고 있다.
⑤ 정책집행 및 서비스기능을 기획 내지 정책결정기능에서 분리시켜 집행의 효율성을 높였다.

23. 다음 중 정책의제와 관련하여 동원형의 예는?

① 제2의 건국운동 전개
② 금융실명제의 도입
③ 한 · 일어업협정의 체결
④ 여성채용목표제의 도입
⑤ 그린벨트 지정의 완화

24. 정부의 경쟁력을 높이기 위해 공무원의 수를 감축하는 경우 가장 합리적인 방법은?

① 정년단축
② 자연감소인력의 미충원
③ 성과평가결과에 따른 퇴직대상자의 선별
④ 산하단체와 기업체 등에 대한 취업 보장
⑤ 퇴직수당의 추가지급으로 명예퇴직 유도

25. 다음 중 시민공동생산에 대한 설명으로 가장 옳지 않은 것은?

① 재정확대를 수반하지 않으면서 지역사회가 필요로 하는 공공서비스를 확보할 수 있게 한다.
② 시민들의 무임승차자 문제를 해결하기 위한 대안이다.
③ 관료제의 비효율성에 대한 비판적 시각을 기초로 하고 있다.
④ 모든 서비스영역에 시민공동생산이 가능한 것은 아니다.
⑤ 도로에서 휴지 줍기, 자율방범대의 조직 등이 시민공동생산의 예이다.

26. 다음 중 지방자치와 관련한 설명으로 옳지 않은 것은?

① 규칙은 고유사무, 단체위임사무, 조례에 의해 위임된 사항에 관하여 지방자치단체의장이 제정한다.
② 훈령이란 상급기관이 하급기관에게 권한행사를 지휘하기 위하여 장기간 발하는 명령이다.
③ 지시란 상급기관이 하급기관에 대하여 개별적 · 구체적으로 발하는 명령이다.
④ 「지방자치법」은 법률의 위임에 의해 제정된 지방자치에 관한 법이다.
⑤ 조례는 지방자치단체가 법령의 범위 안에서 그 권한에 속하는 사무에 관하여 지방의회의 의결로써 제정하는 규범이다.

27. 다음 중 자본주의 기업에 대한 설명으로 옳지 않은 것은?

① 자본을 투하하여 최대한 자본의 가치를 높이려고 노력한다.
② 사적인 소유권을 가진 자본가가 소유하게 되는 사적인 경제단위이다.
③ 시장에서의 불완전경쟁을 가정하고 있다.
④ 자본주의 기업은 이윤을 목표로 재화 및 그에 따르는 부수적인 서비스를 생산 및 공급하는 단위이다.
⑤ 시장에서 생산요소를 구입해서 이를 내부에서 결합 및 변화시킴으로써 재화 및 서비스를 생산 공급한다.

28. 다음 경영학의 학문적 특성에 관련한 내용 중 이론 경영학에 대한 설명으로 옳지 않은 것은?

① 순수과학으로서의 경영학을 의미한다.
② 경험적 사실을 분석해서 경영의 새로운 법칙을 추구하고 발견해 구축해 나가는 것이다.
③ 하지만 경험적 사실을 설명해서 예측 가능한 경영 이론의 구축에 학문적 편향성이 있다.
④ 기술과학은 검증이 가능한 가설로 이를 검증하여 새로운 이론을 다지는 학문이다.
⑤ 경영의 방향에 따른 당위로서의 능력 그리고 가치적인 포함을 의미한다.

29. 리더의 역할을 크게 방향제시자, 의견 조율자, 일 · 삶 등을 지원해 주는 일종의 조력자 등의 3가지로 제시하고 있는 리더십 이론은 무엇이라고 하는가?

① 카리스마 리더십
② 슈퍼 리더십
③ 서번트 리더십
④ 셀프 리더십
⑤ 규범형 리더십

30. 다음은 동기부여 이론 중 하나인 매슬로우 욕구단계설을 나열한 것이다. 이 중 잘못된 것을 고르면?

① 생리적 욕구
② 안전의 욕구
③ 애정 및 소속감의 욕구
④ 기대적 욕구
⑤ 자아실현의 욕구

31. 다음 중 재고의 기능에 해당하는 것을 모두 고르면?

㉠ 공급자에 대한 서비스 ㉡ 취급수량에 있어서의 비경제성 ㉢ 생산의 비안정화 ㉣ 재고보유를 통한 판매의 촉진 ㉤ 투자 및 투기의 목적으로 보유

① ㉠㉡
② ㉠㉣
③ ㉡㉢
④ ㉢㉤
⑤ ㉣㉤

32. 다음 중 집단의사결정의 장점으로 옳은 것은?

① 일의 전문화가 가능하다.
② 시간과 비용을 절약할 수 있다.
③ 집단사고 발생의 가능성이 낮다.
④ 신속한 행동을 하는 것이 유리하다.
⑤ 토론시간이 비교적 짧다.

33. 서비스의 특징에는 무형성, 소멸성, 비분리성, 이질성 등이 있다. 다음 중 가장 옳지 않은 내용을 고르면?

① 통상적으로 서비스는 물질적 재화 외 생산 및 소비에 관련한 모든 경제활동까지도 포함한다고 할 수 있다.
② 항공사의 서비스를 활용하는 것과, 학생들이 학교에서 수업을 듣는 것들은 모두 해당 서비스를 이용하는 것이므로 소유도 할 수 있으므로 이를 무형성이라고 한다.
③ 이질성의 경우 소비자들에게 제공하는 서비스의 표준화가 상당히 어렵다고 할 수 있다.
④ 소멸성의 경우 소비자들에게 어필하여 판매되지 않은 제품은 사라지게 되며, 이를 재고로써 보관할 수 없다.
⑤ 서비스는 제품과 달리 생산과 동시에 소비가 되는 성격을 지닌다.

34. 다음 중 현대적 인사관리에 대한 설명으로 보기 가장 어려운 것은?

① 현대적 인사관리는 구성원 개인의 목표와 기업 조직의 목표를 조화시키는 것을 강조한다.
② 현대적 인사관리는 구성원 개개인의 경력중심 인사관리에 중점을 두고 있다.
③ 현대적 인사관리는 장기적으로 구성원들을 육성 및 개발하는 안목을 지니고 있다.
④ 현대적 인사관리는 소극적이면서 타율적인 X론적 인간관을 추구하고 있다.
⑤ 현대적 인사관리는 노사 간의 상호협력에 의한 목적을 달성하고자 한다.

35. 다음 중 최저 임금제에 대한 내용으로 바르지 않은 것은?

① 저임금을 받는 종업원들을 보호하게 된다.
② 노사 간의 분쟁을 예방한다.
③ 비능률적인 경영 및 불공정한 기업경쟁을 방지한다.
④ 국가가 임금액의 최저한도선을 정하고, 사용자에게 지급을 법적으로 강제하는 제도이다.
⑤ 노동력의 양적인 부분을 향상시킨다.

36. '경영자혁명'이라는 말을 처음 사용한 사람은?

① 로스토　　② 리카도
③ 번햄　　④ 메이요
⑤ 테일러

37. **통상적으로 정부 및 공공단체와 주식회사 등이 일반인으로부터 비교적 거액의 자금을 일시에 조달하기 위해 발행하게 되는 차용증서를 채권이라 한다. 다음 중 채권에 관련한 사항으로 보기 가장 어려운 것은?**

① 원리금에 대한 상환기간이 발행시점으로부터 정해져 있는 일종의 기한부 증권이라 할 수 있다.

② 채권은 대부분이 단기증권의 성격을 지닌다.

③ 채권은 유통시장에서 현금화를 용이하게 할 수 있는 유동성이 높은 증권이다.

④ 동일한 채권이라 할지라도 만기까지의 기간에 따라 수익률이 달라지기도 한다.

⑤ 채권의 발행 시 상환금액 및 이자가 확정되어 있는 고정금리채권이 대부분이다.

38. **중앙정부나 지방정부가 소유 및 운영하는 기업에 대한 설명으로 옳은 것을 〈보기〉에서 모두 고른 것은?**

〈보기〉

㉠ 공익과 관련성이 높은 분야에서 많이 발견된다.
㉡ 정부실패 문제가 제기되면서 증가하는 추세이다.
㉢ 주로 독점적 경쟁 시장의 형태를 보이고 있다.
㉣ 효율성이 떨어진다는 비판을 받고 있다.

① ㉠㉡
② ㉠㉣
③ ㉡㉢
④ ㉡㉣
⑤ ㉢㉣

39. **다음에서 설명하는 제도의 실시 목적으로 적절한 것은?**

정부가 농산물가격을 결정함에 있어서 생산비로부터 산출하지 않고 일정한 때의 물가에 맞추어 결정한 농산물가격이다.

① 근로자보호
② 생산자보호
③ 소비자보호
④ 독점의 제한
⑤ 경쟁의 제한

40. **다음 경제 정책 토론회에 대한 옳은 분석을 〈보기〉에서 모두 고른 것은?**

갑 : 우리나라 경제가 활력을 잃고 있습니다. 활력을 불어넣기 위해서는 시중의 금리를 낮출 필요가 있습니다.
을 : 세계적으로 금리가 높아지고 있는 상황에서 금리를 낮추는 것은 여러 가지 경제적 대가를 치르게 합니다. 오히려 감세 정책이 바람직합니다.
병 : 규제 완화와 같은 성장 잠재력 확충을 위한 근본적인 대책이 필요합니다. 규제를 완화하면 기업의 투자가 늘어날 것이기 때문에 경제도 활력을 되찾을 것입니다.

〈보기〉

㉠ 갑은 국공채 매각 정책에 대해 찬성할 것이다.
㉡ 을은 확장 재정 정책의 필요성을 주장하고 있다.
㉢ 병은 갑과 을에 비해 시장의 원리를 더 중시한다.
㉣ 밑줄 친 '경제적 대가'로는 외국 자본의 유입을 들 수 있다.

① ㉠㉡
② ㉠㉣
③ ㉡㉢
④ ㉡㉣
⑤ ㉢㉣

41. **다음 사례는 시장이 효율적 자원분배에 실패하는 어떤 경우에 해당하는가?**

> 벼농사가 갖는 이점은 우리가 생각하는 것 이상으로 많다. 우리나라의 논은 112만 ha로 전 국토 면적의 11%에 이른다. 이 넓은 면적에 벼농사를 짓기 위해 설치한 논둑이 여름철 홍수를 막는 데 엄청난 기여를 한다. 홍수 때 논에 가둬둘 수 있는 물의 양은 총 36억 톤인데, 이는 춘천댐 저수량의 24배로 그만한 저수지를 새로 만든다면 무려 15조 원이 든다고 한다. 벼농사를 짓고 있는 논은 토양 유실을 막아 주고, 여름철에는 기화열을 통해 온도 조절 작용도 하며, 식물의 광합성 작용으로 공기 정화 작용도 하고 물을 깨끗하게 한다. 이러한 것들은 시장 가격으로 계산할 수 없는 이익이다. 그러나 벼농사를 짓는 농부의 이익은 단지 생산된 쌀을 판매하는 것에서만 얻을 수 있다.

① 공공재가 사회적 필요량보다 과소 생산되는 경우
② 관료 집단의 이기주의와 부정부패가 심화되는 경우
③ 사회적 편익이 적정 수준보다 적게 산출되는 경우
④ 상품 정보의 결함으로 인한 도덕적 해이가 나타나는 경우
⑤ 소수가 시장을 지배하는 현상이 나타나는 경우

42. **다음 글에서 설명하는 법률의 시행 이전에 나타날 단기적 효과로 가장 적절한 것은?**

> A국 정부는 연 100%를 넘는 높은 사채(私債) 이자율 때문에 서민들의 피해가 커지자, 대부업법을 개정해 2개월 이후인 시행일부터는 66% 이상의 이자를 받지 못하도록 하였다. 그러나 이 법률이 개정되자마자 영업을 포기하는 사채업자들이 마구잡이로 채권 회수에 나서고, 채무 상환 압박에 몰린 서민들이 돈을 갚기 위해 또 다른 사채에 의존하게 되었다.

① 사채 공급의 증가
② 사채 수요의 감소
③ 사채 시장의 불균형 확대
④ 사채 이자율의 급격한 상승
⑤ 사채에 대한 초과 공급 발생

43. **다음 글에서 밑줄 친 ㉠이 발생하는 원인을 〈보기〉에서 모두 고른 것은?**

> 인플레이션이 발생하는 원인에는 크게 두 가지가 있다. 하나는 총공급이 감소하는 경우이고, 다른 하나는 ㉠ <u>총수요가 증가하는 경우</u>이다.

〈보기〉

㉠ 국제 사료 가격의 상승	㉡ 생산요소 가격의 상승
㉢ 정부 지출 증가	㉣ 통화량 증가

① ㉠㉡
② ㉠㉢
③ ㉡㉢
④ ㉡㉣
⑤ ㉢㉣

44. **다음 글의 밑줄 친 ㉠~㉤에 대한 설명으로 옳지 않은 것은?**

> 은경이의 할머니는 소유하고 있는 건물을 임대하여 ㉠ <u>임대료</u>를 받고 있다. 은경이의 아버지는 작은 화원을 운영하여 ㉡ <u>소득</u>을 얻고 있으며, 은경이의 어머니는 요가 강사로서 강의 시간에 따라 ㉢ <u>급료</u>를 받는다. 최근에 은경이의 어머니는 보유하고 있는 주식의 ㉣ <u>배당금</u>을 받아 은경이의 대학등록금으로 이용하기 위해 은행에 저축을 하였는데, 이에 대한 ㉤ <u>이자</u>를 받게 되었다.

① ㉠, ㉣, ㉤은 재산소득이다.
② ㉠~㉤은 모두 경상소득이다.
③ ㉠~㉤의 소득의 크기는 알 수 없다.
④ ㉡, ㉢은 불로소득이다.
⑤ ㉢은 근로소득이다.

45. **정부의 재정지출확대정책으로 인하여 구축효과가 크게 나타나지 않는 경우는?**

① 고전학파의 화폐수량설에 의거하는 경우
② 민간투자의 이자율 탄력도가 매우 크게 나타나는 경우
③ 통화주의자의 신화폐수량설이 성립되는 경우
④ 투기적 화폐수요의 이자율 탄력도가 매우 큰 경우
⑤ 소비함수가 이자율에 대하여 매우 탄력적인 경우

46. **다음 글에서 밑줄 친 ㉠을 위한 방안으로 가장 적절한 것은?**

> 남북 간의 경제 협력은 남북 양측에 실질적인 이익을 제공하여 통일 분위기를 조성해 나가고, 통일 비용을 최소화하는 데, 도움이 된다. 따라서 ㉠ <u>경제 협력을 확대하고 이를 기초로 통일 국가로 나가야 한다.</u>

① 경제적 통합에 우선하여 군사적 · 정치적 통합을 이룬다.
② 남북한 경제협력을 활성화하여 경제의 구조적 통합을 이룩한다.
③ 민간차원에서의 교류는 가급적 억제한다.
④ 북한의 수용 여건과 관계없이 경제 협력을 추진한다.
⑤ 사회간접자본 분야의 협력은 추후에 실시한다.

47. **다음 글에 나타난 20××년 말 갑의 자산, 부채, 순자산과 관련된 설명으로 옳은 것은?**
(단, 순자산 = 자산 − 부채)

> 20××년 말 갑은 200만 원의 가치를 가진 컴퓨터, 100만 원의 신용 카드 미결제 잔액, 100만 원의 현금, 300만 원의 은행 예금, 500만 원의 은행 대출금, 500만 원 어치의 주식을 가지고 있다.
>
> * 자산 가치 변동과 보유 및 거

① 자산은 1,000만 원이다.
② 순자산은 600만 원이다.
③ 지출이 수입보다 큰 경우 순자산은 증가한다.
④ 주식을 처분하여 은행에 예금하는 경우 순자산은 변화가 없다.
⑤ 현금으로 신용 카드 미결제 잔액을 갚을 경우 자산은 변화가 없다.

48. **우리나라 노인장기요양보험법령에 대한 내용으로 옳은 것은?**

① 장기요양급여는 의료서비스와 연계하여 제공하기가 용이한 시설급여를 재가급여보다 우선적으로 제공하여야 한다.
② 장기요양등급은 장기요양등급판정위원회에서 판정하고, 세밀한 판정을 위해 7개 등급의 체계로 운용한다.
③ 「노인장기요양보험법」은 고령이나 노인성 질병 등의 사유로 일상생활을 혼자서 수행하기 어려운 노인등에게 제공하는 신체활동 또는 가사활동 지원 등의 장기요양급여에 관한 사항을 규정하고 있다.
④ 노인장기요양보험의 관리운영기관은 노후생활과 밀접히 연관이 되어 있는 국민연금공단이다.
⑤ 장기요양보험료는 건강보험료와 분리하여 징수한다.

49. 각종 연금에 대한 설명으로 옳지 않은 것은?

① 농지연금은 신청일 기준으로부터 과거 5년 이상 영농경력 조건을 갖추어야 한다.

② 주택연금은 부부 중 한 명이 만 60세 이상으로 1가구 1주택 소유자면 신청가능하다.

③ 기초연금은 만 65세 이상 전체 어르신 중 가구의 소득인 정액이 선정기준액 이하인 분들게 지급한다.

④ 유족연금은 가입기간에 따라 일정률(40~60%)의 기본연금액에 부양가족연금액을 합산하여 지급한다.

⑤ 국민연금 가입자 중 만 60세 이상으로 국민연금보험료 납입개월 수가 120개월 미만인 자가 임의계속가입을 희망하지 않을 경우 반환일시금을 지급한다.

50. 다음 중 공공부조와 관계있는 것을 모두 고르면?

> ㉠ 최저생계비
> ㉡ 최저임금제
> ㉢ 국민기초생활보장제도
> ㉣ 고용보험

① ㉠㉡　② ㉠㉢
③ ㉡㉢　④ ㉡㉣
⑤ ㉢㉣

절 취 선

국민연금공단 필기시험 모의고사

성 명

(자 필 성 명)

생 년 월 일

⓪	⓪	⓪	⓪	⓪	⓪	⓪	⓪
①	①	①	①	①	①	①	①
②	②	②	②	②	②	②	②
③	③	③	③	③	③	③	③
④	④	④	④	④	④	④	④
⑤	⑤	⑤	⑤	⑤	⑤	⑤	⑤
⑥	⑥	⑥	⑥	⑥	⑥	⑥	⑥
⑦	⑦	⑦	⑦	⑦	⑦	⑦	⑦
⑧	⑧	⑧	⑧	⑧	⑧	⑧	⑧
⑨	⑨	⑨	⑨	⑨	⑨	⑨	⑨

직업기초능력평가				종합직무지식평가			
1	① ② ③ ④	31	① ② ③ ④	1	① ② ③ ④ ⑤	31	① ② ③ ④ ⑤
2	① ② ③ ④	32	① ② ③ ④	2	① ② ③ ④ ⑤	32	① ② ③ ④ ⑤
3	① ② ③ ④	33	① ② ③ ④	3	① ② ③ ④ ⑤	33	① ② ③ ④ ⑤
4	① ② ③ ④	34	① ② ③ ④	4	① ② ③ ④ ⑤	34	① ② ③ ④ ⑤
5	① ② ③ ④	35	① ② ③ ④	5	① ② ③ ④ ⑤	35	① ② ③ ④ ⑤
6	① ② ③ ④	36	① ② ③ ④	6	① ② ③ ④ ⑤	36	① ② ③ ④ ⑤
7	① ② ③ ④	37	① ② ③ ④	7	① ② ③ ④ ⑤	37	① ② ③ ④ ⑤
8	① ② ③ ④	38	① ② ③ ④	8	① ② ③ ④ ⑤	38	① ② ③ ④ ⑤
9	① ② ③ ④	39	① ② ③ ④	9	① ② ③ ④ ⑤	39	① ② ③ ④ ⑤
10	① ② ③ ④	40	① ② ③ ④	10	① ② ③ ④ ⑤	40	① ② ③ ④ ⑤
11	① ② ③ ④	41	① ② ③ ④	11	① ② ③ ④ ⑤	41	① ② ③ ④ ⑤
12	① ② ③ ④	42	① ② ③ ④	12	① ② ③ ④ ⑤	42	① ② ③ ④ ⑤
13	① ② ③ ④	43	① ② ③ ④	13	① ② ③ ④ ⑤	43	① ② ③ ④ ⑤
14	① ② ③ ④	44	① ② ③ ④	14	① ② ③ ④ ⑤	44	① ② ③ ④ ⑤
15	① ② ③ ④	45	① ② ③ ④	15	① ② ③ ④ ⑤	45	① ② ③ ④ ⑤
16	① ② ③ ④	46	① ② ③ ④	16	① ② ③ ④ ⑤	46	① ② ③ ④ ⑤
17	① ② ③ ④	47	① ② ③ ④	17	① ② ③ ④ ⑤	47	① ② ③ ④ ⑤
18	① ② ③ ④	48	① ② ③ ④	18	① ② ③ ④ ⑤	48	① ② ③ ④ ⑤
19	① ② ③ ④	49	① ② ③ ④	19	① ② ③ ④ ⑤	49	① ② ③ ④ ⑤
20	① ② ③ ④	50	① ② ③ ④	20	① ② ③ ④ ⑤	50	① ② ③ ④ ⑤
21	① ② ③ ④	51	① ② ③ ④	21	① ② ③ ④ ⑤		
22	① ② ③ ④	52	① ② ③ ④	22	① ② ③ ④ ⑤		
23	① ② ③ ④	53	① ② ③ ④	23	① ② ③ ④ ⑤		
24	① ② ③ ④	54	① ② ③ ④	24	① ② ③ ④ ⑤		
25	① ② ③ ④	55	① ② ③ ④	25	① ② ③ ④ ⑤		
26	① ② ③ ④	56	① ② ③ ④	26	① ② ③ ④ ⑤		
27	① ② ③ ④	57	① ② ③ ④	27	① ② ③ ④ ⑤		
28	① ② ③ ④	58	① ② ③ ④	28	① ② ③ ④ ⑤		
29	① ② ③ ④	59	① ② ③ ④	29	① ② ③ ④ ⑤		
30	① ② ③ ④	60	① ② ③ ④	30	① ② ③ ④ ⑤		

국민연금공단

필기시험 모의고사

[6급 사무직]

제 2 회		
	영 역	직업기초능력평가, 종합직무지식평가
	문항수	60문항, 50문항
	시 간	60분, 50분
	비 고	객관식 4지선다형, 객관식 5지선다형

(주)서원각

제2회 국민연금공단 필기시험 모의고사

직업기초능력평가(60문항/60분)

1. 중의적 표현에 대한 다음 설명을 참고할 때, 구조적 중의성의 사례가 아닌 것은?

> 중의적 표현(중의성)이란 하나의 표현이 두 가지 이상의 의미로 해석되는 표현을 일컫는다. 그 특징은 해학이나 풍자 등에 활용되며, 의미의 다양성으로 문학 작품의 예술성을 높이는 데 기여한다. 하지만 의미 해석의 혼동으로 인해 원활한 의사소통에 방해를 줄 수도 있다.
>
> 이러한 중의성은 어휘적 중의성과 구조적 중의성으로 크게 구분할 수 있다. 어휘적 중의성은 다시 세 가지 부류로 나누는데 첫째, 다의어에 의한 중의성이다. 다의어는 의미를 복합적으로 가지고 있는데, 기본 의미를 가지고 있는 동시에 파생적 의미도 가지고 있어서 그 어휘의 기본적 의미가 내포되어 있는 상태에서 다른 의미로도 쓸 수 있다. 둘째, 어휘적 중의성으로 동음어에 의한 중의적 표현이 있다. 동음어에 의한 중의적 표현은 순수한 동음어에 의한 중의적 표현과 연음으로 인한 동음이의어 현상이 있다. 셋째, 동사의 상적 속성에 의한 중의성이 있다.
>
> 구조적 중의성은 문장의 구조 특성으로 인해 중의성이 일어나는 것을 말하는데, 이러한 중의성은 수식 관계, 주어의 범위, 서술어와 호응하는 논항의 범위, 수량사의 지배범위, 부정문의 지배범주 등에 의해 일어난다.

① 나이 많은 길동이와 을순이가 결혼을 한다.
② 그 녀석은 나와 아버지를 만났다.
③ 영희는 친구들을 기다리며 장갑을 끼고 있었다.
④ 그녀가 보고 싶은 친구들이 참 많다.

2. 다음 글에 대한 내용으로 가장 적절하지 않은 것은?

> 지속되는 불황 속에서도 남 몰래 웃음 짓는 주식들이 있다. 판매단가는 저렴하지만 시장점유율을 늘려 돈을 버는 이른바 '박리다매', '저가 실속형' 전략을 구사하는 종목들이다. 대표적인 종목은 중저가 스마트폰 제조업체에 부품을 납품하는 업체이다. A증권에 따르면 전 세계적으로 200달러 이하 중저가 스마트폰이 전체 스마트폰 시장에서 차지하는 비중은 2015년 11월 35%에서 지난 달 46%로 급증했다. 세계 스마트폰 시장 1등인 B전자도 최근 스마트폰 판매량 가운데 40% 가량이 중저가 폰으로 분류된다. 중저가용에 집중한 중국 C사와 D사의 2분기 세계 스마트폰 시장점유율은 전 분기 대비 각각 43%, 23%나 증가해 B전자나 E전자 10%대 초반 증가율보다 월등히 앞섰다. 이에 따라 국내외 스마트폰 업체에 중저가용 부품을 많이 납품하는 F사, G사, H사, I사 등이 조명받고 있다.
>
> 주가가 바닥을 모르고 내려간 대형 항공주와는 대조적으로 저가항공주 주가는 최근 가파른 상승세를 보였다. J항공을 보유한 K사는 최근 두 달 새 56% 상승세를 보였다. 같은 기간 L항공을 소유한 M사 주가도 25% 가량 올랐다. 저가항공사 점유율 상승이 주가 상승으로 이어지는 것으로 보인다. 국내선에서 저가항공사 점유율은 2012년 23.5%에서 지난 달 31.4%까지 계속 상승해왔다. 홍길동 ○○증권 리서치센터장은 "글로벌 복합위기로 주요국에서 저성장·저투자 기조가 계속되는 데다 개인들은 부채 축소와 고령화에 대비해야 하기 때문에 소비를 늘릴 여력이 줄었다."며 "값싸면서도 멋지고 질도 좋은 제품이 계속 주목받을 것"이라고 말했다.

① '박리다매' 주식은 F사, G사, H사, I사의 주식이다.
② 저가항공사 점유율은 계속 상승세를 보이고 있는 반면 대형 항공주는 주가 하락세를 보였다.
③ 글로벌 복합위기와 개인들의 부채 축소, 고령화 대비에 따라 값싸고 질 좋은 제품이 주목받을 것이다.
④ B전자가 주력으로 판매하는 스마트폰이 중저가 폰에 해당한다.

3. **다음과 같은 내용의 모집 공고문 초안을 검토한 팀장은 몇 가지 누락된 사항이 있음을 지적하였다. 다음 중 팀장이 지적한 사항으로 보기 어려운 것은?**

> 제8기 국민연금 대학생 홍보대사 모집
>
> ■ 지원자격 : 국내 대학 재학생(휴학생 포함)
> ※ 타 기업(기관) 홍보대사 지원 불가
> ※ 2차 면접전형 시 재학증명서 제출 필수
> ■ 지원방법 : 국민연금공단 홈페이지(www.nps.or.kr)에서 지원서를 다운로드하여 작성 후 이메일(npcb0000@nps.or.kr)로 제출. 접수마감일(1월 23일) 18:00 도착 분까지 유효
> ■ 모집 및 활동 일정
> • 지원기간 : 20××년 1월 17일(수)~1월 23일(화)
> • 1차 합격자 발표 : 20××년 2월 1일(금), 오후 3시(15시) 홈페이지 게시
> • 2차 면접전형일정 : 20××년 2월 7일(수)~9일(금) 중, 면접 기간 개별 안내
> • 최종 합격자 발표 : 20××년 2월 12일(월), 오후 3시(15시) 홈페이지 게시
> • 발대식(오리엔테이션) : 20××년 2월 21일(수)~22일(목), 1박 2일
> • 활동기간 : 20××년 3월~8월(약 6개월)
> • 정기회의 : 매월 마지막 또는 첫주 금요일 오후 1시
> ※ 상기 일정은 공단 사정에 따라 변동될 수 있습니다.

① 선발인원
② 문의처
③ 활동비 지급 내역
④ 활동 내역

▮4~5▮ 다음은 어느 회사 홈페이지에서 안내하고 있는 사회보장의 정의에 대한 내용이다. 물음에 답하시오.

> • '사회보장'이라는 용어는 유럽에서 실시하고 있던 사회보험의 '사회'와 미국의 대공황 시기에 등장한 긴급경제보장위원회의 '보장'이란 용어가 합쳐져서 탄생한 것으로 알려져 있다. 1935년에 미국이 「사회보장법」을 제정하면서 법률명으로서 처음으로 사용되었고, 이후 사회보장이라는 용어는 전 세계적으로 ㉠ <u>통용</u>되기 시작하였다.
> • 제2차 세계대전 후 국제노동기구(ILO)의 「사회보장의 길」과 영국의 베버리지가 작성한 보고서 「사회보험과 관련 서비스」 및 프랑스의 라로크가 ㉡ <u>책정</u>한 「사회보장계획」의 영향으로 각국에서 구체적인 사회정책으로 제도화되기 시작하였다.
> • 우리나라는 1962년 제5차 개정헌법 제30조 제2항에서 처음으로 '국가는 사회보장의 증진에 노력하여야 한다'고 규정하여 국가적 의무로서 '사회보장'을 천명하였고, 이에 따라 1963년 11월 5일 법률 제1437호로 전문 7개조의 「사회보장에 관한 법률」을 제정하였다.
> • '사회보장'이라는 용어가 처음으로 사용된 시기에 대해서는 대체적으로 의견이 일치하고 있으며 해당 용어가 전 세계적으로 ㉢ <u>파급</u>되어 사용하고 있음에도 불구하고, '사회보장'의 개념에 대해서는 개인적, 국가적, 시대적, 학문적 관점에 따라 매우 다양하게 인식되고 있다.
> • 국제노동기구는 「사회보장의 길」에서 '사회보장'은 사회구성원들에게 발생하는 일정한 위험에 대해서 사회가 적절하게 부여하는 보장이라고 정의하면서, 그 구성요소로 전체 국민을 대상으로 해야 하고, 최저생활이 보장되어야 하며 모든 위험과 사고가 보호되어야 할뿐만 아니라 공공의 기관을 통해서 보호나 보장이 이루어져야 한다고 하였다.
> • 우리나라는 사회보장기본법 제3조 제1호에 의하여 "사회보장"이란 출산, ㉣ <u>양육</u>, 실업, 노령, 장애, 질병, 빈곤 및 사망 등의 사회적 위험으로부터 모든 국민을 보호하고 국민 삶의 질을 향상 시키는데 필요한 소득 · 서비스를 보장하는 사회보험, 공공부조, 사회서비스를 말한다'라고 정의하고 있다.

4. **사회보장에 대해 잘못 이해하고 있는 사람은?**

① 영은 : '사회보장'이라는 용어가 법률명으로 처음 사용된 것은 1935년 미국에서였대.

② 원일 : 각국에서 사회보장을 구체적인 사회정책으로 제도화하기 시작한 것은 제2차 세계대전 이후구나.

③ 지민 : 사회보장의 개념은 어떤 관점에서 보느냐에 따라 매우 다양하게 인식될 수 있겠군.

④ 정현 : 국제노동기구의 입장에 따르면 개인에 대한 개인의 보호나 보장 또한 사회보장으로 볼 수 있어.

5. **밑줄 친 단어가 한자로 바르게 표기된 것은?**

① ㉠ 통용 – 通容

② ㉡ 책정 – 策正

③ ㉢ 파급 – 波及

④ ㉣ 양육 – 羊肉

6. **다음 글을 참고할 때, '깨진 유리창의 법칙'이 시사하는 바로 가장 적절한 설명은 무엇인가?**

> 1969년 미국 스탠포드 대학의 심리학자인 필립 짐바르도 교수는 아주 흥미로운 심리실험을 진행했다. 범죄가 자주 발생하는 골목을 골라 새 승용차 한 대를 보닛을 열어놓은 상태로 방치시켰다. 일주일이 지난 뒤 확인해보니 그 차는 아무런 이상이 없었다. 원상태대로 보존된 것이다. 이번에는 똑같은 새 승용차를 보닛을 열어놓고, 한쪽 유리창을 깬 상태로 방치시켜 두었다. 놀라운 일이 벌어졌다. 불과 10분이 지나자 배터리가 없어지고 차 안에 쓰레기가 버려져 있었다. 시간이 지나면서 낙서, 도난, 파괴가 연이어 일어났다. 1주일이 지나자 그 차는 거의 고철상태가 되어 폐차장으로 실려 갈 정도가 되었던 것이다. 훗날 이 실험결과는 '깨진 유리창의 법칙'이라는 이름으로 불리게 된다.
>
> 1980년대의 뉴욕 시는 연간 60만 건 이상의 중범죄가 발생하는 범죄도시로 악명이 높았다. 당시 여행객들 사이에서 '뉴욕의 지하철은 절대 타지 마라'는 소문이 돌 정도였다. 미국 라토가스 대학의 겔링 교수는 '깨진 유리창의 법칙'에 근거하여, 뉴욕 시의 지하철 흉악 범죄를 줄이기 위한 대책으로 낙서를 철저하게 지울 것을 제안했다. 낙서가 방치되어 있는 상태는 창문이 깨져있는 자동차와 같은 상태라고 생각했기 때문이다.

① 범죄는 대중교통 이용 공간에서 발생확률이 가장 높다.

② 문제는 확인되기 전에 사전 단속이 중요하다.

③ 작은 일을 철저히 관리하면 큰 사고를 막을 수 있다.

④ 사소한 원인으로 발생한 큰 문제는 수습이 매우 어렵다.

7. **다음 글과 〈법조문〉을 근거로 판단할 때, 甲이 乙에게 2,000만 원을 1년간 빌려주면서 선이자로 800만 원을 공제하고 1,200만 원만을 준 경우, 乙이 갚기로 한 날짜에 甲에게 전부 변제하여야 할 금액은?**

> 돈이나 물품 등을 빌려 쓴 사람이 돈이나 같은 종류의 물품을 같은 양만큼 갚기로 하는 계약을 소비대차라 한다. 소비대차는 이자를 지불하기로 약정할 수 있고, 그 이자는 일정한 이율에 의하여 계산한다. 이런 이자는 돈을 빌려주면서 먼저 공제할 수도 있는데, 이를 선이자라 한다. 한편 약정 이자의 상한에는 법률상의 제한이 있다.

〈법조문〉

제00조

① 금전소비대차에 관한 계약상의 최고이자율은 연 30%로 한다.

② 계약상의 이자로서 제1항에서 정한 최고이자율을 초과하는 부분은 무효로 한다.

③ 약정금액(당초 빌려주기로 한 금액)에서 선이자를 사전공제한 경우, 그 공제액이 '채무자가 실제 수령한 금액'을 기준으로 하여 제1항에서 정한 최고이자율에 따라 계산한 금액을 초과하면 그 초과부분은 약정금액의 일부를 변제한 것으로 본다.

① 760만 원

② 1,000만 원

③ 1,560만 원

④ 1,640만 원

8. **다음은 정부에서 지원하는 〈귀농인 주택시설 개선사업 개요〉와 〈심사 기초 자료〉이다. 이를 근거로 판단할 때, 지원대상 가구만을 모두 고르면?**

〈귀농인 주택시설 개선사업 개요〉

□ 사업목적 : 귀농인의 안정적인 정착을 도모하기 위해 일정기준을 충족하는 귀농가구의 주택 개·보수 비용을 지원

□ 신청자격 : △△군에 소재하는 귀농가구 중 거주기간이 신청마감일(2025. 4. 30.) 현재 전입일부터 6개월 이상이고, 가구주의 연령이 20세 이상 60세 이하인 가구

□ 심사기준 및 점수 산정방식

- 신청마감일 기준으로 다음 심사기준별 점수를 합산한다.
- 심사기준별 점수
  - (1) 거주기간 : 10점(3년 이상), 8점(2년 이상 3년 미만), 6점(1년 이상 2년 미만), 4점(6개월 이상 1년 미만)
    ※ 거주기간은 전입일부터 기산한다.
  - (2) 가족 수 : 10점(4명 이상), 8점(3명), 6점(2명), 4점(1명)
    ※ 가족 수에는 가구주가 포함된 것으로 본다.
  - (3) 영농규모 : 10점(1.0ha 이상), 8점(0.5ha 이상 1.0ha 미만), 6점(0.3ha 이상 0.5ha 미만), 4점(0.3ha 미만)
  - (4) 주택노후도 : 10점(20년 이상), 8점(15년 이상 20년 미만), 6점(10년 이상 15년 미만), 4점(5년 이상 10년 미만)
  - (5) 사업시급성 : 10점(매우 시급), 7점(시급), 4점(보통)

□ 지원내용

- 예산액 : 5,000,000원
- 지원액 : 가구당 2,500,000원
- 지원대상 : 심사기준별 점수의 총점이 높은 순으로 2가구. 총점이 동점일 경우 가구주의 연령이 높은 가구를 지원. 단, 하나의 읍·면당 1가구만 지원 가능

〈심사 기초 자료(2025. 4. 30. 현재)〉

귀농 가구	가구주 연령 (세)	주소지 (△△군)	전입일	가족 수 (명)	영농 규모 (ha)	주택 노후도 (년)	사업 시급성
甲	49	A	2010. 12. 30	1	0.2	17	매우 시급
乙	48	B	2013. 5. 30	3	1.0	13	매우 시급
丙	56	B	2012. 7. 30	2	0.6	23	매우 시급
丁	60	C	2013. 12. 30	4	0.4	13	시급
戊	33	D	2011. 9. 30	2	1.2	19	보통

① 甲, 乙 ② 甲, 丙
③ 乙, 丙 ④ 乙, 丁

9. 다음 메모와 관련된 내용으로 옳지 않은 것은?

> MEMO
> To : All Staff
> From : Robert Burns
> Re : Staff meeting
> This is just to remind everyone about the agenda for Monday's meeting. The meeting will be a combination of briefing and brainstorming session, Please come prepared to propose ideas for reorganizing the office! And remember that we want to maintain a positive atmosphere in the meeting. We don't criticize any ideas you share. All staff members are expected to attend meeting!

① 전 직원들에게 알리는 글이다.
② 간부들만 회의에 참석할 수 있음을 알리는 글이다.
③ 회의는 브리핑과 브레인스토밍 섹션으로 구성될 것이다.
④ 사무실 재편성에 관한 아이디어에 관한 회의가 월요일에 있을 것이다.

10. 다음에 해당하는 언어의 기능은?

> 이 기능은 우리가 세계를 이해하는 정도에 비례하여 수행된다. 그러면 세계를 이해한다는 것은 무엇인가? 그것은 이 세상에 존재하는 사물에 대하여 이름을 부여함으로써 발생하는 것이다. 여기 한 그루의 나무가 있다고 하자. 그런데 그것을 나무라는 이름으로 부르지 않는 한 그것은 나무로서의 행세를 못한다. 인류의 지식이라는 것은 인류가 깨달아 알게 되는 모든 대상에 대하여 이름을 붙이는 작업에서 형성되는 것이라고 말해도 좋다. 어떤 사물이건 거기에 이름이 붙으면 그 사물의 개념이 형성된다. 다시 말하면, 그 사물의 의미가 확정된다. 그러므로 우리가 쓰고 있는 언어는 모두가 사물을 대상화하여 그것에 의미를 부여하는 이름이라고 할 수 있다.

① 정보적 기능
② 친교적 기능
③ 명령적 기능
④ 관어적 기능

11. 갑사, 을사, 병사는 A, B, C 3개 운동 종목에 대한 3사 간의 경기를 실시하였으며, 결과는 다음 표와 같다. 이에 대한 설명으로 올바르지 않은 것은? (단, 무승부인 경기는 없다고 가정한다)

구분	갑	을	병
A 종목	4승 6패	7승 3패	4승 6패
B 종목	7승 3패	2승 8패	6승 4패
C 종목	5승 5패	3승 7패	7승 3패

① 갑사가 병사로부터 거둔 A 종목 경기 승수가 1승뿐이었다면 을사는 병사에 압도적인 우세를 보였다.

② 을사의 B 종목 경기 8패가 나머지 두 회사와의 경기에서 절반씩 거둔 결과라면 갑사와 병사의 상대 전적은 갑사가 더 우세하다.

③ 갑사가 세 종목에서 거둔 승수 중 을사와 병사로부터 각각 적어도 2승 이상씩을 거두었다면, 적어도 을사는 병사보다 A 종목의, 병사는 을사보다 C 종목의 상대 전적이 더 우세하다.

④ 갑사는 C 종목에서 을사, 병사와의 상대 전적이 동일하여 우열을 가릴 수 없다.

12. 다음 (가)~(다)에서 설명하고 있는 창의적 사고 개발 방법의 유형을 순서대로 알맞게 짝지은 것은?

> (가) "신차 출시"라는 주제에 대해서 "홍보를 통해 판매량을 늘린다.", "회사 내 직원들의 반응을 살핀다.", "경쟁사의 자동차와 비교한다." 등의 자유로운 아이디어를 창출할 수 있도록 유도한다.
>
> (나) "신차 출시"라는 같은 주제에 대해서 판매방법, 판매대상 등의 힌트를 통해 사고 방향을 미리 정해서 발상을 하는 방법이다. 이때 판매방법이라는 힌트에 대해서는 "신규 해외 수출 지역을 물색한다."라는 아이디어를 떠 올릴 수 있도록 유도한다.
>
> (다) "신차 출시"라는 같은 주제에 대해서 생각해 보면 신차는 회사에서 새롭게 생산해 낸 제품을 의미한다. 따라서 새롭게 생산해 낸 제품이 무엇인지에 대한 힌트를 먼저 찾고, 만약 지난달에 히트를 친 비누라는 신상품이 있었다고 한다면, "지난달 신상품인 비누의 판매 전략을 토대로 신차의 판매 전략을 어떻게 수립할 수 있을까" 하는 아이디어를 도출할 수 있다.

	(가)	(나)	(다)
①	강제 연상법	비교 발상법	자유 연상법
②	자유 연상법	강제 연상법	비교 발상법
③	비교 발상법	강제 연상법	자유 연상법
④	강제 연상법	자유 연상법	비교 발상법

13. 다음과 같이 상사 앞으로 팩스 전송된 심포지엄 초청장을 수령하였다. 상사는 현재 출장 중이며 5월 29일 귀국 예정이다. 부하직원의 대처로서 가장 적절하지 않은 것은?

> 1. 일시 : 20××년 5월 31일(목) 13:30-17:00
> 2. 장소 : 미래연구소 5층 회의실
> 3. 기타 : 회원(150,000원) / 비회원(200,000원)
> 4. 발표주제 : 지식경영의 주체별 역할과 대응방향
>   A. 국가 : 지식국가로 가는 길(미래 연구소 류상영 실장)
>   B. 기업 : 한국기업 지식경영모델(S연수원 김영수 이사)
>   C. 지식인의 역할과 육성방안(S연수원 황철 이사)
> 5. 문의 및 연락처 : 송수현 대리(전화 02-3780-8025)

① 상사의 일정가능여부 확인 후 출장 중에 있는 상사에게 간략하게 심포지엄 내용을 보고한다.

② 선임 대리에게 연락하여 참여인원 제한여부 등 관련 정보를 수집한다.

③ 상사가 이미 5월 31일 다른 일정이 있으므로 선임 대리에게 상사가 참석 불가능하다는 것을 알린다.

④ 상사에게 대리참석여부를 확인하여 관련자에게 상사의 의사가 전달될 수 있도록 한다.

14. 다음은 늘푸른 테니스회 모임의 회원명단이다. 적당한 분류법에 대한 설명 중 가장 적절한 것은?

금철영	손영자	한미숙	정민주	허민홍
김상진	나영주	채진경	박일주	송나혜
남미영	송진주	이기동	임창주	이종하
백승일	하민영	박종철	강철민	고대진

① 남녀 구분한 후 명칭별로 정리하여 색인 카드가 필요하다.

② 지역별로 분류한 다음에 명칭별로 구분하여 장소에 따른 문서의 집합이 가능하다.

③ 명칭별 분류에 따라 정리하여 색인이 불필요하다.

④ 주민등록번호별 정리방법을 이용하여 회원의 보안성을 유지하도록 한다.

15. 직업이 각기 다른 A, B, C, D 네 사람이 여행을 떠나기 위해 기차의 한 차 안에 앉아 있다. 네 사람은 모두 색깔이 다른 옷을 입었고 두 사람씩 얼굴을 마주하고 앉아 있다. 그 중 두 사람은 창문 쪽에, 나머지 두 사람은 통로 쪽에 앉아 있으며 다음과 같은 사실들을 알고 있다. 다음에서 이 모임의 회장과 부회장의 직업을 순서대로 바르게 짝지은 것은?

> (ㄱ) 경찰은 B의 왼쪽에 앉아 있다.
> (ㄴ) A는 파란색 옷을 입고 있다.
> (ㄷ) 검은색 옷을 입고 있는 사람은 의사의 오른쪽에 앉아 있다.
> (ㄹ) D의 맞은편에 외교관이 앉아 있다.
> (ㅁ) 선생님은 초록색 옷을 입고 있다.
> (ㅂ) 경찰은 창가에 앉아 있다.
> (ㅅ) 갈색 옷을 입은 사람이 모임 회장이며, 파란색 옷을 입은 사람이 부회장이다.
> (ㅇ) C와 D는 서로 마주보고 앉아있다.

① 회장 – 의사 부회장 – 외교관

② 회장 – 의사 부회장 – 경찰

③ 회장 – 경찰 부회장 – 의사

④ 회장 – 외교관 부회장 – 선생님

16. 한국전자는 영업팀 6명의 직원(A~F)과 관리팀 4명의 직원(갑~정)이 매일 각 팀당 1명씩 총 2명이 당직 근무를 선다. 2일 날 A와 갑 직원이 당직 근무를 서고 팀별 순서(A~F, 갑~정)대로 돌아가며 근무를 선다면, E와 병이 함께 근무를 서는 날은 언제인가? (단, 근무를 서지 않는 날은 없다고 가정한다)

① 10일　② 11일

③ 12일　④ 13일

17. 8층에서 엘리베이터를 타게 된 갑, 을, 병, 정, 무 5명은 5층부터 내리기 시작하여 마지막 다섯 번째 사람이 1층에서 내리게 되었다. 다음 〈조건〉을 만족할 때, 1층에서 내린 사람은 누구인가?

〈조건〉

- 2명이 함께 내린 층은 4층이며, 나머지는 모두 1명씩만 내렸다.
- 을이 내리기 직전 층에서는 아무도 내리지 않았다.
- 무는 정의 바로 다음 층에서 내렸다.
- 갑과 을은 1층에서 내리지 않았다.

① 갑　② 을
③ 병　④ 정

▌18~19▐ 다음은 국민연금의 사업장 가입자 자격취득 신고와 관련한 내용의 안내 자료이다. 다음을 읽고 이어지는 물음에 답하시오.

가. 신고대상

(1) 18세 이상 60세 미만인 사용자 및 근로자(단, 본인의 신청에 의해 적용 제외 가능)

(2) 단시간근로자로 1개월 이상, 월 60시간(주 15시간) 이상 일하는 사람

(3) 일용근로자로 사업장에 고용된 날부터 1개월 이상 근로하고, 근로일수가 8일 이상 또는 근로시간이 월 60시간 이상인 사람

※ 단, 건설일용근로자는 공사현장을 사업장 단위로 적용하며, 1개월간 근로일수가 20일 이상인 경우 사업장 가입자로 적용

(4) 조기노령연금 수급권자로서 소득이 있는 업무에 종사하거나, 본인이 희망하여 연금지급이 정지된 사람

※ 소득이 있는 업무 종사 : 월 2,176,483원(2017년 기준, 사업소득자 필요경비 공제 후 금액, 근로소득자 근로소득공제 후 금액)이 넘는 소득이 발생되는 경우

(5) 월 60시간 미만인 단시간근로자 중 생업목적으로 3개월 이상 근로를 제공하기로 한 대학 시간강사 또는 사용자 동의를 받아 근로자 적용 희망하는 사람

나. 근로자의 개념

(1) 근로자 : 직업의 종류에 관계없이 사업장에서 노무를 제공하고 그 대가로 임금을 받아 생활하는 자(법인의 이사, 기타 임원 포함)

(2) 근로자에서 제외되는 자

- 일용근로자나 1개월 미만의 기한을 정하여 사용되는 근로자

  ※ 다만, 1개월 이상 계속 사용되는 경우에는 자격 취득 신고 대상임
- 법인의 이사 중 「소득세법」에 따른 근로소득이 발생하지 않는 사람
- 1개월 동안의 소정근로시간이 60시간 미만인 단시간근로자. 다만, 해당 단시간근로자 중 생업을 목적으로 3개월 이상 계속하여 근로를 제공하는 사람으로서, 대학시간강사와 사용자의 동의를 받아 근로자로 적용되기를 희망하는 사람은 제외함

- 둘 이상 사업장에 근로를 제공하면서 각 사업장의 1개월 소정근로시간의 합이 60시간 이상인 사람으로서 1개월 소정근로시간이 60시간 미만인 사업장에서 근로자로 적용되기를 희망하는 사람(2016. 1. 1. 시행)

(3) 생업 목적 판단 기준 : 생업 목적은 원칙적으로 "다른 직업이 없는 경우"를 말하며, 다음의 경우에는 다른 직업이 있는 것으로 보아 생업 목적에 해당되지 않음

- 국민연금 사업장가입자로 이미 가입되어 있거나,
- 국민연금 지역가입자(소득신고자에 한함)로 사업자등록자의 경우 또는 다른 공적소득이 많은 경우

다. 자격취득시기

(1) 사업장이 1인 이상의 근로자를 사용하게 된 때
(2) 국민연금 적용사업장에 근로자 또는 사용자로 종사하게 된 때
(3) 임시 · 일용 · 단시간근로자가 당연적용 사업장에 사용된 때 또는 근로자로 된 때
(4) 국민연금 가입사업장의 월 60시간 미만 단시간근로자 중 생업을 목적으로 3개월 이상 근로를 제공하는 사람(대학 시간강사 제외)의 가입신청이 수리된 때
(5) 둘 이상의 사업장에서 1개월 소정근로시간의 합이 60시간 이상이 되는 단시간근로자의 가입신청이 수리된 때

※ 신고를 하지 않는 경우 근로자의 청구 또는 공단 직권으로 확인 시 자격 취득

18. **다음 중 위 안내 자료의 내용을 올바르게 이해한 것은 어느 것인가?**

① 근로일수가 8일 이상인 건설일용근로자는 신고대상이 된다.

② 월 300만 원의 세후 소득이 있는 조기노령연금 수급권자는 신고대상이 될 수 없다.

③ 근로시간이 월 70시간인 1년 계약 대학 시간강사는 신고대상이 될 수 있다.

④ 지역가입자 중 공적소득이 많은 것으로 인정되는 자는 근로자의 개념에 포함되지 않는다.

19. **다음 보기에 제시된 사람 중 국민연금 사업장 가입자 자격 취득 신고를 해야 하는 사람은 누구인가?**

① 두 개의 사업장에서 도합 60시간 근로하는 사람으로 추가 사업장에서 매주 2시간씩의 근로를 제공하는 근로자가 되기를 희망하는 자

② 월 50시간, 3개월 계약 조건을 맺은 생업을 목적으로 한 대학 시간강사

③ 근로계약 기간을 연장 없이 처음부터 1개월 미만으로 정하고 근로를 시작한 근로자

④ K사(법인)의 명예직 전무이사로 소득이 발생하지 않는 자

20. **다음 설명을 참고할 때, 대출금 지급이 조기에 만료되는 경우를 〈보기〉에서 모두 고른 것은? (단, 모두 주택연금 대출자로 가정한다)**

> [대출금 지급의 조기 만료]
> 주택담보노후연금대출을 받고 본인에게 다음 각 항목의 사유 중 하나라도 발생한 경우 은행으로부터 독촉, 통지 등이 없어도 본인은 당연히 은행에 대한 당해 채무의 기한의 이익을 상실하여 곧 이를 갚아야 할 의무를 지며, 대출 기한일과 관계없이 대출금 지급이 조기에 종료됩니다.
> - 본인 및 배우자가 모두 사망한 경우
> - 본인이 사망한 후 배우자가 6월 이내에 담보주택의 소유권 이전등기 및 채권자에 대한 보증부대출 채무의 인수를 마치지 아니한 경우
> - 본인 및 배우자 담보주택에서 다른 장소로 이사한 경우
> - 본인 및 배우자가 1년 이상 계속하여 담보주택에서 거주하지 아니한 경우. 다만, 입원 등 은행이 정하여 인터넷 홈페이지에 공고하는 불가피한 사유로 거주하지 아니한 경우는 제외한다.
> - 본인이 담보주택의 소유권을 상실한 경우
> - 주택담보노후연금대출 원리금이 근저당권의 설정 최고액을 초과할 것으로 예상되는 경우로서 채권자의 설정 최고액 변경 요구에 응하지 아니하는 경우
> - 그밖에 은행의 주택금융운영위원회가 정하는 일정한 사유가 발생한 경우

> 〈보기〉
> (가) 7개월 전 대출 명의자인 남편이 사망하였으며, 은행에 보증부대출 채무 인수를 두 달 전 완료하여 소유권이전등기는 하지 않은 배우자 A씨
> (나) 5/1일부터 이듬해 4/30일까지의 기간 중 본인 및 배우자 모두 병원 입원 기간이 각각 1년을 초과하는 B씨 부부
> (다) 주택연금대출을 받고 3개월 후 살고 있던 집을 팔고 더 큰 집을 사서 이사한 C씨
> (라) 연금 대출금과 수시 인출금의 합이 담보주택에 대해 은행에서 행사할 수 있는 근저당권 최고금액을 초과하여 은행의 설정 최고액 변경 요구에 따라 필요한 절차를 수행하고 있는 D씨

① (가), (다)　　② (나), (라)
③ (가), (나), (라)　　④ (가), (다), (라)

21. **일정한 규칙을 찾아 빈칸에 들어갈 알맞은 숫자를 고르시오.**

> 12　4　24　8　(　)

① 38　　② 46
③ 48　　④ 50

22. **김 과장은 이번에 뽑은 신입사원을 대상으로 교육을 실시하려고 한다. 인원 파악을 해야 하는데 몇 명인지는 모르겠지만 긴 의자에 8명씩 앉으면 5명이 남는다는 것을 알았고, 또한 10명씩 앉으면 의자가 1개 남고 마지막 의자에는 7명만 앉게 된다. 의자의 수를 구하면?**

① 6　　② 7
③ 8　　④ 9

23. **경기장을 청소하는데 갑 혼자 8시간이 걸린다. 처음부터 3시간까지는 갑과 을이 같이 청소하고, 그 이후에는 갑 혼자 3시간이 걸려 청소를 마쳤다. 다음 중 을의 작업량이 전체 작업량에서 차지하는 비율은?**

① 10%　　② 15%
③ 20%　　④ 25%

24. **다음 〈표〉는 이용부문별 프린터 판매 및 매출 현황이다. 표에 대한 설명으로 옳지 않은 것은?**

(단위 : 대, 백만달러)

이용부문	판매대수	매출액
정부	317,593	122.7
교육	190,301	41.0
일반 가정	1,092,452	121.2
자영업	704,415	165.5
소규모 기업	759,294	270.6
중규모 기업	457,886	207.9
대규모 기업	415,620	231.4
계	3,937,561	1,160.3

※ 시장가격 $= \frac{\text{매출액}}{\text{판매대수}}$

① 판매대수가 가장 많은 부문은 일반 가정 부문이다.

② 판매대수 총계에서 정부의 판매대수가 차지하는 비중은 10% 이하이다.

③ 판매대수가 많은 부문일수록 매출액도 크다.

④ 판매대수가 가장 적은 부문은 교육 부문이다.

25. **민수와 동기 두 사람이 다음과 같이 게임을 하고 있다. 만약 같은 수의 앞면이 나오면 동기가 이긴다고 할 때 민수가 이길 수 있는 확률은 얼마인가?**

- 민수는 10개의 동전을 던진다.
- 동기는 11개의 동전을 민수와 동시에 던진다.
- 민수가 동기보다 앞면의 개수가 많이 나오면 민수가 이긴다.
- 그렇지 않으면 동기가 이긴다.

① 10% ② 25%

③ 50% ④ 75%

26. **다음은 20××년 ○○시 '가'~'다' 지역의 아파트 실거래 가격지수를 나타낸 것이다. 이에 대한 설명으로 옳은 것은?**

월 \ 지역	가	나	다
1	100.0	100.0	100.0
2	101.1	101.6	99.9
3	101.9	103.2	100.0
4	102.6	104.5	99.8
5	103.0	105.5	99.6
6	103.8	106.1	100.6
7	104.0	106.6	100.4
8	105.1	108.3	101.3
9	106.3	110.7	101.9
10	110.0	116.9	102.4
11	113.7	123.2	103.0
12	114.8	126.3	102.6

※ N월 아파트 실거래 가격지수

$= \frac{\text{해당 지역의 } N\text{월 아파트 실거개 가격}}{\text{해당 지역의 1월 아파트 실거래 가격}} \times 100$

① '가' 지역의 12월 아파트 실거래 가격은 '다' 지역의 12월 아파트 실거래 가격보다 높다.

② '나' 지역의 아파트 실거래 가격은 다른 두 지역의 아파트 실거래 가격보다 매월 높다.

③ '다' 지역의 1월 아파트 실거래 가격과 3월 아파트 실거래 가격은 같다.

④ '가' 지역의 1월 아파트 실거래 가격이 1억 원이라면 '가' 지역의 7월 아파트 실거래 가격은 1억 4천만 원이다.

❙27~28❙ 다음 자료를 보고 이어지는 물음에 답하시오.

〈65세 이상 노인인구 대비 기초 (노령)연금 수급자 현황〉

(단위 : 명, %)

연도	65세 이상 노인인구	기초(노령) 연금수급자	국민연금 동시 수급자
2018	5,267,708	3,630,147	719,030
2019	5,506,352	3,727,940	823,218
2020	5,700,972	3,818,186	915,543
2021	5,980,060	3,933,095	1,023,457
2022	6,250,986	4,065,672	1,138,726
2023	6,520,607	4,353,482	1,323,226
2024	6,771,214	4,495,183	1,444,286
2025	6,987,489	4,581,406	1,541,216

〈가구유형별 기초연금 수급자 현황(2025년)〉

(단위 : 명, %)

65세 이상 노인 수	수급자 수					수급률
	계	단독가구	부부가구			
			소계	1인수급	2인수급	
6,987,489	4,581,406	2,351,026	2,230,380	380,302	1,850,078	65.6

27. 위 자료를 참고할 때, 2018년 대비 2025년의 기초연금 수급률 증감률은 얼마인가? (백분율은 반올림하여 소수 첫째 자리까지만 표시함)

① - 2.7%　　② -3.2%

③ -3.6%　　④ -4.8%

28. 다음 중 위의 자료를 올바르게 분석한 것이 아닌 것은?

① 기초연금 수급자 대비 국민연금 동시 수급자의 비율은 2018년 대비 2025년에 증가하였다.

② 2025년 1인 수급자는 전체 기초연금 수급자의 약 17%에 해당한다.

③ 2025년 단독가구 수급자는 전체 수급자의 50%가 넘는다.

④ 2018년 대비 2025년의 65세 이상 노인인구 증가율보다 기초연금수급자의 증가율이 더 낮다.

29. 다음은 마야의 상형 문자를 기반으로 한 프로그램에 대한 설명이다. 제시된 (그림 4)가 산출되기 위해서 입력한 값은 얼마인가?

현재 우리는 기본수로 10을 사용하는 데 비해 이 프로그램은 마야의 상형 문자를 기본으로 하여 기본수로 20을 사용했습니다. 또 우리가 오른쪽에서 왼쪽으로 가면서 1, 10, 100으로 10배씩 증가하는 기수법을 쓰는 데 비해, 이 프로그램은 아래에서 위로 올라가면서 20배씩 증가하는 방법을 사용했습니다. 즉, 아래에서 위로 자리가 올라갈수록 1, 20, ……, 이런 식으로 증가하는 것입니다.

마야의 상형 문자에서 조개껍데기 모양은 0을 나타냅니다. 또한 점으로는 1을, 선으로는 5를 나타냈습니다. 아래의 (그림 1), (그림 2)는 이 프로그램에 0과 7을 입력했을 때 산출되는 결과입니다. 그럼 (그림 3)의 결과를 얻기 위해서는 얼마를 입력해야 할까요? 첫째 자리는 5를 나타내는 선이 두 개 있으니 10이 되겠고, 둘째 자리에 있는 점 하나는 20을 나타내는데, 점이 두 개 있으니 40이 되겠네요. 그래서 첫째 자리의 10과 둘째 자리의 40을 합하면 50이 되는 것입니다. 즉, 50을 입력하면 (그림 3)과 같은 결과를 얻을 수 있습니다.

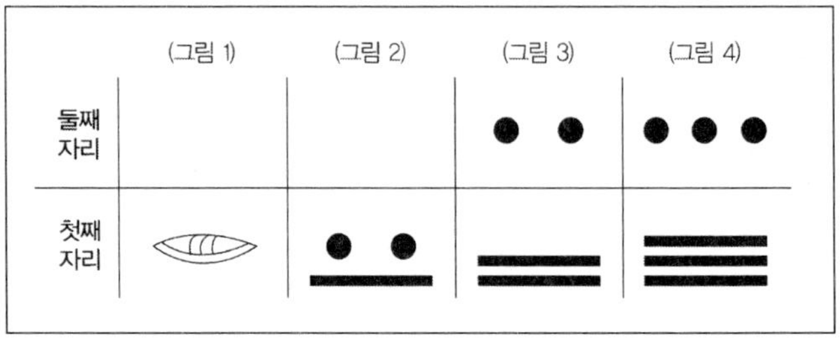

① 60 ② 75
③ 90 ④ 105

30. **甲공단에 근무하는 乙은 빈곤과 저출산 문제를 해결하기 위한 대안을 분석 중이다. 상황이 다음과 같을 때, 대안별 월 소요 예산 규모를 비교한 것으로 옳은 것은?**

> ◈ 현재 상황
> - 전체 1,500가구는 자녀 수에 따라 네 가지 유형으로 구분할 수 있는데, 그 구성은 무자녀 가구 300가구, 한 자녀 가구 600가구, 두 자녀 가구 500가구, 세 자녀 이상 가구 100가구이다.
> - 전체 가구의 월 평균 소득은 200만 원이다.
> - 각 가구 유형의 30%는 맞벌이 가구이다.
> - 각 가구 유형의 20%는 빈곤 가구이다.
>
> ◈ 대안
> A안 : 모든 빈곤 가구에게 전체 가구 월 평균 소득의 25%에 해당하는 금액을 가구당 매월 지급한다.
> B안 : 한 자녀 가구에는 10만 원, 두 자녀 가구에는 20만 원, 세 자녀 이상 가구에는 30만 원을 가구당 매월 지급한다.
> C안 : 자녀가 있는 모든 맞벌이 가구에 자녀 1명당 30만 원을 매월 지급한다. 다만 세 자녀 이상의 맞벌이 가구에는 일률적으로 가구당 100만 원을 매월 지급한다.

① A < B < C ② A < C < B
③ B < A < C ④ B < C < A

31. **다음 중 밑줄 친 ㈎와 ㈏에 대한 설명으로 적절하지 않은 것은?**

> 조직 내에서는 ㈎ 개인이 단독으로 의사결정을 내리는 경우도 있지만 집단이 의사결정을 하기도 한다. 조직에서 여러 문제가 발생하면 직업인은 의사결정과정에 참여하게 된다. 이때 조직의 의사결정은 ㈏ 집단적으로 이루어지는 경우가 많으며, 여러 가지 제약요건이 존재하기 때문에 조직의 의사결정에 적합한 과정을 거쳐야 한다. 조직의 의사결정은 개인의 의사결정에 비해 복잡하고 불확실하다. 따라서 대부분 기존의 결정을 조금씩 수정해 나가는 방향으로 이루어진다.

① ㈎는 의사결정을 신속히 내릴 수 있다.
② ㈎는 결정된 사항에 대하여 조직 구성원이 수월하게 수용하지 않을 수도 있다.
③ ㈏는 ㈎보다 효과적인 결정을 내릴 확률이 높다.
④ ㈏는 의사소통 기회가 저해될 수 있다.

32. 다음과 같은 전결사항에 관한 사내 규정을 보고 내린 판단으로 적절하지 않은 것은?

〈전결규정〉

업무내용	결재권자			
	사장	부사장	본부장	팀장
주간업무보고				○
팀장급 인수인계		○		
백만 불 이상 예산집행	○			
백만 불 이하 예산집행		○		
이사회 위원 위촉	○			
임직원 해외 출장	○(임원)		○(직원)	
임직원 휴가	○(임원)		○(직원)	
노조관련 협의사항		○		

※ 결재권자가 출장, 휴가 등 사유로 부재중일 경우에는 결재권자의 차상급 직위자의 전결사항으로 하되, 반드시 결재권자의 업무 복귀 후 후결로 보완한다.

① 팀장의 휴가는 본부장의 결재를 얻어야 한다.
② 강 대리는 계약 관련 해외 출장을 위하여 본부장의 결재를 얻어야 한다.
③ 최 이사와 노 과장의 동반 해외 출장 보고서는 본부장이 최종 결재권자이다.
④ 예산집행 결재는 금액에 따라 결재권자가 달라진다.

33. 다음에 주어진 조직의 특성 중 유기적 조직에 대한 설명을 모두 고른 것은?

> ㉠ 구성원들의 업무가 분명하게 규정되어 있다.
> ㉡ 급변하는 환경에 적합하다.
> ㉢ 비공식적인 상호의사소통이 원활하게 이루어진다.
> ㉣ 엄격한 상하 간의 위계질서가 존재한다.
> ㉤ 많은 규칙과 규정이 존재한다.

① ㉠㉢　　② ㉡㉢
③ ㉡㉤　　④ ㉢㉣

34. 신입사원 교육을 받으러 온 직원들에게 나눠준 조직도를 보고 사원들이 나눈 대화이다. 다음 중 조직도를 올바르게 이해한 사원을 모두 고른 것은?

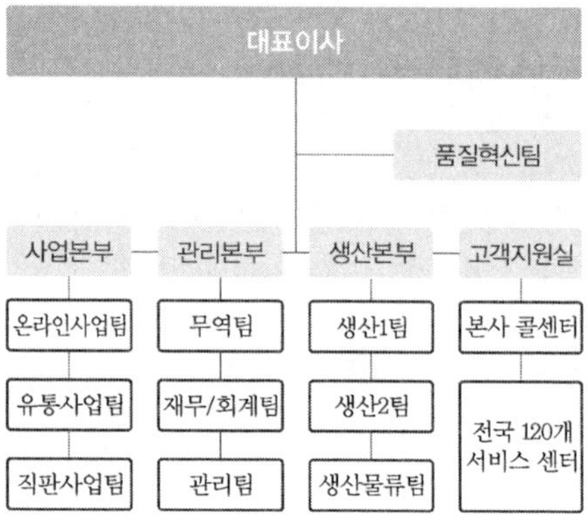

> A : 조직도를 보면 본사는 3개 본부, 1개 지원실, 콜센터를 포함한 총 10개 팀으로 구성되어 있군.
> B : 그런데 품질혁신팀은 따로 본부에 소속되어 있지 않고 대표이사님 직속으로 소속되어 있네.
> C : 전국의 서비스센터는 고객지원실에서 관리해.

① A　　② B
③ A, C　　④ B, C

35. 직무만족에 대한 다음 글을 참고할 때, 직무만족의 중요성과 영향 요인에 대한 적절한 설명이 아닌 것은 어느 것인가?

> 기업성과의 한 지표로서 직무만족은 기업 운영의 관점에서 특히 중요하다. 직무만족이 기업의 원활한 운영에 주요기준이 될 수 있었던 것은 직무만족은 조직종업원의 측면에서 보면 사람의 가치관에 중요한 부분이고, 기업의 입장에서 본다면 직무만족이 기업성과를 유발하기 때문에 주요한 의미를 갖기 때문이다.
>
> 직무만족에 대한 정의는 매우 다양하다. 일반적으로 직무란 조직의 종업원에게 각각 구분된 직무의 기술적 단위 또는 직무의 총체이고, 만족이란 선택된 대체안에 대해서 선택자의 신념과 어느 정도 맞는가에 대한 평가이다. 직무만족(job satisfaction)은 직무의 다양한 측면에 대한 정서적 또는 감정적 반응이다. 이러한 정의는 직무만족이 동일한 개념이 아님을 말한다. 사람들은 업무의 한 측면에 대해서는 만족하면서도 다른 측면에 대해서는 불만족할 수 있다.

① 가치 판단적인 면에서 중요성을 갖는다.

② 정신 건강적인 측면에서 파급효과를 갖는다.

③ 신체적 건강에도 밀접한 관계를 갖게 된다.

④ 개인의 경력을 개발하는 데에 효과적이다.

▌36~38▐ 다음은 L기업의 회의록이다. 다음을 보고 물음에 답하시오.

〈회의록〉

일시	20××. 00. 00 10:00~12:00	장소	7층 소회의실
참석자	영업본부장, 영업1부장, 영업2부장, 기획개발부장 불참자(1명) : 영업3부장(해외출장)		
회의제목	고객 관리 및 영업 관리 체계 개선 방안 모색		
의안	고객 관리 체계 개선 방법 및 영업 관리 대책 모색 – 고객 관리 체계 확립을 위한 개선 및 A/S 고객의 만족도 증진방안 – 자사 영업직원의 적극적인 영업활동을 위한 개선방안		
토의 내용	㉠ 효율적인 고객관리 체계의 개선 방법 • 고객 관리를 위한 시스템 정비 및 고객관리 업무 전담 직원 증원이 필요(영업2부장) • 영업부와 기획개발부 간의 지속적인 제품 개선 방안 협의 건의(기획개발부장) • 영업 조직 체계를 제품별이 아닌 기업별 담당제로 전환(영업1부장) • 고객 정보를 부장차원에서 통합관리(영업2부장) • 각 부서의 영업직원의 고객 방문 스케줄 공유로 방문처 중복을 방지(영업1부장) ㉡ 자사 영업직원의 적극적인 영업활동을 위한 개선방안 • 영업직원의 영업능력을 향상시키기 위한 교육 프로그램 운영(영업본부장)		
협의사항	㉠ IT본부와 고객 리스트 관리 프로그램 교체를 논의해보기로 함 ㉡ 인사과와 협의하여 추가 영업 사무를 처리하는 전담 직원을 채용할 예정임 ㉢ 인사과와 협의하여 연 2회 교육 세미나를 실시함으로 영업교육과 프레젠테이션 기술 교육을 받을 수 있도록 함 ㉣ 기획개발부와 협의하여 제품에 대한 자세한 이해와 매뉴얼 숙지를 위해 신제품 출시에 맞춰 영업직원을 위한 설명회를 열도록 함 ㉤ 기획개발부와 협의하여 주기적인 회의를 갖도록 함 ㉥ 재무과와 고객 리스트 관리 프로그램 교체에 소요되는 비용에 대해 협의 예정		

36. 다음 중 본 회의록으로 이해할 수 있는 내용이 아닌 것은?

① 회의 참석 대상자는 총 5명이었다.

② 영업본부의 업무 개선을 위한 회의이다.

③ 교육 세미나의 강사는 인사과의 담당직원이다.

④ 영업1부와 2부의 스케줄 공유가 필요하다.

37. 다음 중 회의 후에 영업부가 협의해야 할 부서가 아닌 것은?

① IT본부　　② 인사과

③ 기획개발부　　④ 비서실

38. 회의록을 보고 영업부 교육 세미나에 대해 알 수 있는 내용이 아닌 것은?

① 교육내용　　② 교육일시

③ 교육횟수　　④ 교육목적

39. 고객 서비스에 대한 설명으로 옳지 않은 것은?

① 고객에게 제공하고자 하는 서비스의 내용을 소개하고 소비를 촉진시키기 위해 사전에 잠재 고객들과 상담 등을 통해 예약을 받는 등 의견조절을 하고, 방문고객을 위해 사전에 상품을 진열하는 등의 준비하는 단계의 서비스는 사전서비스에 해당한다.

② 서비스의 특성상 생산과 소비가 동시에 발생하므로 현장서비스가 종료되면 그 후에는 아무 일도 없던 것처럼 보이지만, 실제로는 고객유지를 위해 사후 서비스도 매우 중요하다.

③ 현장서비스는 서비스가 고객과 제공자의 상호거래에 의해 진행되는 단계로 서비스의 본질 부분이라 할 수 있다.

④ 주차유도원서비스, 상품게시판 예약서비스는 현장서비스에 해당한다.

40. 다음 중 아래의 표와 연관되는 내용으로 보기 어려운 것은?

직무번호		직무명		소속	
직군		직종		등급	
직무개요					

▲ 수행요건

일반요건	남녀별적성		최적연령범위	
	기초학력		특수자격	
	전공계열		전공학과	
	필요숙련기간		전환/가능부서/직무	
	기타			
소요능력	지식	종류	세부내용 및 소요정도	
	학술적 지식			
	실무적 지식			

① 주로 인적요건에 초점을 두고 있다.

② 통상적으로 기업 조직에서 업무를 세분화 및 구체화해서 구성원들의 능력에 따른 업무 범위를 적절히 설정하기 위해 사용된다.

③ 기업 내 생산성을 높이기 위한 수단으로 사용된다.

④ 구성원들의 직무분석의 결과를 토대로 만들어진 것이다.

| 41~42 | 甲은 일본 후쿠오카로 출장을 가게 되었다. 출장에서 들러야 할 곳은 지요겐초구치(H03), 무로미(K02), 후쿠오카공항(K13), 자야미(N09), 덴진미나미(N16)의 다섯 곳으로, 모든 이동은 지하철로 하는데 지하철이 한 정거장을 이동하는 데에는 3분이 소요되며 다른 노선으로 환승을 하는 경우에는 10분이 소요된다. 다음 물음에 답하시오.

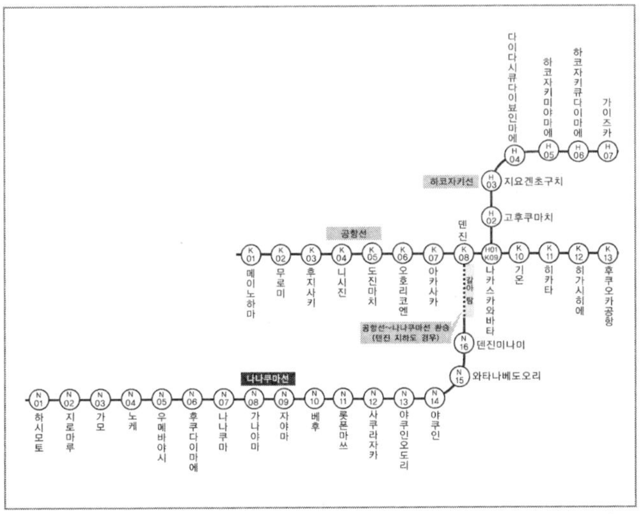

41. 甲은 지금 후쿠오카공항역에 있다. 현재 시간이 오전 9시라면, 지요겐초구치역에 도착하는 시간은?

① 9시 28분 ② 9시 31분
③ 9시 34분 ④ 9시 37분

42. 지요겐초구치 → 무로미 → 후쿠오카공항 → 자야미 → 덴진미나미의 순으로 움직인다면, 덴진역은 총 몇 번 지나는가?

① 2번 ② 3번
③ 4번 ④ 5번

43. 다음 워크시트에서처럼 주민등록번호가 입력되어 있을 때, 이 셀의 값을 이용하여 [C1] 셀에 성별을 '남' 또는 '여'로 표시하고자 한다. [C1] 셀에 입력해야 하는 수식은? (단, 주민등록번호의 8번째 글자가 1이면 남자, 2이면 여자이다)

	A	B	C
1	임나라	870808-2235672	
2	정현수	850909-1358527	
3	김동하	841010-1010101	
4	노승진	900202-1369752	
5	은봉미	890303-2251547	

① =CHOOSE(MID(B1,8,1), "여", "남")
② =CHOOSE(MID(B1,8,2), "남", "여")
③ =CHOOSE(MID(B1,8,1), "남", "여")
④ =IF(RIGHT(B1,8)="1", "남", "여")

【44~46】 다음 완소그룹 물류창고의 책임자와 각 창고 내 보관된 제품의 코드 목록을 보고 물음에 답하시오.

책임자	제품코드번호	책임자	제품코드번호
권두완	25015N0301200013	노완희	25028S0100500023
공덕영	25051C0100200015	박근동	24123G0401800008
심근동	25012F0200900011	양균호	25026P0301100004
정용준	24113G0100100001	박동신	25051A0200700017
김영재	25033H0301300010	권현종	25071A0401500021

ex) 제품코드번호
2025년 3월에 성남 3공장에서 29번째로 생산된 주방용품 앞치마 코드

2503	-	1C	-	01005	-	00029
(생산연월)		(생산공장)		(제품종류)		(생산순서)

생산연월	생산공장				제품종류				생산순서
	지역 코드		고유 번호		분류 코드		고유번호		
• 2411 – 2024년 11월 • 2506 – 2025년 6월	1	성남	A	1공장	01	주방용품	001	주걱	00001부터 시작하여 생산 순서대로 5자리의 번호가 매겨짐
			B	2공장			002	밥상	
			C	3공장			003	쟁반	
	2	구리	D	1공장			004	접시	
			E	2공장			005	앞치마	
			F	3공장			006	냄비	
	3	창원	G	1공장	02	청소도구	007	빗자루	
			H	2공장			008	쓰레받기	
			I	3공장			009	봉투	
	4	서산	J	1공장			010	대걸레	
			K	2공장	03	가전제품	011	TV	
			L	3공장			012	전자레인지	
	5	원주	M	1공장			013	가스레인지	
			N	2공장			014	컴퓨터	
	6	강릉	O	1공장	04	세면도구	015	치약	
			P	2공장			016	칫솔	
	7	진주	Q	1공장			017	샴푸	
			R	2공장			018	비누	
	8	합천	S	1공장			019	타월	
			T	2공장			020	린스	

44. 완소그룹의 제품 중 2025년 5월에 합천 1공장에서 36번째로 생산된 세면도구 비누의 코드로 알맞은 것은?

① 25058S0401800036
② 25058S0401600036
③ 25058T0402000036
④ 25058T0401800036

45. 2공장에서 생산된 제품들 중 현재 물류창고에 보관하고 있는 가전제품은 모두 몇 개인가?

① 1개
② 2개
③ 3개
④ 4개

46. 다음 중 창원 1공장에서 생산된 제품을 보관하고 있는 물류창고의 책임자들끼리 바르게 연결된 것은?

① 김영재 – 박동신
② 정용준 – 박근동
③ 권두완 – 양균호
④ 공덕영 – 권현종

47. **다음 매크로 실행 및 보안에 대한 설명 중 옳지 않은 것은?**

① Alt+F1 키를 누르면 Visual Basic Editor가 실행되며, 매크로를 수정할 수 있다.

② Alt+F8 키를 누르면 매크로 대화 상자가 표시되어 매크로 목록에서 매크로를 선택하여 실행할 수 있다.

③ 매크로 보안 설정 사항으로는 모든 매크로 제외(알림 표시 없음), 모든 매크로 제외(알림 표시), 디지털 서명된 매크로만 포함, 모든 매크로 포함(알림 표시) 등이 모두 권장된다.

④ 개발 도구 – 코드 그룹의 매크로를 클릭하거나 매크로를 기록할 때 지정한 바로가기 키를 눌러 매크로를 실행할 수 있다.

48. **다음 스프레드시트 서식 코드 사용 설명 중 옳지 않은 것은?**

입력 데이터	지정 서식	결과 데이터
㉠ 13-03-12	dd-mmm	12-Mar
㉡ 13-03-12	mmm-yy	Mar-13
㉢ 02:45	hh:mm:ss AM/PM	02:45:00 AM
㉣ 신재생	+@에너지	신재생에너지

① ㉠ ② ㉡
③ ㉢ ④ ㉣

49. **귀하는 중견기업 영업관리팀 사원으로 매출분석업무를 담당하고 있다. 아래와 같이 엑셀 워크시트로 서울에 있는 강북, 강남, 강서, 강동 등 4개 매장의 '수량'과 '상품코드'별 단가를 이용하여 금액을 산출하고 있다. 귀하가 다음 중 [D2] 셀에서 사용하고 있는 함수식으로 옳은 것은 무엇인가? (금액 = 수량 × 단가)**

자료

	A	B	C	D
1	지역	상품코드	수량	금액
2	강북	AA-10	15	45,000
3	강남	BB-20	25	125,000
4	강서	AA-10	30	90,000
5	강동	CC-30	35	245,000
6				
7		상품코드	단가	
8		AA-10	3,000	
9		BB-20	7,000	
10		CC-30	5,000	
11				

① =C2*VLOOKUP(B2,$B$8:$C$10, 1, 1)

② =B2*HLOOKUP(C2,$B$8:$C$10, 2, 0)

③ =C2*VLOOKUP(B2,$B$8:$C$10, 2, 0)

④ =C2*HLOOKUP($B$8:$C$10, 2, B2)

50. **다음 시트에서 1행의 데이터에 따라 2행처럼 표시하려고 할 때, 다음 중 A2 셀에 입력된 함수식으로 적절한 것은?**

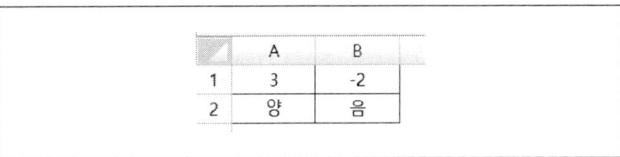

	A	B
1	3	-2
2	양	음

① =IF(A1〉〈=0,"양","음")

② =IF(A1 IS=0,"양" OR "음")

③ =IF(A1〉=0,"양","음")

④ =IF(A1〉=0,"양" OR "음")

51. 다음 중 이메일 네티켓에 관한 설명으로 부적절한 것은?

① 대용량 파일의 경우에는 압축해서 첨부해야 한다.

② 메일을 발송할 시에는 발신자를 명확하게 표기해야 한다.

③ 메일을 받을 수신자의 주소가 정확한지 확인을 해야 한다.

④ 영어는 일괄적으로 대문자로 표기해야 한다.

52. 다음 글을 참고할 때, 김 대리가 윤리적인 가치를 지키며 직장생활을 하는 근본적인 이유로 가장 적절한 것은 어느 것인가?

> 어젯밤 뉴스에서는, 회사의 공금 5백만 원을 횡령하여 개인적 용도로 사용한 한 30대 중반의 직장인 G씨의 이야기가 화제가 되었다. 김 대리는 자신도 회사에서 수억 원의 공금을 운용하고 관리하는 업무를 담당하고 있어 유난히 뉴스가 관심 있게 다가왔다. 그러나 김 대리는 한 번도 G씨와 같은 행위에 대한 유혹을 느껴보지 않았으며, 그러한 마음가짐은 당연한 것이라는 사실을 G씨의 이야기를 통해 다시 한 번 되새기는 계기가 되었다.

① 직장에서의 출세를 위하여

② 사회적 명예를 지키기 위하여

③ 결국 완벽한 범죄일 수는 없기 때문에

④ 삶의 본질적 가치와 도덕적 신념을 존중하기 때문에

53. 다음은 근로윤리에 있어 기본이 되는 덕목을 설명하는 글이다. 다음 글의 빈 칸 (가)와 (나)에 들어갈 적절한 말은 순서대로 각각 어느 것인가?

> 사회시스템은 구성원 서로가 신뢰하는 가운데 운영이 가능한 것이며, 그 신뢰를 형성하고 유지하는데 필요한 가장 기본적이고 필수적인 규범이 바로 (가)인 것이다.
>
> 그러나 우리 사회의 (가)은(는) 아직까지 완벽하지 못하다. 거센 역사의 소용돌이 속에서 여러 가지 부당한 핍박을 받은 경험이 있어서 그럴 수도 있지만, 원칙보다는 집단내의 정과 의리를 소중히 하는 문화적 정서도 그 원인이라 할 수 있다.
>
> (나)은(는) 일관된 마음과 정성의 덕이다. 자식에 대한 어머니의 정성이 대표적인 한국인의 '정성스러움'이다. 우리는 정성스러움을 '진실하여 전연 흠이 없는 완전한 상태에 도달하고자 하는 사람이 선을 택하여 노력하는 태도'라 말할 수 있다. 그러한 태도가 보통 사람들의 삶 속으로 스며들면서 자신의 일에 최선을 다하고자 하는 마음자세로 연결되었다고 볼 수 있다. '지성(至誠)이면 감천(感天)이다' 혹은 '진인사대천명(盡人事待天命)' 등의 말은 인간으로서 자신이 할 수 있는 모든 노력을 경주하고자 하는 정성스러움을 함축하고 있다.

① 정직, 성실　　② 성실, 정직

③ 근면, 성실　　④ 준법, 성실

54. 다음 중 직장에서의 전화걸기 예절로 옳지 않은 것은?

① 전화를 건 이유를 숙지하고 이와 관련하여 대화를 나눌 수 있도록 준비한다.

② 전화는 정상적인 업무가 이루어지고 있는 근무 시간이 종료된 뒤에 걸도록 한다.

③ 정보를 얻기 위해 전화를 하는 경우라면 얻고자 하는 내용을 미리 메모하도록 한다.

④ 전화를 해달라는 메시지를 받았다면 가능한 한 48시간 안에 답해주도록 한다.

55. 다음은 공수법에 관한 설명이다. 이 중 가장 바르지 않은 사항을 고르면?

① 공수할 때의 손을 모습은 위로 가는 손바닥으로 아래 손의 등을 덮어서 포개 잡는데, 두 엄지손가락은 깍지를 끼듯이 교차시킨다.

② 소매가 넓은 예복을 입었을 시에는 공수한 팔의 소매 자락이 수직이 되게 올리고 평상복을 입었을 때는 공수한 손의 엄지가 가슴 부위 위에 닿도록 자연스럽게 앞으로 올린다.

③ 여자의 공수는 평상시에는 오른손이 위로 가게, 흉사 시에는 반대로 왼손이 위로 가게 두 손을 포개 잡는다.

④ 남자의 공수는 평상시에는 왼손이 위로 가게, 흉사 시에는 반대로 오른손이 위로 가게 두 손을 포개 잡는다.

56. 다음 중 성 예절을 지키기 위한 노력으로 옳은 것은?

① 성희롱 문제는 사전에 예방할 수 없기 때문에 국가와 타협을 해야 한다.

② 여성은 남성보다 높은 지위를 보장 받기 위해서 그에 상응하는 여건을 조성해야 한다.

③ 직장 내에서 여성의 지위를 인정받기 위해 남성의 지위를 없애야 한다.

④ 성역할에 대한 과거의 잘못된 인식을 타파하고 남녀공존의 직장문화를 정착하는 노력이 필요하다.

57. 다음은 세계적인 스타트업 기업인 '우버'에 관한 사례이다. 다음 글을 보고 고객들이 우버의 윤리의식에 대하여 표출할 수 있는 불만의 내용으로 가장 적절하지 않은 것은 어느 것인가?

> 2009년 미국 샌프란시스코에서 차량 공유업체로 출발한 우버는 세계 83개국 674개 도시에서 여러 사업을 운영하고 있다. 2016년 기준 매출액 65억 달러, 순손실 28억 달러, 기업가치 평가액 680억 달러로 세계 1위 스타트업 기업이다. 우버가 제공하는 가장 일반적인 서비스는 개인 차량을 이용한 '우버 X'가 있다. 또한, '우버 블랙'은 고급 승용차를 이용한 프리미엄 서비스를 제공하고, 인원이 많거나 짐이 많을 경우에 '우버 XL'이 대형 차량 서비스를 제공한다. '우버 풀(POOL)'은 출퇴근길 행선지가 비슷한 사람들끼리 카풀을 할 수 있게 서로 연결해주는 일종의 합승서비스다. 그 밖에 '우버 이츠(EATS)'는 우버의 배달 서비스로서, 음식배달 주문자와 음식을 배달하는 일반인을 연결해주는 플랫폼이다.
>
> 앞으로 자율주행차량이 도입되면 가장 주목받는 기업으로 계속 발전할 것이라는 전망 속에서 2019년 주식 상장 계획이 있던 우버에게 2017년은 악재의 연속이었다. 연초에 전직 소프트웨어 엔지니어 수잔 파울러가 노골적인 성추행과 성차별이 횡행하는 막장 같은 우버의 사내 문화를 폭로하면서 악재가 시작되었다. 또 연말에는 레바논 주재 영국대사관 여직원 다이크스가 수도 베이루트에서 우버 택시 운전기사에 의해 살해당하는 사건이 발생했다. 우버 서비스의 고객 안전에 대한 우려가 현실로 나타난 것이다.

① 불안정 노동 문제에 대해 사회적 책임 의식을 공유해야 한다.

② 운전기사 고용 과정에서 이력 검증을 강화해야 한다.

③ 고객의 안전을 최우선시하는 의무 소홀에 대한 책임을 져야한다.

④ 단기 일자리를 제공하는 임시 고용형태를 없애야 한다.

58. 다음 글에서 의미하는 공동체윤리의 덕목으로 가장 적절한 것은?

> 오 사원은 민원실을 찾아 요청사항을 해결하고자 하는 고객에게 최선을 다한다. 항상 고객의 물음에 열성적인 마음으로 답을 해 줄뿐 아니라, 민원실 문을 열고 들어오는 고객을 발견한 순간부터 상담이 끝날 때까지 오 사원은 한시도 고객으로부터 시선을 떼지 않는다. 또한 상담 중에 다른 불편함이 있지나 않은 지 고객을 유심히 살피기도 한다. 가끔 상담을 마치고 민원실을 나서는 고객의 얼굴에선 오 사원의 태도에 매우 만족했음을 느낄 수 있다.

① 성실
② 봉사
③ 근면
④ 예절

59. 신입사원들과 사장과의 간담회 자리에서 갑, 을, 병, 정 4명의 신입사원들이 말한 〈보기〉와 같은 의견이 의미하는 직업윤리의 덕목을 순서대로 올바르게 나열한 것은?

> 갑 : "제가 수행하는 업무는 누구나 할 수 있는 게 아니라 교육을 통한 지식과 경험을 갖추어야만 가능한 것이라고 믿습니다."
> 을 : "저는 제가 수행하는 일이 나에게 딱 맞는다는 긍정적인 생각을 갖고 업무 수행을 하는 것이 매우 중요하다고 생각합니다."
> 병 : "제가 이 회사에서 일할 기회를 갖게 된 것은, '저에게 주어진 업무가 하늘이 제게 맡긴 중요한 업무다.'라고 생각합니다."
> 정 : "자신의 일이 사회 전체에 있어 중요한 역할을 수행하는 것이라는 생각이야말로 무엇보다 중요하다고 봅니다."

① 전문가의식, 천직의식, 소명의식, 직분의식
② 천직의식, 직분의식, 전문가의식, 소명의식
③ 소명의식, 전문가의식, 소명의식, 직분의식
④ 직분의식, 소명의식, 전문가의식, 천직의식

60. 다음과 같은 상황에서 영업팀 최 대리가 취할 수 있는 행동으로 가장 적절한 것은?

> 최 대리는 일요일을 맞아 오랜만에 가족들과 함께 가까운 교외로 나들이를 다녀오기로 하였다. 그러나 토요일 저녁 갑자기 베트남 지사로부터 전화가 걸려왔고, 월요일에 도착하기로 했던 바이어 일행 중 2명이 현지 사정상 일요일 오전 비행기로 입국하게 된다는 사실을 통보받게 되었다. 중요한 거래처 바이어인지라, 입국 후부터 모든 일정을 동행하며 불편함이 없도록 수행하기로 되어 있던 최 대리는 매우 난감한 상황에 놓이게 되었고, 가족과의 약속과 바이어 일행의 입국 문제를 놓고 어찌해야 좋을지를 고민하게 되었다.

① 휴일인 만큼 계획대로 가족들과의 나들이를 다녀온다.
② 지사에 전화하여 일요일 입국은 불가하며 어떻게든 월요일에 입국해 줄 것을 다시 한 번 요청해 본다.
③ 가족들에게 미안함을 표하며 바이어 수행을 위해 나들이를 다음 기회로 미룬다.
④ 가족과의 약속을 지키기 위해 동료인 남 대리에게 일요일 바이어 수행을 부탁한다.

종합직무지식평가(50문항/50분)

1. 다음 내용과 관계 깊은 사회규범에 해당하는 것은?

> • 인간의 외면적 생활을 규율한다.
> • 위반시 국가의 처벌을 받는다.
> • 행위의 동기보다 결과를 중시한다.

① 결혼식을 한 후 신혼여행을 떠난다.
② 부모에게 효도해야 한다.
③ 우상을 섬기지 마라.
④ 지하철에서 어르신에게 자리를 양보해야 한다.
⑤ 화폐를 위조하면 무기 또는 2년 이상의 징역에 처한다.

2. 다음 그림은 법을 생활 관계에 따라 구분한 것이다. ㈎에 대한 설명으로 옳은 것은?

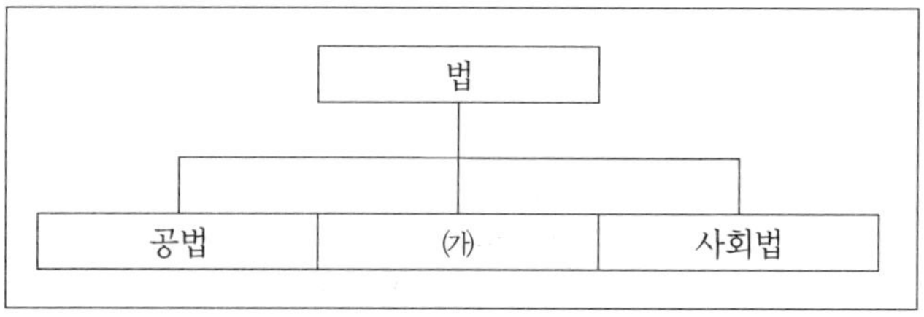

① 개인과 국가의 관계를 규율한다.
② 국민의 최소한의 인간다운 삶을 보장하고자 한다.
③ 근대 자본주의의 문제점을 해결하기 위해 등장했다.
④ 민법과 상법 등이 속한다.
⑤ 세금을 내거나 선거에 참가하는 것과 관련된 내용을 다룬다.

3. 다음 글에서 밑줄 친 제도의 사례로 적절한 것은?

> 우리나라 헌법 제10조는 "국가는 개인이 가지는 불가침의 기본적 인권을 확인하고 이를 보장할 의무를 지닌다."고 규정하고 있다. 그런데 국가 기관에 의해 개인의 기본권이 침해되는 경우가 종종 발생한다. 그래서 <u>국가 기관에 의해 기본권이 침해되었을 때 이를 구제받기 위해 개인이 활용할 수 있는 제도</u>들이 다양하게 마련되어 있다.

① 사인(私人)의 범죄 행위로 인하여 신체에 대한 피해를 입은 사람의 국가 구조 청구
② 사인(私人)의 불법 행위로 인해 재산상의 피해를 입은 사람의 손해 배상 청구
③ 악성 댓글을 달아서 타인의 명예를 훼손한 사람에 대한 검사의 기소
④ 연령 제한 규정으로 인해 공무원 시험에 응시하지 못하게 된 사람의 헌법 소원 청구
⑤ 직무 수행 과정에서 위법 행위를 한 고위 공직자에 대한 탄핵 심판 청구

4. 전세권설정등기에 관한 설명 중 틀린 것은?

① 전세권의 목적물은 1필의 토지의 일부 또는 1동의 건물의 일부라도 무방하다.
② 전세권은 공유지분에 대하여는 설정등기를 할 수 없다.
③ 전세권의 목적이 토지의 일부인 때에는 등기신청서에 지적도를 첨부하고 그 도면 위에 목적부분을 표시하여야 한다.
④ 전세권의 존속기간 내에서 양도는 가능하나 담보제공은 불가능하다.
⑤ 농경지는 전세권의 목적으로 하지 못한다.

5. 다음의 사례가 범죄로 성립되지 않는 이유로 적절한 것은?

> 1950년 한국 전쟁에서 북한군을 살해한 국군의 행위

① 범죄의 구성 요건에 해당하지 않는다.
② 법률이 정한 범죄에 해당하지 않는다.
③ 정당 행위에 해당한다.
④ 책임성 조각 사유에 해당한다.
⑤ 현재의 위난을 피하기 위한 행위이다.

6. 다음 글에서 밑줄 친 권리 구제 수단에 대한 설명으로 옳지 않은 것은?

> 경찰 · 소방 공무원 시험 수험생 백모씨 등 5명은 만 30세 이상이 되면 시험을 볼 수 없도록 한 채용 규정이 평등권과 공무 담임권을 침해한다며 <u>헌법 소원</u>을 냈다.

① 공권력의 행사 · 불행사를 요건으로 한다.
② 국민이 직접 청구할 수 있다.
③ 법원의 제청을 통해 국민의 기본권을 구제할 수 있는 수단이다.
④ 최후의 수단이어야 한다.
⑤ 헌법 재판소가 담당한다.

7. ㈎~㈐의 민법상 능력에 대한 법적 판단으로 옳은 것은?

> ㈎ 권리와 의무의 주체가 될 수 있는 지위
> ㈏ 단독으로 유효한 법률 행위를 할 수 있는 지위나 능력
> ㈐ 행위의 의미나 결과를 판단할 수 있는 정상적인 정신 능력

① 사단 법인은 재산의 상속에 있어 ㈎를 갖는다.
② ㈏가 제한된 사람의 법률 행위는 효력이 없다.
③ 상속과 관련하여 태아에게는 ㈎가 인정되지 않는다.
④ 외국인에게는 원칙적으로 ㈎가 인정되지 않는다.
⑤ 회사원(만 30세)이 술에 만취한 상태에서 자신의 차량을 판 행위는 ㈐가 없어 무효이다.

8. 다음 법규정의 밑줄 친 부분의 법적 의미에 대한 옳은 진술은?

> • 점유자가 점유물에 대하여 행사하는 권리는 적법하게 보유한 것으로 <u>추정</u>한다.
> • 2인 이상이 동일한 재난으로 사망한 경우에는 동시에 사망한 것으로 <u>추정</u>한다.

① 법의 해석 과정에서 필요한 내용이다.
② 당사자나 법적 대리인이 입증 책임을 진다.
③ 이에 대한 반증이 있어도 법률 효과는 지속된다.
④ 법의 편의상 일정한 사실의 존재나 내용을 가정해 놓은 것이다.
⑤ 사실의 진실 여부와 관계없이 법에 의해 일정한 효과를 부여하는 것이다.

9. 다음에서 제시된 목적을 실현하기 위해 제정된 법률은?

> 〈모성의 보호〉
> • 고용에 있어서 남녀의 평등한 기회 및 대우 보장
> • 직장과 가정생활의 양립과 여성의 직업 능력 개발 및 고용 촉진 지원

① 근로기준법
② 남녀고용평등법
③ 노동조합 및 노동관계 조정법
④ 모자보건법
⑤ 여성발전 기본법

10. 다음과 같은 문제를 해결하기 위한 방법으로 적절한 것은?

> 정보 불균형의 관점에서 볼 때, 더 많은 정보를 갖고 있는 집단은 그렇지 않은 집단에 대하여 정보의 우위에 바탕을 둔 권력을 갖게 된다. 이처럼 정보가 공무원과 민원인 사이에 비대칭적으로 분포할 경우 일반적으로 정보가 충분하게 제공되지 않는 민원인은 담당 공무원의 처분에 대하여 그 객관성과 공정성을 정확하게 판단할 수 없게 되고, 일방적으로 결과를 수용할 수밖에 없는 상황에 처하게 된다.

① 고위 공직에 대한 공모제 확대
② 공직자 윤리 규정 강화
③ 선거 공영제의 강화
④ 알 권리 충족을 위한 제도 정비
⑤ 직업 공무원제의 확립

11. 다음 중 법률행위적 행정행위로 옳지 않은 것은?

① 대리
② 인가
③ 특허
④ 통지
⑤ 허가

12. 다음에서 설명하는 '이것'의 청구 대상이 아닌 것은?

> '이것'은 일반적으로 분쟁에 대한 심판 작용이면서, 동시에 그 자체가 행정 행위라는 이중적 성격을 지닌다. 이것은 행정상의 분쟁에 관하여 사실을 인정하고 법을 적용하여 그 분쟁을 심리판단한다는 점에서는, 재판에 준하는 성질을 가진다. 이것은 또한 행정청의 의사의 표현으로서, 다툼이 있는 행정법 관계를 규율하고 행정법 질서를 유지 또는 형성(발생변경소멸)하여 행정 목적을 실현한다는 점에서는, 행정 행위의 성질을 가지는 것이다.

① 국가 공무원 시험 불합격 처분에 대한 취소를 청구하였다.
② 무너진 인도를 아무런 이유 없이 장기간 방치하여 야간에 지나가던 행인이 크게 다치자 손해배상 청구를 하였다.
③ 운전면허 정지처분 취소 청구를 하였다.
④ 출판업 등록 신청을 했으나 행정관청이 아무런 조치를 취하지 않아 부작위 위법 확인 청구를 하였다.
⑤ 도서관 인근에 술집 허가를 하자 도서관 측에서 행정행위 무효 확인 청구를 하였다.

13. 다음 내용과 가장 관련이 깊은 원칙을 고른 것은?

> • '건전한 법 감정을 해치는 행위'를 범죄로 규정하면 죄형 법정주의에 반한다.
> • 단지 '징역에 처한다.' 또는 '처벌한다.'는 것은 법적 안정성에 대한 위협이 된다.
> • '죄상이 현저히 중한'이라는 표현은 자의적인 법 적용을 허용할 여지가 다분하다.

① 관습 형법 금지의 원칙
② 명확성의 원칙
③ 유추 해석 금지의 원칙
④ 적정성의 원칙
⑤ 형법 효력 불소급의 원칙

14. 행정목표의 기능으로 보기 어려운 것은?

① 능률성 측정의 기준이 된다.
② 조직활동의 지침으로서 역할을 한다.
③ 민주화 수준을 측정하는 기준이 된다.
④ 조직활동의 정당성이 바탕이 된다.
⑤ 조정을 촉진하는 역할을 한다.

15. 정책결정 때의 합리성의 제약요인으로 보기 어려운 것은?

① 과다한 비용
② 집권화와 분권화
③ 매몰비용의 집착
④ 선례답습적 보수주의
⑤ 집단사고의 작용

16. 다음 중 리더십과 상황론에 관하여 가장 관계가 깊은 것은?

① 리더가 갖추어야 할 특성에 초점을 둔다.
② 개인의 정신적 · 기술적 우수성을 강조한다.
③ 추종자들의 사고 · 행태와 관계된다.
④ 상황의 변화에 따라 잘 대처하는 리더십이 필요하다.
⑤ 리더와 추종자 및 상황간의 관계를 상호작용으로 인식한다.

17. 직위분류제의 구조를 이루는 직렬 · 직군 · 직류 등에 대한 설명으로 틀린 것은?

① 직위란 한 사람의 공무원에게 부여할 수 있는 직무와 책임이다.
② 직렬은 직무의 종류가 유사하고 그 책임과 곤란성의 정도가 상이한 직급의 군이다.
③ 직급은 직무의 종류 및 곤란성과 책임도가 상당히 유사한 직위의 군이다.
④ 직군이란 직위들의 집합이다.
⑤ 직무의 종류는 달라도 등급이 같으면 동일보수를 줄 수 있다.

18. 공무원의 정치적 중립성이 중요시되는 이유가 아닌 것은?

① 불편부당(不偏不黨)한 정책집행을 통한 전체 이익의 실현을 위해서
② 선거비용의 절약을 통한 정치의 민주화를 위해서
③ 정당간 공정한 선거를 위해서
④ 행정의 계속성 유지를 위해서
⑤ 행정의 자율성과 전문성 확보를 위해서

19. 민간이양에 관한 설명으로 옳지 않은 것은?

① 시장실패 보완을 위해서는 민간이양이 적절하다.
② 정부독점기업을 민영화하는 것도 민간이양의 한 방법이다.
③ 비대한 정부영역을 줄임으로써 작은 정부를 실현하게 된다.
④ 정부보유주식을 민간에게 매각하는 방법이 있다.
⑤ 민간경제를 활성화하는 데 기여한다.

20. 다음 중 정부실패의 요인이 아닌 것은?

① 시장경제의 강화
② 파생적 외부효과
③ X－비효율성
④ 내부목표와 사회목표의 괴리
⑤ 비용과 수입의 분리

21. 다음에서 설명하는 것으로 옳은 것은?

> 집단구성원 간의 친화와 반발을 조사하여 그 빈도와 강도에 따라 집단 구조를 이해하는 척도로 인간관계의 그래프나 조직망을 추적하는 이론이다.

① 소시오메트리
② 마르코프체인
③ 대기행렬
④ 네트워크
⑤ 델파이 기법

22. 다음 중 공식적인 정책결정참여자가 아닌 것은?

① 법원
② 행정부처
③ 여당
④ 대통령
⑤ 국회상임위원회

23. 다음 중 근무성적평정의 유용성에 관한 설명으로 옳은 것은?

① 직위평가의 합리적 자료로 활용한다.
② 보수표 작성에 이용한다.
③ 징벌 중심의 목적으로 활용한다.
④ 시험의 신뢰도를 측정하는 기준으로 활용한다.
⑤ 승진 · 승급의 기초자료로 활용한다.

24. 다음 중 시민단체가 전개하는 공익대표소송, 예산감시, 국정감사모니터링 등 민중통제의 장점이 아닌 것은?

① 정부와 국민 간에 정보의 비대칭성이 낮아진다.
② 대의민주주의의 장점을 극대화한다.
③ 주기성을 띠는 선거제도의 불완전성을 보완한다.
④ 제도적인 견제와 균형의 사각지대가 감소한다.
⑤ 참여민주주의를 신장하여 행정의 대응성을 제고한다.

25. 다음 중 우리나라의 지방자치에 관한 설명으로 옳지 않은 것은?

① 지방자치단체는 독자적인 법인격은 없다.
② 지방자치단체의 자주재원은 지방세와 세외수입으로 구성된다.
③ 의회와 집행기관이 대립하는 기관대립형이다.
④ 주민감사청구제도가 시행되고 있다.
⑤ 현행 지방세원은 취득세, 등록세, 재산세 등이 있다.

26. 다음 중 행정의 생태론적 접근방법에 대한 설명으로 옳지 않은 것은?

① 행정을 하나의 유기체로 파악한다.
② 1950년대 비교행정론의 중요한 방법론이 되었다.
③ 행정을 환경의 종속변수로 취급하는 접근법이다.
④ 행정을 독립변수로 취급한다.
⑤ 행정체제의 개방성을 강조한다.

27. 다음 중 사회주의 기업에 대한 설명으로 가장 옳지 않은 것을 고르면?

① 비효율적인 자원의 배분이 일어난다.
② 개개인에게 있어 선택자유의 제약이 있다.
③ 사익 및 공익의 괴리가 존재한다.
④ 계획에 있어서의 비신축성으로 인해 오류의 자동적 수정이 불가능하다.
⑤ 전략산업의 육성이 용이하다.

28. 다음 경영학의 접근방법 중 시스템 접근방법에서의 시스템 속성에 해당하지 않는 것은?

① 기능성　② 구조성
③ 목적성　④ 전체성
⑤ 당위성

29. 다음 중 동기부여의 중요성에 대한 설명으로 가장 옳지 않은 것은?

① 동기부여는 구성원 개개인으로 하여금 과업수행에 대한 자신감 및 자긍심 등을 지니게 한다.
② 동기부여의 경우 조직 구성원들이 적극적이고 능동적으로 업무를 수행하게 함으로써 자아실현을 할 수 있는 기회를 부여한다.
③ 개인에 대한 동기부여는 경쟁우위 원천으로서의 사람의 중요성이 커지는 가운데 기업경쟁력 강화의 핵심 수단이 되고 있다.
④ 동기부여는 변화에 대한 구성원들의 저항을 높이고 자발적 적응을 감소시킴으로서 조직변화를 어렵게 하는 요소가 된다.
⑤ 동기부여는 개인의 자발적인 업무수행노력을 촉진해서 직무만족과 생산성을 높이고 더 나아가 조직유효성을 제고시킨다.

30. 다음은 시스템의 기본 형태를 나타낸 것이다. 이를 참조하여 관련성이 가장 낮은 것을 고르면?

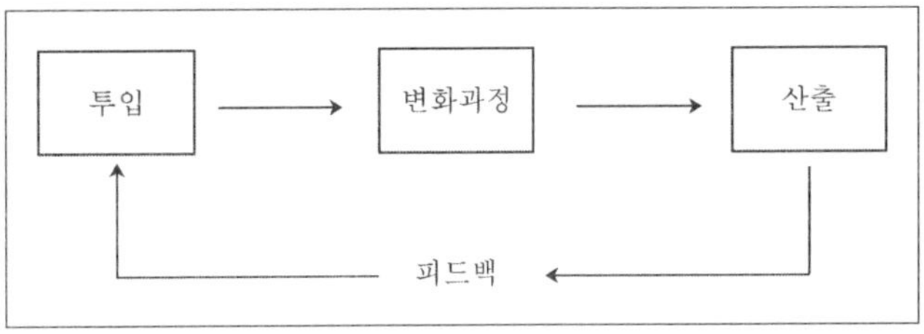

① 그림과 같은 생산시스템의 각 개체는 각각 투입, 과정, 산출이라는 기능을 수행한다.
② 생산시스템의 경계 외부에는 환경이 존재하지 않는다.
③ 그림과 같은 생산시스템은 일정한 개체들의 집합이라 할 수 있다.
④ 그림과 같은 생산시스템은 의미가 있는 하나의 전체이며, 이는 곧 어떠한 목적을 달성하는 데 기여할 수 있다.
⑤ 각 개체는 자신만의 고유 기능을 지니지만, 타 개체와의 관련을 통해 전체의 목적에 기여하게 된다.

31. 다음 중 정기발주시스템에 관련한 설명으로 가장 거리가 먼 것은?

① 단가가 낮은 상품에 주로 적용되는 방식이다.
② 상품발주의 간격을 정해 이를 정기적으로 발주한다.
③ 상품의 발주 시 발주량이 변한다.
④ 운용자금이 절약된다.
⑤ 사무 처리에 대한 수요가 증가한다.

32. **다음 중 집단적 의사결정에 대한 설명으로 가장 옳지 않은 것은?**

① 의사소통의 기능 수행
② 의사결정에 참여한 사람들의 결정사항에 대한 지지를 보낸다.
③ 좋은 아이디어를 모을 수 있다.
④ 전문화가 불가능하다.
⑤ 시너지 효과를 얻을 수 있다.

33. **마케팅믹스 중 촉진(promotion)에 관한 다음 설명 중 옳은 것은?**

① 인적 판매(personal selling)란 제품 또는 서비스의 판매나 구매를 촉진시키기 위한 단기적인 자극책을 말한다.
② 홍보(publicity)란 특정 기업의 아이디어, 제품 또는 서비스를 대가로 지불하면서 비인적 매체를 통해 제시하고 촉진하는 것이다.
③ 풀(pull)전략이란 소비자 수요를 조장하고 또한 유통경로를 통해 제품을 끌어당기기 위해 광고와 소비자 촉진에 많은 예산을 투입하는 촉진전략을 말한다.
④ 판매촉진이란 한 사람 또는 그 이상의 잠재고객과 직접 대면하면서 대화를 통하여 판매를 실현시키는 방법이다.
⑤ 광고란 제품 및 서비스의 활동을 독려하기 위해 단기간에 전개되는 인센티브 위주의 커뮤니케이션 활동을 의미한다.

34. **다음은 조직문화에 관련한 설명들이다. 이 중 가장 바르지 않은 것은?**

① 조직문화는 조직 구성원들에게 공통적인 행동방식 및 사고를 제공한다.
② 조직문화는 구성원 개개인의 문화와 회사 조직간 문화의 충돌이 우려가 거의 없다.
③ 조직문화는 조직구성원들의 고유 가치에도 동기부여를 하고, 이로 인해 구성원들의 조직에 대한 몰입도를 높일 수 있는 역할을 수행한다.
④ 조직문화는 환경변화에 따른 문제의 발생 시에 내부적으로 대립하게 되는 저항의 문제가 나타날 수 있다.
⑤ 조직문화는 조직의 구성원들 행동을 형성하는 데 있어서 통제 매커니즘의 역할을 수행한다.

35. **다음 중 요소비교법에 대한 설명으로 바르지 않은 것은?**

① 평가결과가 임금액으로 나타나기 때문에 임금결정에 있어 공정성의 확보가 가능하다.
② 평가방법이 비교적 정교하여 타당성과 신뢰성이 높은 편이다.
③ 기준 직무의 가치를 합리적으로 설정하게 되면 다른 타 직무와 비교평가가 가능하다.
④ 시간과 비용이 적게 든다.
⑤ 활용 방법이 복잡하여 각 구성원들의 이해가 어렵다.

36. 다음 재무관리의 영역 중 자금운용의 측면에 해당하는 것들을 모두 고르면?

㉠ 투자결정 결과	㉡ 투자의 대상
㉢ 타인자본	㉣ 자본비용
㉤ 자기자본	

① ㉠㉡　② ㉠㉣
③ ㉡㉤　④ ㉢㉣
⑤ ㉣㉤

37. 다음 중 장기금융상품에 속하는 것들끼리 바르게 묶은 것은?

㉠ 기업어음
㉡ 통화안정증권
㉢ 국제채권
㉣ 회사채
㉤ 양도성 예금증서

① ㉠㉡　② ㉠㉣
③ ㉡㉢　④ ㉢㉣
⑤ ㉣㉤

38. 다음 그래프의 A와 B를 통과하는 곡선은 현재의 소득으로 선택 가능한 조합들을 나타낸 것이다. 그래프를 바르게 해석한 것을 아래의 〈보기〉에서 고른 것은?

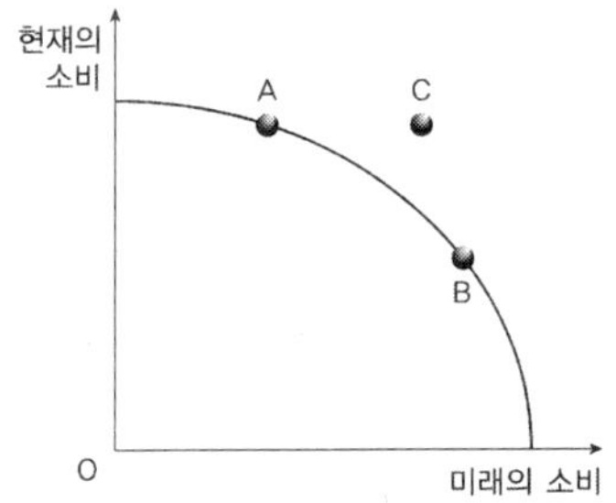

〈보기〉

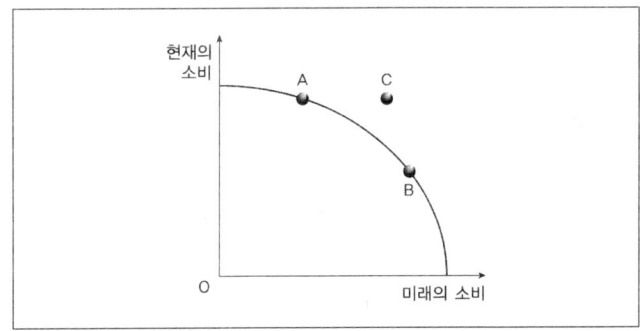

㉠ 미래의 소비는 현재의 소비를 미래로 유보한다는 뜻으로 저축과 같다.
㉡ 소득이 증가하면 C의 조합도 선택 가능하다.
㉢ 절약하여 소비하면 C의 조합도 선택 가능하다.
㉣ A보다는 B를 선택하는 것이 합리적이다.

① ㉠㉡　② ㉠㉢
③ ㉡㉢　④ ㉡㉣
⑤ ㉢㉣

39. 생산 요소와 그에 대한 대가인 분배 소득이 바르게 연결된 것을 〈보기〉에서 모두 고른 것은?

〈보기〉

	생산요소	분배소득
㉠	토지	지대
㉡	건물	이자
㉢	자본	배당
㉣	노동	이윤
㉤	경영	임금

① ㉠㉡
② ㉠㉢
③ ㉡㉣
④ ㉢㉤
⑤ ㉣㉤

40. 다음 설명 중 케인즈주의에 해당하지 않는 것은?

① 적자재정정책에 반대한다.
② 경기조절식(anticyclical) 경제정책을 추진한다.
③ 정부의 시장개입기능을 활성화한다.
④ 수요관리를 통하여 임금생활자의 구매력을 높인다.
⑤ 금융정책을 불신한다.

41. 다음은 기업의 생산량 변화에 따른 총수입과 총비용의 변화를 나타낸 표이다. 아래 제시된 내용에 기초한 설명으로 옳지 않은 것은?

생산량(개)	3	4	5	6	7
총수입(원)	300	400	500	600	700
총비용(원)	280	350	440	570	710

> 합리적 생산을 위해 기업은 상품 1단위를 추가로 생산함으로써 얻게 되는 수입(한계 수입)과 추가로 지출하는 비용(한계 비용)이 동일한 지점에서 생산량을 결정해야 한다.

① 모든 생산량에서 한계 수입은 가격과 일치한다.
② 생산량이 4개일 때 한계 수입은 100원이다.
③ 생산량이 5개일 때 한계 비용은 90원이다.
④ 생산량이 5개일 때 한계 수입과 한계 비용이 일치한다.
⑤ 생산량이 증가함에 따라 한계 비용은 증가하고 있다.

42. 다음 사례들을 근거로 하여 주장할 내용으로 가장 적절한 것은?

> 개인의 입장에서는 저축을 늘리는 것이 합리적이지만, 불경기 때 모든 개인이 저축을 늘리면 소비가 줄고 생산이 감소하여 불황이 더욱 깊어지는 결과를 초래할 수 있다.
> 한 농부가 배추를 잘 관리하여 수확을 늘려 소득을 올리려는 것은 당연한 일이지만, 모든 배추 재배 농부들이 열심히 일해 배추 농사가 풍작을 이루게 되면 배추 가격은 하락하여 오히려 농가 소득은 감소하는 경우가 있다.

① 경제적 의사결정은 개개인에게 맡기는 것이 바람직하다.
② 시장 경제보다 계획 경제가 효율적이다.
③ 시장에 대한 정부 개입이 필요한 경우가 있다.
④ 시장의 자유를 최대화할 때 효율성이 극대화된다.
⑤ 최소의 정부가 최대의 정부이다.

43. 다음 글에서 빈칸에 들어갈 말로 바르게 짝지어진 것은?

> 합리적 선택을 위해서는 관련 정보들을 검토해 보아야 한다. 경제 정보에는 절대적인 양을 나타내는 총량지표, 상대적인 양을 나타내는 비율이 있다. 총량지표의 예로는 (㉠)을(를) 들 수 있고, 비율의 예로는 (㉡)을(를) 들 수 있다.

① ㉠ 국내총생산, ㉡ 경제성장률
② ㉠ 국내총생산, ㉡ 실업률
③ ㉠ 실업률, ㉡ 국내총생산
④ ㉠ 저축률, ㉡ 경제성장률
⑤ ㉠ 저축률, ㉡ 물가상승률

44. 다음과 같은 상황에서 예상되는 경제 문제를 〈보기〉에서 모두 고른 것은?

> 최근 조사에 따르면, 서울 강남 아파트 값의 급상으로 인해, 평범한 월급 생활자가 저축만으로 집을 마련하기 위해 걸리는 데 필요한 기간이 10년 정도 늘어났다.

〈보기〉

㉠ 경기가 점차 침체된다.
㉡ 경제 정의가 구현되지 못한다.
㉢ 근로 의욕이 고취된다.
㉣ 상대적 빈곤감이 커진다.

① ㉠㉡
② ㉠㉢
③ ㉡㉢
④ ㉡㉣
⑤ ㉢㉣

45. 시장실패의 경우인 외부효과와 관련하여 잘못 설명한 것은?

① 긍정적 외부효과를 갖는 재화의 경우 시장경쟁에 의한 공급량은 사회적 최적공급량에 비해 적게 된다.
② 부정적 외부효과가 있는 오염유발재를 생산하는 사회적 비용은 공급곡선에 반영되는 사적비용보다 크다.
③ 기술재 생산의 사회적 비용은 사적비용에서 기술파급 효과치를 뺀 금액과 같다.
④ 소비에서 긍정적 외부효과가 발생하는 경우 사회적 최적소비량이 시장에서 결정되는 소비량보다 많게 된다.
⑤ 소비의 사회적 가치가 사적 효용가치를 하회할 경우 시장에서 결정되는 생산량은 사회적으로 바람직한 수준보다 과소 생산되는 경향이 있다.

46. **다음 중 국제 무역에 대한 진술로 옳지 않은 것은?**

① 각국은 비교 우위가 있는 제품에 특화하여 무역을 한다.
② 무역 자유화의 확대는 경쟁력이 뒤지는 산업에 불리하게 작용한다.
③ 부존자원, 기술 수준 등의 차이가 비교 우위를 결정한다.
④ 생산비의 차이 때문에 발생한다.
⑤ 최근에는 노동과 자본이 비교 우위를 결정하는 중요한 요소가 되고 있다.

47. **다음 금융 상품 A~D에 대한 분석으로 가장 적절한 것은?**

A : 입출금이 자유로운 은행 예금 B : 일정액을 입금하고 만기일에 원리금을 받는 은행 예금 C : 기업이 투자자에게 회사 소유권의 일부를 주는 증표 D : 정부가 자금 조달을 위해 발행한 일종의 차용 증서

① A는 B보다 유동성이 낮다.
② A를 해약하여 C를 구입하는 것은 안전성보다 수익성을 중시하는 선택이다.
③ B와 C는 수익이 고정되어 있다.
④ C는 D보다 안전성이 높다.
⑤ '계란을 한 바구니에 담지 말라'는 격언에 따르면 D를 선택하는 것이 가장 적절하다.

48. **공공부조의 기본원리에 대한 설명으로 옳은 것은?**

① 생존보장의 원리 : 공공부조의 보호수준은 최저한의 생활이 유지되도록 하여야 한다는 원리
② 국가책임의 원리 : 국가는 모든 국민의 건강하고 문화적인 생활을 보호하여야 하며, 역으로 국민의 입장에서 생존권을 보호받을 수 있는 권리를 보장하는 원리
③ 무차별 평등의 원리 : 공공부조 수급의 법적 기준에 해당하는 사람이면 빈곤의 원인이나 신앙, 성별 등에 상관없이 누구든지 평등하게 보호받아야 한다는 원리
④ 보충성의 원리 : 보호대상자 스스로가 자신의 생활을 책임질 수 있도록 한다는 원리
⑤ 최저생활 보호의 원리 : 생계에 관련된 가장 기본적인 수준을 유지할 수 있도록 한다는 원리

49. **국민건강보험의 요양급여 비용에 대한 심사를 담당하고 요양급여의 적정성을 평가하기 위해 설립된 기관은?**

① 급여심사원
② 진료심사평가원
③ 보건사회연구원
④ 건강보험심사평가원
⑤ 노인요양병원

50. 사회보험의 특징 중 옳지 않은 것은?

① 사회보험은 노동능력의 상실에 대비한 산업재해보험 · 건강보험과 노동기회의 상실에 대비한 연금보험 · 실업보험으로 크게 구분할 수 있다.

② 사회보험은 개인보험처럼 자유의사에 의해서 가입하는 것은 아니다.

③ 사회보험은 보험료도 개인 · 기업 · 국가가 서로 분담하는 것이 원칙이다.

④ 사회보험의 보험료 부과방식은 위험정도 · 급여수준에 따라 나눠진다.

⑤ 국민연금제도는 1988년 1월부터 시행되었다.

절 취 선

국민연금공단 필기시험 모의고사

성 명

(자 필 성 명)

생 년 월 일

⓪	⓪	⓪	⓪	⓪	⓪	⓪	⓪
①	①	①	①	①	①	①	①
②	②	②	②	②	②	②	②
③	③	③	③	③	③	③	③
④	④	④	④	④	④	④	④
⑤	⑤	⑤	⑤	⑤	⑤	⑤	⑤
⑥	⑥	⑥	⑥	⑥	⑥	⑥	⑥
⑦	⑦	⑦	⑦	⑦	⑦	⑦	⑦
⑧	⑧	⑧	⑧	⑧	⑧	⑧	⑧
⑨	⑨	⑨	⑨	⑨	⑨	⑨	⑨

직업기초능력평가				종합직무지식평가			
1	① ② ③ ④	31	① ② ③ ④	1	① ② ③ ④ ⑤	31	① ② ③ ④ ⑤
2	① ② ③ ④	32	① ② ③ ④	2	① ② ③ ④ ⑤	32	① ② ③ ④ ⑤
3	① ② ③ ④	33	① ② ③ ④	3	① ② ③ ④ ⑤	33	① ② ③ ④ ⑤
4	① ② ③ ④	34	① ② ③ ④	4	① ② ③ ④ ⑤	34	① ② ③ ④ ⑤
5	① ② ③ ④	35	① ② ③ ④	5	① ② ③ ④ ⑤	35	① ② ③ ④ ⑤
6	① ② ③ ④	36	① ② ③ ④	6	① ② ③ ④ ⑤	36	① ② ③ ④ ⑤
7	① ② ③ ④	37	① ② ③ ④	7	① ② ③ ④ ⑤	37	① ② ③ ④ ⑤
8	① ② ③ ④	38	① ② ③ ④	8	① ② ③ ④ ⑤	38	① ② ③ ④ ⑤
9	① ② ③ ④	39	① ② ③ ④	9	① ② ③ ④ ⑤	39	① ② ③ ④ ⑤
10	① ② ③ ④	40	① ② ③ ④	10	① ② ③ ④ ⑤	40	① ② ③ ④ ⑤
11	① ② ③ ④	41	① ② ③ ④	11	① ② ③ ④ ⑤	41	① ② ③ ④ ⑤
12	① ② ③ ④	42	① ② ③ ④	12	① ② ③ ④ ⑤	42	① ② ③ ④ ⑤
13	① ② ③ ④	43	① ② ③ ④	13	① ② ③ ④ ⑤	43	① ② ③ ④ ⑤
14	① ② ③ ④	44	① ② ③ ④	14	① ② ③ ④ ⑤	44	① ② ③ ④ ⑤
15	① ② ③ ④	45	① ② ③ ④	15	① ② ③ ④ ⑤	45	① ② ③ ④ ⑤
16	① ② ③ ④	46	① ② ③ ④	16	① ② ③ ④ ⑤	46	① ② ③ ④ ⑤
17	① ② ③ ④	47	① ② ③ ④	17	① ② ③ ④ ⑤	47	① ② ③ ④ ⑤
18	① ② ③ ④	48	① ② ③ ④	18	① ② ③ ④ ⑤	48	① ② ③ ④ ⑤
19	① ② ③ ④	49	① ② ③ ④	19	① ② ③ ④ ⑤	49	① ② ③ ④ ⑤
20	① ② ③ ④	50	① ② ③ ④	20	① ② ③ ④ ⑤	50	① ② ③ ④ ⑤
21	① ② ③ ④	51	① ② ③ ④	21	① ② ③ ④ ⑤		
22	① ② ③ ④	52	① ② ③ ④	22	① ② ③ ④ ⑤		
23	① ② ③ ④	53	① ② ③ ④	23	① ② ③ ④ ⑤		
24	① ② ③ ④	54	① ② ③ ④	24	① ② ③ ④ ⑤		
25	① ② ③ ④	55	① ② ③ ④	25	① ② ③ ④ ⑤		
26	① ② ③ ④	56	① ② ③ ④	26	① ② ③ ④ ⑤		
27	① ② ③ ④	57	① ② ③ ④	27	① ② ③ ④ ⑤		
28	① ② ③ ④	58	① ② ③ ④	28	① ② ③ ④ ⑤		
29	① ② ③ ④	59	① ② ③ ④	29	① ② ③ ④ ⑤		
30	① ② ③ ④	60	① ② ③ ④	30	① ② ③ ④ ⑤		

국민연금공단

필기시험 모의고사
[6급 사무직]

제 3 회		
	영 역	직업기초능력평가, 종합직무지식평가
	문항수	60문항, 50문항
	시 간	60분, 50분
	비 고	객관식 4지선다형, 객관식 5지선다형

(주)서원각

제3회 국민연금공단 필기시험 모의고사

직업기초능력평가(60문항/60분)

1. 다음 보도자료 작성 요령을 참고할 때, 적절한 보도자료 문구를 〈보기〉에서 모두 고른 것은?

1. 인명과 호칭

〈우리나라 사람의 경우〉
- 우리나라 사람의 인명은 한글만 쓴다. 동명이인 등 부득이 한 경우에만 괄호 안에 한자를 써준다.
- 직함은 소속기관과 함께 이름 뒤에 붙여 쓴다.
- 두 명 이상의 이름을 나열할 경우에는 맨 마지막 이름 뒤에 호칭을 붙인다.

〈외국인의 경우〉
- 중국 및 일본사람의 이름은 현지음을 한글로 외래어 표기법에 맞게 쓰고 괄호 안에 한자를 쓴다. 한자가 확인이 안 될 경우에는 현지음만 쓴다.
- 기타 외국인의 이름은 현지발음을 외래어 표기법에 맞게 한글로 적고 성과 이름 사이를 띄어 쓴다.

2. 지명
- 장소를 나타내는 국내 지명은 광역시·도→시·군·구→동·읍·면·리 순으로 표기한다.
- 시·도명은 줄여서 쓴다.
- 자치단체명은 '서울시', '대구시', '경기도', '전남도' 등으로 적는다.
- 중국과 일본 지명은 현지음을 한글로 외래어 표기법에 맞게 쓰고 괄호 안에 한자를 쓴다.(확인이 안 될 경우엔 현지음과 한자 중 택1)
- 외국 지명의 번역명이 통용되는 경우 관용에 따른다.

3. 기관 · 단체명
- 기관이나 단체 이름은 처음 나올 때는 정식 명칭을 적고 약칭이 있으면 괄호 안에 넣어주되 행정부처 등 관행화된 것은 넣지 않는다. 두 번째 표기부터는 약칭을 적는다.
- 기관이나 단체명에 대표 이름을 써야 할 필요가 있을 때는 괄호 안에 표기한다.
- 외국의 행정부처는 '부', 부처의 장은 '장관'으로 표기한다. 단, 한자권 지역은 그 나라에서 쓰는 정식명칭을 따른다.
- 국제기구나 외국 단체의 경우 처음에는 한글 명칭과 괄호 안에 영문 약어 표기를 쓴 다음 두 번째부터는 영문 약어만 표기한다.
- 언론기관 명칭은 AP, UPI, CNN 등 잘 알려진 경우는 영문을 그대로 사용하되 잘 알려지지 않은 기관은 그 앞에 설명을 붙여 준다.
- 약어 영문 이니셜이 우리말로 굳어진 것은 우리말 발음대로 표기한다.

〈보기〉

㈎ '최한국 사장, 조대한 사장, 강민국 사장을 등 재계 주요 인사들은 모두 ~'
㈏ '버락오바마 미국 대통령의 임기는 ~'
㈐ '절강성 온주에서 열리는 박람회에는 ~'
㈑ '국제노동기구(ILO) 창설 기념일과 때를 같이하여 ILO 회원국들은 ~'

① ㈏
② ㈑
③ ㈎, ㈏
④ ㈎, ㈐, ㈑

2. 다음은 「개인정보 보호법」과 관련한 사법 행위의 내용을 설명하는 글이다. 다음 글을 참고할 때, '공표' 조치에 대한 올바른 설명이 아닌 것은?

「개인정보 보호법」 위반과 관련한 행정처분의 종류에는 처분 강도에 따라 과태료, 과징금, 시정조치, 개선권고, 징계권고, 공표 등이 있다. 이 중, 공표는 행정질서 위반이 심하여 공공에 경종을 울릴 필요가 있는 경우 명단을 공표하여 사회적 낙인을 찍히게 함으로써 경각심을 주는 제재 수단이다.
「개인정보 보호법」 위반 행위가 은폐 · 조작, 과태료 1천만 원 이상, 유출 등 다음 7가지 공표기준에 해당하는 경우, 위반행위자, 위반 행위 내용, 행정처분 내용 및 결과를 포함하여 개인정보 보호위원회의 심의 · 의결을 거쳐 공표한다.

※ 공표기준
1. 1회 과태료 부과 총 금액이 1천만 원 이상이거나 과징금 부과를 받은 경우
2. 유출 · 침해사고의 피해자 수가 10만 명 이상인 경우
3. 다른 위반 행위를 은폐 · 조작하기 위하여 위반한 경우
4. 유출 · 침해로 재산상 손실 등 2차 피해가 발생하였거나 불법적인 매매 또는 건강 정보 등 민감 정보의 침해로 사회적 비난이 높은 경우
5. 위반 행위 시점을 기준으로 위반 상태가 6개월 이상 지속된 경우
6. 행정처분 시점을 기준으로 최근 3년 내 과징금, 과태료 부과 또는 시정조치 명령을 2회 이상 받은 경우
7. 위반 행위 관련 검사 및 자료제출 요구 등을 거부 · 방해하거나 시정조치 명령을 이행하지 않음으로써 이에 대하여 과태료 부과를 받은 경우

공표절차는 과태료 및 과징금을 최종 처분할 때 ▲ 대상자에게 공표 사실을 사전 통보, ▲ 소명자료 또는 의견 수렴 후 개인정보보호위원회 송부, ▲ 개인정보보호위원회 심의 · 결, ▲ 홈페이지 공표 순으로 진행된다.

공표는 행정안전부장관의 처분 권한이지만 개인정보보호위원회의 심의 · 의결을 거치게 함으로써 「개인정보 보호법」 위반자에 대한 행정청의 제재가 자의적이지 않고 공정하게 행사되도록 조절해 주는 장치를 마련하였다.

① 공표는 「개인정보 보호법」 위반에 대한 가장 무거운 행정 조치이다.

② 행정안전부장관이 공표를 결정한다고 해서 반드시 최종 공표 조치가 취해져야 하는 것은 아니다.

③ 공표 조치가 내려진 대상자는 공표와 더불어 반드시 1천만 원 이상의 과태료를 납부하여야 한다.

④ 공표 조치를 받는 대상자는 사전에 이를 통보받게 된다.

▌3~5▐ 다음 글을 읽고 물음에 답하시오.

(가) 일상생활이 너무나 피곤하고 고단할 때, 힘든 일에 지쳐 젖은 솜처럼 몸이 무겁고 눈이 빨갛게 충혈 됐을 때, 단잠처럼 달콤한 게 또 있을까? 우리는 하루 평균 7~8시간을 잔다. 하루의 3분의 1을 잠을 자는 데 쓰는 것이다. 어찌 생각하면 참 아까운 시간이다. 잠을 자지 않고 그 시간에 열심히 일을 해서 돈을 번다면 부자가 되지 않을까? 여기서 잠시 A라는 학생의 생활을 살펴보자.

(나) A는 잠자는 시간이 너무 아깝다. 그래서 잠을 안자고 열심히 공부하기로 작정한다. A에게 하루쯤 밤을 새는 것은 흔한 일이다. 졸리고 피곤하긴 하지만, 그런대로 학교생활을 해 나갈 수 있다. 하지만, 하루가 지나고 이틀이 지나니 그 증상이 훨씬 심해진다. 눈은 ㉠ <u>뻑뻑하고</u> 눈꺼풀은 천근처럼 무겁다. 옆에서 누가 소리를 지르지 않으면 금방 잠에 빠져 버리고 만다. A는 잠을 자지 않기 위해서 쉴 새 없이 움직인다. 하지만, 너무 졸려서 도저히 공부를 할 수가 없다. 결국 A는 모든 것을 포기하고 깊은 잠에 빠져 버리고 만다.

(다) 만일, 누군가가 강제로 A를 하루나 이틀 더 못 자게 한다면 어떻게 될까? A는 자기가 있는 곳이 어디인지, 또 자기가 무슨 일을 하러 여기에 와 있는지조차 가물가물할 것이다. 앞에 앉은 사람의 얼굴도 잘 몰라보고 이상한 물체가 보인다고 횡설수설할지도 모른다. 수면 ㉡ <u>박탈</u>은 예로부터 ㉢ <u>중죄인</u>을 고문하는 방법으로 이용될 정도로 견디기 어려운 것이었다.

(라) A가 이처럼 잠을 못 잤다면 부족한 잠을 고스란히 보충해야 할까? 그렇지는 않다. 예를 들어, 매일 8시간씩 자던 사람이 어느 날 5시간밖에 못 잤다고 해서 3시간을 더 잘 필요는 없다. 우리 몸은 그렇게 계산적이지 않다. 어쩌면 A가 진짜 부러워해야 할 사람은 나폴레옹이나 에디슨일지도 모른다. 이 두 사람은 역사상 밤잠 안 자는 사람으로 유명했다. 하지만, 이들은 진짜 잠을 안 잔 것이 아니라, 효과적으로 수면을 취했던 것이다. 나폴레옹은 말안장 위에서도 잠을 잤고, ㉣ <u>워털루 전투</u>에서도 틈틈이 낮잠을 즐겼다고 한다. 에디슨도 마찬가지였다. 에디슨의 친구 한 사람은 "그는 다른 사람에게 말을 거는 동안에도 잠 속에 빠지곤 했지."라고 말하였다.

(마) 그러면 우리는 왜 잠을 잘까? 왜 인생의 3분의 1을 잠으로 보내야만 할까? 뒤집어 생각해 보면, 잠을 자고 있는 것이 우리의 정상적인 모습이고, 잠을 자지 않는 것은 여러 자극 때문에 어쩔 수 없이 깨어 있는 비정상적인 모습인지도 모른다. 과연 잠을 자고 있을 때와 깨어 있을 때, 우리의 뇌에는 어떠한 일이 일어나고 있을까?

3. **주어진 글에서 A의 예를 통하여 글쓴이가 궁극적으로 말하고자 하는 바는?**

① 잠을 많이 자야 건강을 유지할 수 있다.

② 잠을 안 자면 정상적인 생활을 할 수 없다.

③ 단잠은 지친 심신을 정상적으로 회복시킨다.

④ 잠을 덜 자기 위해서는 많은 고통을 겪어야 한다.

4. **(라)에서 '나폴레옹'과 '에디슨'의 공통점으로 알맞은 것은?**

① 불면증에 시달렸다.

② 효과적으로 수면을 취했다.

③ 일반인보다 유난히 잠이 많았다.

④ 꿈과 현실을 잘 구분하지 못했다.

5. **㉠~㉣ 중 사전(事典)을 찾아보아야 할 단어는?**

① ㉠ ② ㉡

③ ㉢ ④ ㉣

【6~7】 다음 글을 읽고 물음에 답하시오.

○○통신회사 직원 K씨가 고객으로부터 걸려온 전화를 응대하고 있다. 고객은 K씨에게 가장 저렴한 통신비를 문의하고 있다.

K씨 : 안녕하십니까? ○○텔레콤 K○○입니다. 무엇을 도와드릴까요?
고객 : 네. 저는 저에게 맞는 통신비를 추천받고자 합니다.
K씨 : 고객님이 많이 사용하시는 부분이 무엇입니까?
고객 : 저는 통화는 별로 하지 않고 인터넷을 한 달에 평균 3기가 정도 사용합니다.
K씨 : 아, 고객님은 인터넷을 많이 사용하시는군요. 그럼 인터넷 외에 다른 서비스는 필요하신 부분이 없으십니까?
고객 : 저는 매달 컬러링을 바꾸고 싶습니다.
K씨 : 아 그럼 매달 3기가 이상의 인터넷과 무료 컬러링이 필요하신 것입니까?
고객 : 네. 그럼 될 것 같습니다.

요금제명	무료인터넷 용량	무료통화 용량	무료 부가서비스	가격
35요금제	1기가	40분	없음	30,000원
45요금제	2기가	60분	없음	40,000원
55요금제	3기가	120분	컬러링 월 1회	50,000원
65요금제	4기가	180분	컬러링 월 2회	60,000원

6. **K씨가 고객에게 가장 적합하다고 생각하는 요금제는 무엇인가?**

① 35요금제 ② 45요금제
③ 55요금제 ④ 65요금제

7. **만약 동일한 조건에서 고객이 통화를 1달에 1시간 30분 정도 사용한다고 한다면 이 고객에게 가장 적합한 요금제는 무엇인가?**

① 35요금제 ② 45요금제
③ 55요금제 ④ 65요금제

8. **다음 글의 문맥상 빈칸에 들어갈 말로 가장 적절한 것은?**

기본적으로 전기차의 충전수요는 주택용 및 직장용 충전방식을 통해 상당부분 충족될 수 있다. 집과 직장은 우리가 하루 중 대부분의 시간을 보내는 장소이며, 그만큼 우리의 자동차가 가장 많은 시간을 보내는 장소이다. 그러나 서울 및 대도시를 포함하여, 전국적으로 주로 아파트 등 공동주택에 거주하는 가구비중이 높은 국내 현실을 감안한다면, 주택용 충전방식의 제약은 단기적으로 해결하기는 어려운 것이 또한 현실이다. 더욱이 우리가 자동차를 소유하고 활용할 때 직장으로의 통근용으로만 사용하지는 않는다. 때론 교외로 때론 지방으로 이동할 때 자유롭게 활용 가능해야 하며, 이때 (　　　　　　), 전기차의 시장침투는 그만큼 제약될 수밖에 없다. 직접 충전을 하지 않더라도 적어도 언제 어디서나 충전이 가능하다는 인식이 자동차 운전자들에게 보편화되지 않는다면, 배터리에 충전된 전력이 다 소진되어, 도로 한가운데서 꼼짝달싹할 수 없게 될 수도 있다는 두려움, 즉 주행가능거리에 대한 우려로 인해 기존 내연기관차에서 전기차로의 전환은 기피대상이 될 수밖에 없다.

결국 누구나 언제 어디서나 접근이 가능한 공공형 충전소가 도처에 설치되어야 하며, 이를 체계적으로 운영 관리하여 전기차 이용자들이 편하게 사용할 수 있는 분위기 마련이 시급하다. 이를 위해서는 무엇보다 전기차 충전서비스 시장이 두터워지고, 잘 작동해야 한다.

① 이동하고자 하는 거리가 너무 멀다면
② 기존 내연기관차보다 불편함이 있다면
③ 전기차 보급이 활성화되어 있지 않다면
④ 남아 있는 배터리 잔량을 확인할 수 없다면

9. **다음은 H기업의 채용 시험에 응시한 최종 6명의 평가 결과를 나타낸 자료이다. 다음 중 응시자 A와 D의 면접 점수가 동일하며, 6명의 면접 평균 점수가 17.5점일 경우, 최종 채용자 2명 중 어느 한 명이라도 변경될 수 있는 조건으로 올바른 설명은 어느 것인가?**

〈평가 결과표〉

응시자 \ 분야	어학	컴퓨터	실무	NCS	면접	평균
A	( )	14	13	15	( )	( )
B	12	14	( )	10	14	12.0
C	10	12	9	( )	18	11.8
D	14	14	( )	17	( )	( )
E	( )	20	19	17	19	18.6
F	10	( )	16	( )	16	( )
계	80	( )	( )	84	( )	( )
평균	( )	14.5	14.5	( )	( )	( )

※ 평균 점수가 높은 두 명을 최종 채용자로 결정함

① E의 '컴퓨터' 점수가 5점 낮아질 경우

② A의 '실무' 점수가 최고점, D의 '실무' 점수가 13점일 경우

③ F의 '어학' 점수가 최고점일 경우

④ B의 '실무'와 'NCS' 점수가 모두 최고점일 경우

10. **다음 예문의 내용에 맞는 고사성어는?**

> 구름이 해를 비추어 노을이 되고, 물줄기가 바위에 걸려 폭포를 만든다. 의탁하는 바가 다르고 보니 이름 또한 이에 따르게 된다. 이는 벗 사귀는 도리에 있어 유념해 둘 만한 것이다.

① 근묵자흑(近墨者黑)

② 단금지교(斷金之交)

③ 망운지정(望雲之情)

④ 상분지도(嘗糞之徒)

11. **A, B, C, D, E는 영업, 사무, 전산, 관리, 홍보의 일을 각각 맡아서 하기로 하였다. A는 영업과 사무 분야의 업무를 싫어하고, B는 관리 업무를 싫어하며, C는 영업 분야 일을 하고 싶어하고, D는 전산 분야 일을 하고 싶어하며, E는 관리와 사무 분야의 업무를 싫어한다. 인사부에서 각자의 선호에 따라 일을 시킬 때 옳게 짝지은 것은?**

① A – 관리　② B – 영업

③ C – 홍보　④ D – 사무

12. 다음 글을 근거로 유추할 경우 옳은 내용만을 바르게 짝지은 것은?

- 9명의 참가자는 1번부터 9번까지의 번호 중 하나를 부여받고, 동시에 제비를 뽑아 3명은 범인, 6명은 시민이 된다.
- '1번의 오른쪽은 2번, 2번의 오른쪽은 3번, …, 8번의 오른쪽은 9번, 9번의 오른쪽은 1번'과 같이 번호 순서대로 동그랗게 앉는다.
- 참가자는 본인과 바로 양 옆에 앉은 사람이 범인인지 시민인지 알 수 있다.
- "옆에 범인이 있다."라는 말은 바로 양 옆에 앉은 2명 중 1명 혹은 2명이 범인이라는 뜻이다.
- "옆에 범인이 없다."라는 말은 바로 양 옆에 앉은 2명 모두 범인이 아니라는 뜻이다.
- 범인은 거짓말만 하고, 시민은 참말만 한다.

㉠ 1, 4, 6, 7, 8번의 진술이 "옆에 범인이 있다."이고, 2, 3, 5, 9번의 진술이 "옆에 범인이 없다."일 때, 8번이 시민임을 알면 범인들을 모두 찾아낼 수 있다.
㉡ 만약 모두가 "옆에 범인이 있다."라고 진술한 경우, 범인이 부여받은 번호의 조합은 (1, 4, 7) / (2, 5, 8) / (3, 6, 9) 3가지이다.
㉢ 한 명만이 "옆에 범인이 없다."라고 진술한 경우는 없다.

① ㉡ ② ㉢
③ ㉠㉡ ④ ㉠㉢

❙13~14❙ **다음 전기요금 계산 안내문을 보고 이어지는 물음에 답하시오.**

○ 주택용 전력(저압)

기본요금(원/호)		전력량 요금(원/kWh)	
200kWh 이하 사용	900	처음 200kWh까지	90
201~400kWh 사용	1,800	다음 200kWh까지	180
400kWh 초과 사용	7,200	400kWh 초과	279

1) 주거용 고객, 계약전력 3kWh 이하의 고객
2) 필수사용량 보장공제 : 200kWh 이하 사용 시 월 4,000원 한도 감액(감액 후 최저요금 1,000원)
3) 슈퍼유저요금 : 동·하계(7~8월, 12~2월) 1,000kWh 초과 전력량 요금은 720원/kWh 적용

○ 주택용 전력(고압)

기본요금(원/호)		전력량 요금(원/kWh)	
200kWh 이하 사용	720	처음 200kWh까지	72
201~400kWh 사용	1,260	다음 200kWh까지	153
400kWh 초과 사용	6,300	400kWh 초과	216

1) 주택용 전력(저압)에 해당되지 않는 주택용 전력 고객
2) 필수사용량 보장공제 : 200kWh 이하 사용 시 월 2,500원 한도 감액(감액 후 최저요금 1,000원)
3) 슈퍼유저요금 : 동·하계(7~8월, 12~2월) 1,000kWh 초과 전력량 요금은 576원/kWh 적용

13. 다음 두 전기 사용자인 갑과 을의 전기요금 합산 금액으로 올바른 것은?

갑 : 주택용 전력 저압 300kWh 사용
을 : 주택용 전력 고압 300kWh 사용

① 68,660원 ② 68,700원
③ 68,760원 ④ 68,800원

14. **위의 전기요금 계산 안내문에 대한 설명으로 올바르지 않은 것은?**

① 주택용 전력은 고압 요금이 저압 요금보다 더 저렴하다.

② 동계와 하계에 1,000kWh가 넘는 전력을 사용하면 기본요금과 전력량 요금이 모두 2배 이상 증가한다.

③ 저압 요금 사용자가 전기를 3kWh만 사용할 경우의 전기요금은 1,000원이다.

④ 슈퍼유저는 1년 중 5개월 동안만 해당된다.

15. **다음 글의 내용과 날씨를 근거로 판단할 경우 종아가 여행을 다녀온 시기로 가능한 것은?**

- 종아는 선박으로 '포항 → 울릉도 → 독도 → 울릉도 → 포항' 순으로 3박 4일의 여행을 다녀왔다.
- '포항 → 울릉도' 선박은 매일 오전 10시, '울릉도 → 포항' 선박은 매일 오후 3시에 출발하며, 편도 운항에 3시간이 소요된다.
- 울릉도에서 출발해 독도를 돌아보는 선박은 매주 화요일과 목요일 오전 8시에 출발하여 당일 오전 11시에 돌아온다.
- 최대 파고가 3m 이상인 날은 모든 노선의 선박이 운항되지 않는다.
- 종아는 매주 금요일에 술을 마시는데, 술을 마신 다음날은 멀미가 심해 선박을 탈 수 없다.
- 이번 여행 중 종아는 울릉도에서 호박엿 만들기 체험을 했는데, 호박엿 만들기 체험은 매주 월 · 금요일 오후 6시에만 할 수 있다.

날씨

(㉰ : 최대 파고)

日	月	火	水	木	金	土
16 ㉰ 1.0m	17 ㉰ 1.4m	18 ㉰ 3.2m	19 ㉰ 2.7m	20 ㉰ 2.8m	21 ㉰ 3.7m	22 ㉰ 2.0m
23 ㉰ 0.7m	24 ㉰ 3.3m	25 ㉰ 2.8m	26 ㉰ 2.7m	27 ㉰ 0.5m	28 ㉰ 3.7m	29 ㉰ 3.3m

① 19일(水) ~ 22일(土)

② 20일(木) ~ 23일(日)

③ 23일(日) ~ 26일(水)

④ 25일(火) ~ 28일(金)

16. **도서출판 서원각에 근무하는 최 대리는 이번 달에 접수된 총 7건의 고객 불만 사항에 대해 보고서를 작성하려고 한다. A, B, C, D, E, F, G 고객의 불만이 접수된 순서가 다음의 정보를 모두 만족할 때, 불만 사항이 가장 마지막으로 접수된 고객은?**

〈정보〉

- B고객의 불만은 가장 마지막에 접수되지 않았다.
- G고객의 불만은 C고객의 불만보다 먼저 접수되었다.
- A고객의 불만은 B고객의 불만보다 먼저 접수되었다.
- B고객의 불만은 E고객의 불만보다 나중에 접수되었다.
- D고객과 E고객의 불만은 연달아 접수되었다.
- C고객의 불만은 다섯 번째로 접수되었다.
- A고객과 B고객의 불만 접수 사이에 한 건의 불만이 접수되었다.

① A　　② C

③ D　　④ F

17. M회사 구내식당에서 근무하고 있는 N씨는 식단을 편성하는 업무를 맡고 있다. 식단편성을 위한 조건이 다음과 같을 때 월요일에 편성되는 식단은?

〈조건〉

- 다음 5개의 메뉴를 월요일~금요일 5일에 각각 하나씩 편성해야 한다.
  - 돈가스 정식, 나물 비빔밥, 크림 파스타, 오므라이스, 제육덮밥
- 월요일에는 돈가스 정식을 편성할 수 없다.
- 목요일에는 오므라이스를 편성할 수 없다.
- 제육덮밥은 금요일에 편성해야 한다.
- 나물 비빔밥은 제육덮밥과 연달아 편성할 수 없다.
- 돈가스 정식은 오므라이스보다 먼저 편성해야 한다.

① 나물 비빔밥
② 크림 파스타
③ 오므라이스
④ 제육덮밥

18. 영업팀 직원인 갑, 을, 병 3명은 어젯밤 과음을 한 것으로 의심되고 있다. 이에 대한 이들의 진술이 다음과 같을 때, 과음을 한 것이 확실한 직원과 과음을 하지 않은 것이 확실한 직원을 순서대로 바르게 짝지은 것은? (단, 과음을 한 직원은 거짓말을 하고, 과음을 하지 않은 직원은 사실을 말하였다)

갑 : "우리 중 1명만 거짓말을 하고 있습니다."
을 : "우리 중 2명이 거짓말을 하고 있습니다."
병 : "갑, 을 중 1명만 거짓말을 하고 있습니다."

① 갑, 을
② 을, 아무도 없음
③ 갑, 아무도 없음
④ 갑과 을, 병

19. 취업을 준비하고 있는 A, B, C, D, E 5명이 지원한 분야는 각각 마케팅, 생산, 출판, 회계, 시설관리 중 한 곳이다. 5명이 모두 서류전형에 합격하여 NCS 직업기초능력평가를 보러 가는데, 이때 지하철, 버스, 택시 중 한 가지를 타고 가려고 한다. 다음 중 옳지 않은 것은? (단, 한 가지 교통수단은 최대 2명만 이용할 수 있고, 한 사람도 이용하지 않는 교통수단은 없다)

㉠ 버스는 마케팅, 생산, 출판, 시설관리를 지원한 사람의 회사를 갈 수 있다.
㉡ A는 출판을 지원했다.
㉢ E는 어떤 교통수단을 이용해도 지원한 회사에 갈 수 있다.
㉣ 지하철에는 D를 포함한 두 사람이 탄다.
㉤ B가 탈 수 있는 교통수단은 지하철뿐이다.
㉥ 버스와 택시가 지나가는 회사는 마케팅을 제외하고 중복되지 않는다.

① B와 D는 같이 지하철을 이용한다.
② E는 택시를 이용한다.
③ A는 버스를 이용한다.
④ E는 회계를 지원했다.

20. 다음은 어느 레스토랑의 3C분석 결과이다. 이 결과를 토대로 하여 향후 해결해야 할 전략과제를 선택하고자 할 때 적절하지 않은 것은?

3C	상황 분석
고객 / 시장 (Customer)	• 식생활의 서구화 • 유명브랜드와 기술제휴 지향 • 신세대 및 뉴패밀리 층의 출현 • 포장기술의 발달
경쟁 회사 (Competitor)	• 자유로운 분위기와 저렴한 가격 • 전문 패밀리 레스토랑으로 차별화 • 많은 점포수 • 외국인 고용으로 인한 외국인 손님 배려
자사 (company)	• 높은 가격대 • 안정적 자금 공급 • 업계 최고의 시장점유율 • 고객증가에 따른 즉각적 응대의 한계 • 한식 위주의 메뉴 구성

① 원가 절감을 통한 가격 조정
② 유명브랜드와의 장기적인 기술제휴
③ 즉각적인 응대를 위한 인력 증대
④ 안정적인 자금 확보를 위한 자본구조 개선

21. 일정한 규칙을 찾아 빈칸에 들어갈 알맞은 숫자를 고르시오.

1 1 3 27 ( )

① 5 ② 15
③ 25 ④ 35

22. 직장인 B씨는 재작년에 받은 기본급은 1,800만 원이고, 작년 기본급은 재작년 기본급보다 20%가 많았다. 작년 성과급은 재작년 성과급보다 10%가 적었다. 재작년 성과급이 그 해 기본급의 1/5에 해당할 때, 작년 연봉의 인상률은? (단, 연봉은 기본급과 성과급의 합으로 한다.)

① 5% ② 10%
③ 15% ④ 20%

23. 甲 농도가 8%인 소금물 500g을 가지고 있는데 乙이 자신이 가진 물을 甲의 소금물과 섞었더니 농도가 5%인 소금물이 되었다. 乙이 가지고 있던 물은 몇 g인가?

① 220g ② 250g
③ 300g ④ 320g

24. 다음은 정기 예금과 가계 대출의 평균 금리 추이에 관한 신문기사이다. 이와 같은 추이가 지속될 경우 나타날 수 있는 현상을 모두 고른 것은?

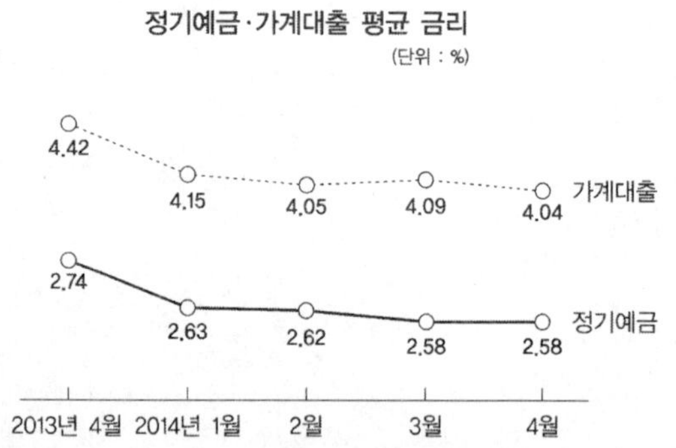

초저금리 기조가 이어지면서 저축성 수신 금리와 대출 금리 모두 1996년 통계를 내기 시작한 이후 역대 최저 수준을 기록했다. 한국은행에 따르면 2014년 4월 말 신규 취급액을 기준으로 정기 예금 평균 금리는 연 2.58%, 가계 대출 평균 금리는 연 4.04%로 역대 최저치를 기록했다.

㉠ 예대 마진은 점차 증가할 것이다.
㉡ 요구불 예금 금리는 점차 증가할 것이다.
㉢ 변동 금리로 대출을 받는 고객이 점차 증가할 것이다.
㉣ 정기 예금 가입 희망자 중 고정 금리를 선호하는 고객이 점차 증가할 것이다.

① ㉠㉡
② ㉠㉢
③ ㉡㉢
④ ㉢㉣

【25~26】 다음은 국내 온실가스 배출현황을 나타낸 표이다. 물음에 답하시오.

(단위 : 백만 톤 CO_2 eq.)

구분	2019년	2020년	2021년	2022년	2023년	2024년	2025년
에너지	467.5	473.9	494.4	508.8	515.1	568.9	597.9
산업공정	64.5	63.8	60.8	60.6	57.8	62.6	63.4
농업	22.0	21.8	21.8	21.8	22.1	22.1	22.0
폐기물	15.4	15.8	14.4	14.3	14.1	x	14.4
LULUCF	−36.3	−36.8	−40.1	−42.7	−43.6	−43.7	−43.0
순배출량	533.2	538.4	551.3	562.7	565.6	624.0	654.7
총배출량	569.4	575.3	591.4	605.5	609.1	667.6	697.7

25. 2024년 폐기물로 인한 온실가스 배출량은? (단, 총배출량 = 에너지 + 산업공정 + 농업 + 폐기물)

① 14.0
② 14.1
③ 14.2
④ 14.3

26. 전년대비 총배출량 증가율이 가장 높은 해는?

① 2021년
② 2022년
③ 2023년
④ 2024년

27. 다음은 스마트폰 기종별 출고가 및 공시지원금에 대한 자료이다. 〈조건〉과 〈정보〉를 바탕으로 A ~ D에 해당하는 스마트폰 기종 '갑' ~ '정'을 바르게 나열한 것은?

(단위 : 원)

기종 \ 구분	출고가	공시지원금
A	858,000	210,000
B	900,000	230,000
C	780,000	150,000
D	990,000	190,000

〈조건〉

- 모든 소비자는 스마트폰을 구입할 때 '요금할인' 또는 '공시지원금' 중 하나를 선택한다.
- 사용요금은 월정액 51,000원이다.
- '요금할인'을 선택하는 경우의 월 납부액은 사용요금의 80%에 출고가를 24(개월)로 나눈 월 기기값을 합한 금액이다.
- '공시지원금'을 선택하는 경우의 월 납부액은 출고가에서 공시지원금과 대리점보조금(공시지원금의 10%)을 뺀 금액을 24(개월)로 나눈 월 기기값에 사용요금을 합한 금액이다.
- 월 기기값, 사용요금 이외의 비용은 없고, 10원 단위 이하 금액은 절사한다.
- 구입한 스마트폰의 사용기간은 24개월이고, 사용기간 연장이나 중도해지는 없다.

〈정보〉

- 출고가 대비 공시지원금의 비율이 20% 이하인 스마트폰 기종은 '병'과 '정'이다.
- '공시지원금'을 선택하는 경우의 월 납부액보다 '요금할인'을 선택하는 경우의 월 납부액이 더 큰 스마트폰 기종은 '갑' 뿐이다.
- '공시지원금'을 선택하는 경우 월 기기값이 가장 작은 스마트폰 기종은 '정'이다.

	A	B	C	D
①	갑	을	정	병
②	을	갑	병	정
③	을	갑	정	병
④	병	을	정	갑

28. 다음은 학생들의 시험성적에 관한 자료이다. 순위산정방식을 이용하여 순위를 산정할 경우 옳은 설명만으로 바르게 짝지어진 것은?

〈학생들의 시험성적〉

(단위 : 점)

학생 \ 과목	국어	영어	수학	과학
미연	75	85	90	97
수정	82	83	79	81
대현	95	75	75	85
상민	89	70	91	90

〈순위산정방식〉

- A방식 : 4개 과목의 총점이 높은 학생부터 순서대로 1, 2, 3, 4위로 하되, 4개 과목의 총점이 동일한 학생의 경우 국어 성적이 높은 학생을 높은 순위로 한다.
- B방식 : 과목별 등수의 합이 작은 학생부터 순서대로 1, 2, 3, 4위로 하되, 과목별 등수의 합이 동일한 학생의 경우 A방식에 따라 산정한 순위가 높은 학생을 높은 순위로 한다.
- C방식 : 80점 이상인 과목의 수가 많은 학생부터 순서대로 1, 2, 3, 4위로 하되, 80점 이상인 과목의 수가 동일한 학생의 경우 A방식에 따라 산정한 순위가 높은 학생은 높은 순위로 한다.

㉠ A방식과 B방식으로 산정한 대현의 순위는 동일하다.
㉡ C방식으로 산정한 상민의 순위는 2위이다.
㉢ 상민의 과학점수만 95점으로 변경된다면, B방식으로 산정한 미연의 순위는 2위가 된다.

① ㉠
② ㉡
③ ㉢
④ ㉠㉡

29. 사내 체육대회에서 8개의 종목을 구성해 각 종목에서 우승 시 얻는 승점을 합하여 각 팀의 최종 순위를 매기고자 한다. 각 종목은 순서대로 진행하고, 3번째 종목부터는 각 종목 우승 시 받는 승점이 그 이전 종목들의 승점을 모두 합한 점수보다 10점 더 많도록 구성하였다. 다음 중 옳은 것을 모두 고르면? (단, 승점은 각 종목의 우승 시에만 얻을 수 있으며, 모든 종목의 승점은 자연수이다.)

> ㉠ 1번째 종목과 2번째 종목의 승점이 각각 10점, 20점이라면 8번째 종목의 승점은 1,000점을 넘게 된다.
> ㉡ 1번째 종목과 2번째 종목의 승점이 각각 100점, 200점이라면 8번째 종목의 승점은 10,000점을 넘게 된다.
> ㉢ 1번째 종목과 2번째 종목의 승점에 상관없이 8번째 종목의 승점은 6번째 종목 승점의 네 배이다.
> ㉣ 만약 3번째 종목부터 각 종목 우승 시 받는 승점이 그 이전 종목들의 승점을 모두 합한 점수보다 10점 더 적도록 구성한다면, 1번째 종목과 2번째 종목의 승점에 상관없이 8번째 종목의 승점은 6번째 종목 승점의 네 배보다 적다.

① ㉠, ㉢　② ㉠, ㉣
③ ㉡, ㉢　④ ㉠, ㉡, ㉣

30. 공연기획사인 A사는 이번에 주최한 공연을 보러 오는 관객을 기차역에서 공연장까지 버스로 수송하기로 하였다. 다음의 표와 같이 공연 시작 4시간 전부터 1시간 단위로 전체 관객 대비 기차역에 도착하는 관객의 비율을 예측하여 버스를 운행하고자 하며, 공연 시작 시간까지 관객을 모두 수송해야 한다. 다음을 바탕으로 예상한 수송 시나리오 중 옳은 것을 모두 고르면?

▣ 전체 관객 대비 기차역에 도착하는 관객의 비율

시각	전체 관객 대비 비율(%)
공연 시작 4시간 전	a
공연 시작 3시간 전	b
공연 시작 2시간 전	c
공연 시작 1시간 전	d
계	100

- 전체 관객 수는 40,000명이다.
- 버스는 한 번에 대당 최대 40명의 관객을 수송한다.
- 버스가 기차역과 공연장 사이를 왕복하는 데 걸리는 시간은 6분이다.

▣ 예상 수송 시나리오

㉠ a = b = c = d = 25라면, 회사가 전체 관객을 기차역에서 공연장으로 수송하는 데 필요한 버스는 최소 20대이다.
㉡ a = 10, b = 20, c = 30, d = 40이라면, 회사가 전체 관객을 기차역에서 공연장으로 수송하는 데 필요한 버스는 최소 40대이다.
㉢ 만일 공연이 끝난 후 2시간 이내에 전체 관객을 공연장에서 기차역까지 버스로 수송해야 한다면, 이때 회사에게 필요한 버스는 최소 50대이다.

① ㉠　② ㉡
③ ㉠, ㉡　④ ㉡, ㉢

31. 다음 조직도를 잘못 이해한 사람은?

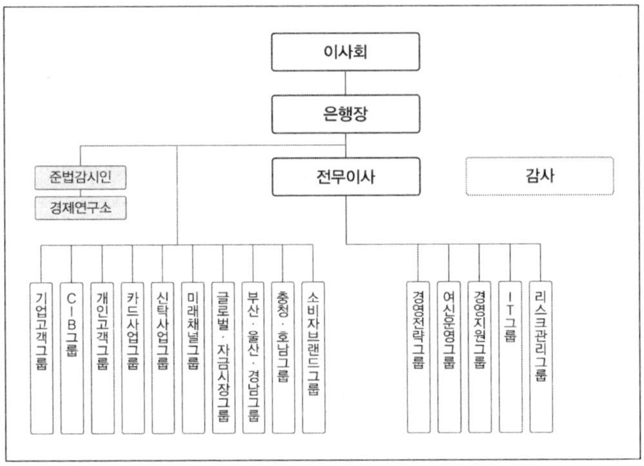

① 연지 : 그룹은 총 15개로 이루어져 있네.
② 동성 : 감사는 업무의 독립성을 위해 이사회 소속이 아니라 따로 독립되어 있어.
③ 진이 : 준법감시인과 경제연구소는 전무이사 소속으로 되어 있어.
④ 순철 : 경영전략그룹과 경영지원그룹은 업무의 연관성으로 인해 똑같이 전무이사 소속으로 되어 있어.

32. 다음의 조직목표에 대한 설명 중 옳은 것은?

① 공식적인 목표인 사명은 측정 가능한 형태로 기술되는 단기적인 목표이다.
② 조직목표는 환경이나 여러 원인들에 의해 변동되거나 없어지지 않는다.
③ 구성원들이 자신의 업무만을 성실하게 수행하면 조직목표는 자연스럽게 달성된다.
④ 조직은 다수의 목표를 추구할 수 있으며 이들은 상하관계를 가지기도 한다.

33. 다음 그림과 같은 형태의 조직체계를 유지하고 있는 기업에 대한 설명으로 적절한 것은?

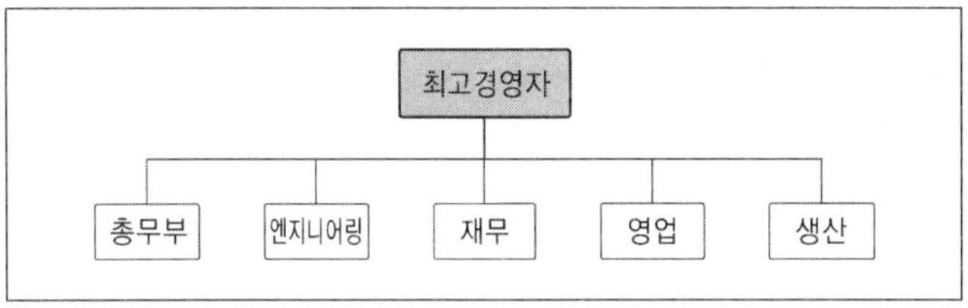

① 다양한 프로젝트를 수행해야 할 필요성이 커짐에 따라 조직 간의 유기적인 협조체제를 구축하였다.
② 의사결정 권한이 분산되어 더욱 전문적인 업무 처리가 가능하다.
③ 각 부서 간 내부 경쟁을 유발할 수 있다.
④ 조직 내 내부 효율성을 확보할 수 있는 조직 구조이다.

34. '조직몰입'에 대한 다음 설명을 참고할 때, 조직몰입의 유형에 대한 설명으로 적절하지 않은 것은 어느 것인가?

> 몰입이라는 용어는 사회학에서 주로 다루어져 왔는데 사전적 의미에서 몰입이란 "감성적 또는 지성적으로 특정의 행위 과정에서 빠지는 것"이므로 몰입은 타인, 집단, 조직과의 관계를 포함하며, 조직몰입은 종업원이 자신이 속한 조직에 대해 얼마만큼의 열정을 가지고 몰두하느냐 하는 정도를 가리키는 개념이다. 즉, 조직에 대한 충성 동일화 및 참여의 견지에서 조직구성원이 가지는 조직에 대한 성향을 의미한다. 또한 조직몰입은 조직의 목표와 가치에 대한 강한 신념과 조직을 위해 상당한 노력을 하고자 하는 의지 및 조직의 구성원으로 남기를 바라는 강한 욕구를 의미하기도 한다. 최근에는 직무만족보다 성과나 이직 등의 조직현상에 대한 설명력이 높다는 관점에서 조직에 대한 조직구성원의 태도를 나타내는 조직몰입은 많은 연구의 관심사가 되고 있다.

① '도덕적 몰입'은 비영리적 조직에서 찾아볼 수 있는 조직몰입 형태이다.

② 조직과 구성원 간의 관계가 타산적이고 합리적일 때의 유형은 '계산적 몰입'에 해당된다.

③ 조직과 구성원 간의 관계가 부정적, 착취적 상태인 몰입의 유형은 '소외적 몰입'에 해당된다.

④ '도덕적 몰입'은 몰입의 정도가 가장 낮다고 할 수 있다.

35. 다음은 조직문화의 구성 요소를 나타낸 7S 모형이다. ⓐ와 ⓑ에 들어갈 요소를 옳게 짝지은 것은?

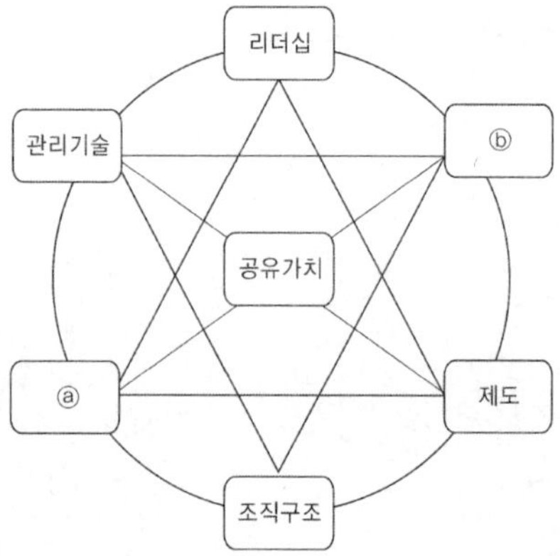

	ⓐ	ⓑ
①	구성원	전략
②	구성원	만족도
③	용이성	단절성
④	전략	응답성

▌36~37▌ 다음은 J사의 2015년 조직도이다. 주어진 조직도를 보고 물음에 답하시오.

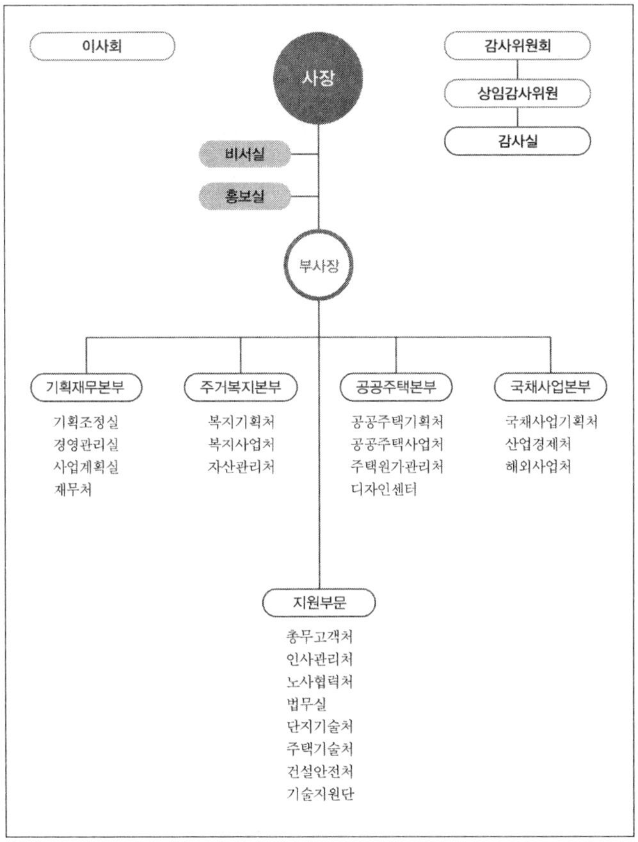

36. 위 조직도를 보고 잘못 이해한 것은?

① 부사장은 따로 비서실을 두고 있지 않다.

② 비서실과 홍보실은 사장 직속으로 소속되어 있다.

③ 감사실은 공정한 감사를 위해 다른 조직들과는 구분되어 감사위원회 산하로 소속되어 있다.

④ 부사장 직속으로는 1개 부문, 1실, 6개 처, 1개의 지원단으로 구성되어 있다.

37. 다음은 J사의 20×× 조직개편사항과 A씨가 개편사항을 반영하여 수정한 조직도이다. 수정된 조직도를 보고 상사인 B씨가 A씨에게 지적할 사항으로 옳은 것은?

〈조직개편사항〉

- 미래기획단 신설(사장 직속)
- 명칭변경(주거복지본부) : 복지기획처 → 주거복지기획처, 복지사업처 → 주거복지사업처
- 지원부문을 경영지원부문과 기술지원부문으로 분리한다.
  - 경영지원부문 : 총무고객처, 인사관리처, 노사협력처, 법무실
  - 기술지원부문 : 단지기술처, 주택기술처, 건설안전처, 기술지원단
- 공공주택본부 소속으로 행복주택부문(행복주택계획처, 행복주택사업처, 도시재생계획처) 신설
- 중소기업지원단 신설(기술지원부문 소속)

〈20××년 J사 조직도〉

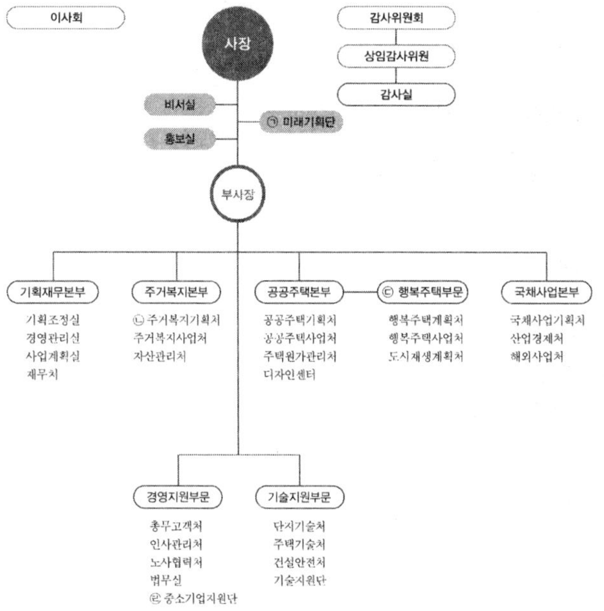

① ㉠ 미래기획단을 부사장 직속으로 이동시켜야 합니다.

② ㉡ 주거복지기획처를 복지기획처로 변경해야 합니다.

③ ㉢ 행복주택부문을 부사장 직속으로 이동해야 합니다.

④ ㉣ 중소기업지원단을 기술지원부문으로 이동해야 합니다.

▎38~39 ▎ 다음은 작년의 사내 복지 제도와 그에 따른 4/4분기 복지 지원 내역이다. 올 1/4분기부터 복지 지원 내역의 변화가 있었을 때, 다음의 물음에 답하시오.

〈사내 복지 제도〉

구분	세부사항
주택 지원	사택지원 (1~6동 총 6개 동 120가구) 기본 2년 (신청 시 1회 2년 연장 가능)
경조사 지원	본인/가족 결혼, 회갑 등 각종 경조사 시 경조금, 화환 및 경조휴가 제공
학자금 지원	고등학생, 대학생 학자금 지원
기타	상병 휴가, 휴직, 4대 보험 지원

〈4/4분기 지원 내역〉

이름	부서	직위	세부사항	금액(천 원)
정희진	영업1팀	사원	모친상	1,000
유연화	총무팀	차장	자녀 대학진학 (입학금 제외)	4,000
김길동	인사팀	대리	본인 결혼	500
최선하	IT개발팀	과장	병가(실비 제외)	100
김만길	기획팀	사원	사택 제공(1동 702호)	-
송상현	생산2팀	사원	장모상	500
길태화	기획팀	과장	생일	50(상품권)
최현식	총무팀	차장	사택 제공(4동 204호)	-
최판석	총무팀	부장	자녀 결혼	300
김동훈	영업2팀	대리	생일	50(상품권)
백예령	IT개발팀	사원	본인 결혼	500

38. 인사팀의 사원 Z씨는 팀장님의 지시로 작년 4/4분기 지원 내역을 구분하여 정리했다. 다음 중 구분이 잘못된 직원은?

구분	이름
주택 지원	김만길, 최현식
경조사 지원	정희진, 김길동, 길태화, 최판석, 김동훈, 백예령
학자금 지원	유연화
기타	최선하, 송상현

① 정희진　　② 김동훈

③ 유연화　　④ 송상현

39. 다음은 올해 1/4분기 지원 내역이다. 변경된 복지 제도 내용으로 옳지 않은 것은?

이름	부서	직위	세부사항	금액(천 원)
김태호	총무팀	대리	장인상	1,000
이준규	영업2팀	과장	자녀 대학 등록금	4,000
박신영	기획팀	사원	생일	50(기프트 카드)
장민하	IT개발팀	차장	자녀 결혼	300
백유진	기획팀	대리	병가(실비 포함)	200
배주한	인사팀	차장	생일	50(기프트 카드)

① 경조사 지원금은 직위와 관계없이 동일한 금액으로 지원됩니다.

② 배우자 부모 사망 시 경조사비와 본인 부모 사망 시 경조사비를 동일하게 지급합니다.

③ 직원 본인 병가 시 위로금 10만 원과 함께 병원비(실비)를 함께 지급합니다.

④ 생일 시 지급되는 상품권을 현금카드처럼 사용할 수 있는 기프트 카드로 변경 지급합니다.

40. D그룹 홍보실에서 근무하는 사원 민경씨는 2025년부터 적용되는 새로운 조직 개편 기준에 따라 홈페이지에 올릴 조직도를 만들려고 한다. 다음 조직도의 빈칸에 들어갈 것으로 옳지 않은 것은?

〈2024년 D그룹 조직도〉

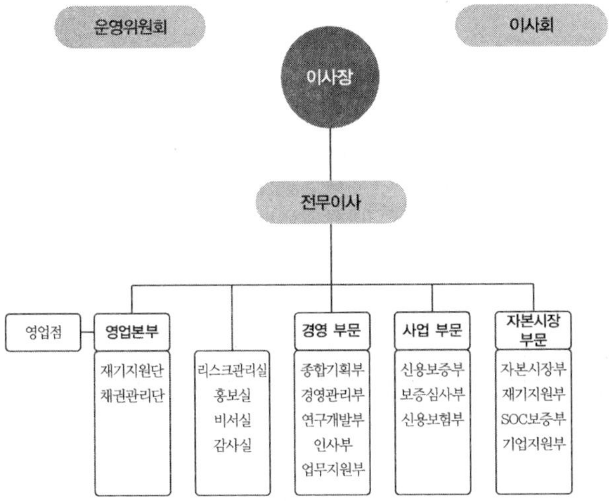

2025년 D그룹 조직 개편 기준

- 명칭변경 : 사업부문 → 신용사업부문
- 감사위원회를 신설하고 감사실을 감사위원회 소속으로 이동한다.
- 경영부문을 경영기획부문과 경영지원부문으로 분리한다.
- 경영부문의 종합기획부, 경영관리부, 연구개발부는 경영기획부문으로 인사부, 업무지원부는 경영지원부문으로 각각 소속된다.
- 업무지원부의 IT 관련 팀을 분리하여 IT전략부를 신설한다.
- 자본시장부문의 기업지원부는 영업본부 소속으로 이동한다.

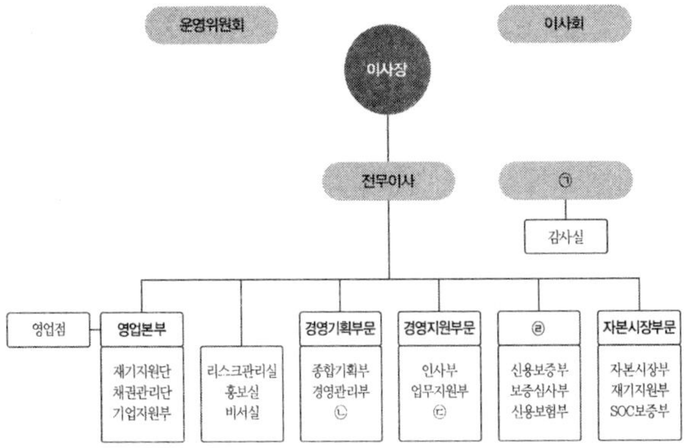

① ㉠ : 감사위원회
② ㉡ : 연구개발부
③ ㉢ : IT전략부
④ ㉣ : 사업부문

▎41~42 ▎ 다음 글을 읽고 물음에 답하시오.

ㅇㅇ국의 항공기 식별코드는 '(현재상태부호)(특수임무부호)(기본임무부호)(항공기종류부호) - (설계번호)(개량형부호)'와 같이 최대 6개 부분(앞부분 4개, 뒷부분 2개)으로 구성된다.

항공기종류부호는 특수 항공기에만 붙이는 부호로, G는 글라이더, H는 헬리콥터, Q는 무인항공기, S는 우주선, V는 수직단거리이착륙기에 붙인다. 항공기종류부호가 생략된 항공기는 일반 비행기이다.

모든 항공기 식별코드는 기본임무부호나 특수임무부호 중 적어도 하나를 꼭 포함하고 있다. 기본임무부호는 항공기가 기본적으로 수행하는 임무를 나타내는 부호이다. A는 지상공격기, B는 폭격기, C는 수송기, E는 전자전기, F는 전투기, K는 공중급유기, L은 레이저탑재항공기, O는 관측기, P는 해상초계기, R은 정찰기, T는 훈련기, U는 다목적기에 붙인다.

특수임무부호는 항공기가 개량을 거쳐 기본임무와 다른 임무를 수행할 때 붙이는 부호이다. 부호에 사용되는 알파벳과 그 의미는 기본임무부호와 동일하다. 항공기가 기본임무와 특수임무를 모두 수행할 수 있을 때에는 두 부호를 모두 표시하며, 개량으로 인하여 더 이상 기본임무를 수행하지 못하게 된 경우에는 특수임무부호만을 표시한다.

현재상태부호는 현재 정상적으로 사용되고 있지 않은 항공기에만 붙이는 부호이다. G는 영구보존처리된 항공기, J와 N은 테스트를 위해 사용되고 있는 항공기에 붙이는 부호이다. J는 테스트 종료 후 정상적으로 사용될 항공기에 붙이는 부호이며, N은 개량을 많이 거쳤기 때문에 이후에도 정상적으로 사용될 계획이 없는 항공기에 붙이는 부호이다.

설계번호는 항공기가 특정그룹 내에서 몇 번째로 설계되었는지를 나타낸다. 1~100번은 일반 비행기, 101~200번은 글라이더 및 헬리콥터, 201~250번은 무인항공기, 251~300번은 우주선 및 수직단거리이착륙기에 붙인다. 예를 들어 107번은 글라이더와 헬리콥터 중 7번째로 설계된 항공기라는 뜻이다.

개량형부호는 한 모델의 항공기가 몇 차례 개량되었는지를 보여주는 부호이다. 개량하지 않은 최초의 모델은 항상 A를 부여받으며, 이후에는 개량될 때마다 알파벳 순서대로 부호가 붙게 된다.

41. 윗글을 근거로 판단할 때, 〈보기〉에서 항공기 식별코드 중 앞부분 코드로 구성 가능한 것을 모두 고르면?

㉠ KK	㉡ GBCV
㉢ CAH	㉣ R

① ㉠
② ㉠, ㉡
③ ㉡, ㉢
④ ㉡, ㉢, ㉣

42. 윗글을 근거로 판단할 때, '현재 정상적으로 사용 중인 개량하지 않은 일반 비행기'의 식별코드 형식으로 옳은 것은?

① (기본임무부호) - (설계번호)
② (기본임무부호) - (개량형부호)
③ (기본임무부호) - (설계번호)(개량형부호)
④ (현재상태부호)(특수임무부호) - (설계번호)(개량형부호)

43. T회사에서 근무하고 있는 N씨는 엑셀을 이용하여 작업을 하고자 한다. 엑셀에서 바로 가기 키에 대한 설명이 다음과 같을 때 괄호 안에 들어갈 내용으로 알맞은 것은?

> 통합 문서 내에서 (㉠) 키는 다음 워크시트로 이동하고 (㉡) 키는 이전 워크시트로 이동한다.

	㉠	㉡
①	〈Ctrl〉+〈Page Down〉	〈Ctrl〉+〈Page Up〉
②	〈Shift〉+〈Page Down〉	〈Shift〉+〈Page Up〉
③	〈Tab〉+←	〈Tab〉+→
④	〈Alt〉+〈Shift〉+↑	〈Alt〉+〈Shift〉+↓

44. 다음 워크시트에서 영업2부의 보험실적 합계를 구하고자 할 때, [G2] 셀에 입력할 수식으로 옳은 것은?

	A	B	C	D	E	F	G
1	성명	부서	성별	보험실적		부서	보험실적 합계
2	윤진주	영업1부	여	13		영업2부	
3	임성민	영업2부	남	12			
4	김옥순	영업1부	여	15			
5	김은지	영업3부	여	20			
6	최준오	영업2부	남	8			
7	윤한성	영업3부	남	9			
8	하은영	영업2부	여	11			
9	남영호	영업1부	남	17			

① =DSUM(A1:D9,3,F1:F2)

② =DSUM(A1:D9,"보험실적",F1:F2)

③ =DSUM(A1:D9,"보험실적",F1:F3)

④ =SUM(A1:D9,"보험실적",F1:F2)

45. 다음과 같은 시트에서 이름에 '철'이라는 글자가 포함된 셀의 서식을 채우기 색 '노랑', 글꼴 스타일 '굵은 기울임꼴'로 변경하고자 한다. 이를 위해 [A2 : A7] 영역에 설정한 조건부 서식의 수식 규칙으로 옳은 것은?

	A	B	C	D
1	이름	편집부	영업부	관리부
2	박초롱	89	65	92
3	강원철	69	75	85
4	김수현	75	86	35
5	민수진	87	82	80
6	신해철	55	89	45
7	안진철	98	65	95

① =COUNT(A2, "*철*")

② =COUNT(A2:A7, "*철*")

③ =COUNTIF(A2, "*철*")

④ =COUNTIF(A2:A7, "*철*")

46. 다음 워크시트에서 [A2] 셀 값을 소수점 첫째자리에서 반올림하여 [B2] 셀에 나타내도록 하고자 한다. [B2] 셀에 알맞은 함수식은?

	A	B
1	숫자	반올림한 값
2	987.9	
3	247.6	
4	864.4	
5	69.3	
6	149.5	
7	75.9	

① ROUND(A2, −1)

② ROUND(A2,0)

③ ROUNDDOWN(A2,0)

④ ROUNDUP(A2, −1)

47. 길동이는 이번 달 사용한 카드 사용금액을 시기별, 항목별로 다음과 같이 정리하였다. 항목별 단가를 확인한 후 D2 셀에 함수식을 넣어 D5까지 드래그를 하여 결과값을 알아보고자 한다. 길동이가 D2 셀에 입력해야 할 함수식으로 적절한 것은 어느 것인가?

	A	B	C	D
1	시기	항목	횟수	사용금액(원)
2	1주	식비	10	
3	2주	의류구입	3	
4	3주	교통비	12	
5	4주	식비	8	
6				
7	항목	단가		
8	식비	6500		
9	의류구입	43000		
10	교통비	3500		

① =C2*HLOOKUP(B2,$A$8:$B$10,2,0)

② =B2*HLOOKUP(C2,$A$8:$B$10,2,0)

③ =B2*VLOOKUP(B2,$A$8:$B$10,2,0)

④ =C2*VLOOKUP(B2,$A$8:$B$10,2,0)

48. 다음 그림에서 A6 셀에 수식 '=$A$1+$A2'를 입력한 후 다시 A6 셀을 복사하여 C6와 C8에 각각 붙여넣기를 하였을 경우, (A)와 (B)에 나타나게 되는 숫자의 합은 얼마인가?

	A	B	C
1	7	2	8
2	3	3	8
3	1	5	7
4	2	5	2
5			
6			(A)
7			
8			(B)

① 12　② 14
③ 16　④ 19

49. 다음 (가)~(마) 중 '인쇄 미리 보기'와 출력에 대한 옳지 않은 설명을 모두 고른 것은?

(가) '인쇄 미리 보기'를 실행한 상태에서 '페이지 설정'을 클릭하여 '여백' 탭에서 여백을 조절할 수 있다.
(나) '인쇄 미리 보기' 창에서 셀 너비를 조절할 수 있으나 워크시트에는 변경된 너비가 적용되지 않는다.
(다) 엑셀에서 그림을 시트 배경으로 사용하면 화면에 표시된 형태로 시트 배경이 인쇄된다.
(라) 차트를 선택하고 '인쇄 미리 보기'를 하면 차트만 보여 준다.
(마) 차트를 클릭한 후 'Office 단추' – '인쇄'를 선택하면 '인쇄' 대화 상자의 인쇄 대상이 '선택한 차트'로 지정된다.

① (가), (나), (라)　② (나), (라), (마)
③ (나), (다)　④ (가), (다)

50. 다음 중 아래와 같은 자료의 '기록(초)' 필드를 이용하여 최길동의 순위를 계산하고자 할 때 C3에 들어갈 함수식으로 올바른 것은?

	A	B	C
1	이름	기록(초)	순위
2	김길동	53	3
3	최길동	59	4
4	박길동	51	1
5	이길동	52	2
6			

① =RANK(B3,$B$2:$B$5,1)
② =RANK(B3,$B$2:$B$5,0)
③ =RANK(B3,$B$2:B5,1)
④ =RANK(B3,B2:$B$5,0)

51. "4차 산업혁명 시대의 직업윤리 교육의 방향(교육철학연구, 제41권, 2019, 김은우/유재봉)"의 논문에서 저자들은 4차 산업혁명으로 인해 사람을 기계의 일부로 봄으로써 윤리 규범을 붕괴시킬 우려를 언급하기도 했다. 다음의 사례는 테일러의 과학적 관리론에 관한 사례를 제시한 것이다. 아래의 글을 읽고 4차 산업혁명 시대의 직업윤리로서 인간을 기계의 일부분으로 취급하는 과학적 관리론으로 인해 나타나는 내용 중 옳지 않은 것을 고르면?

> 자본주의 경제는 '비효율과의 전쟁'을 통해 발전해왔다. 초기에 비효율은 삼림 파괴, 수(水)자원 낭비, 탄광 개발 남발 등 주로 자원과 관련한 문제였다. 프레드릭 테일러(Frederick Taylor · 1856~1915)는 사람의 노력이 낭비되고 있다는 데 처음으로 주목했다. 효율적인 국가를 건설하려면 산업 현장에서 매일 반복되는 실수, 잘못된 지시, 노사 갈등을 해결하는 데서 출발해야 한다고 믿었다. 노사가 협업해 과학적인 생산 방법으로 생산성을 끌어올리면 분배의 공평성도 달성할 수 있다고 주장했다. 그가 이런 생각을 체계적으로 정리한 책이 《과학적 관리법》(1911년)이다.
>
> 테일러는 고등학교 졸업 후 공장에 들어가 공장장 자리에까지 오른 현장 전문가였다. 그는 30년간 과학적 관리법 보급을 위해 노력했지만 노동자로부터는 "초시계를 이용해 노동자를 착취한다"고, 기업가로부터는 "우리를 눈먼 돼지로 보느냐"고 비난받았다. 그러나 그는 과학적 관리법이 노사 모두에 도움이 되기 때문에 결국 널리 퍼질 것으로 확신했다. 훗날 과학적 관리법은 '테일러리즘(Taylorism)'으로 불리며 현대 경영학의 뿌리가 됐다. 1900년대 영국과 미국에선 공장 근로자의 근무태만이 만연했다. 노동조합도 "노동자가 너무 많은 일을 하면 다른 사람의 일자리를 뺏을 수 있다"며 '적은 노동'을 권했다. 전체 생산량에 따라 임금을 주니 특별히 일을 더 많이 할 이유도 없었다.

① 조직목표인 능률성 향상과 개인목표인 인간의 행복 추구 사이에는 궁극적으로 양립·조화 관계로 인식하였다.
② 작업 계층의 효율적인 관리를 위해 하위 계층 관리만을 연구대상으로 하고 인간을 목표 달성을 위한 조종 대상으로 보았다.
③ 타인에 의한 내부적인 동기부여가 효율적이라고 생각한다.
④ 조직 외적 환경과의 상호작용을 경시하고 조직을 개방체제가 아닌 폐쇄체제로 인식하였다.

52. 다음 사례에서 파악할 수 있는 민수씨의 직업의식으로 적절한 것을 〈보기〉에서 고른 것은?

> 신발 회사의 대표를 맡고 있는 민수씨는 최고의 구두를 만들겠다는 일념으로 세계 유명 구두 디자인에 대한 사례 연구를 통해 독창적인 모델을 출시하여 대성공을 거두었다. 또한 민수씨는 회사 경영에 있어서도 인화와 협동을 중시하여 직원들을 대상으로 가족 초청 어버이날 행사, 단체 체육대회 등 노사가 함께하는 행사를 개최하여 유대를 강화하고 있다.

〈보기〉

㉠ 전문 의식	㉡ 귀속 의식
㉢ 연대 의식	㉣ 귀천 의식

① ㉠, ㉡
② ㉠, ㉢
③ ㉡, ㉢
④ ㉡, ㉣

53. 다음 수철씨의 진로 선택 사례에서 알 수 있는 내용으로 옳은 것을 모두 고른 것은?

> 특성화 고등학교 출신인 A 씨는 자신의 진로 유형 검사가 기계적 기술이나 신체적 운동을 요구하는 업무에 적합한 유형으로 나온 것을 고려하여 ○○ 기업 항공기 정비원으로 입사하였다. 또한 A 씨는 보수나 지위에 상관없이 사회 구성원의 일원으로서 긍지와 자부심을 갖고 최선을 다해 일하고 있다.

> ㉠ 직업에 대해 소명 의식을 가지고 있다.
> ㉡ 홀랜드의 직업 흥미 유형 중 관습적 유형에 해당한다.
> ㉢ 직업의 개인적 의의보다 경제적 의의를 중요시하고 있다.
> ㉣ 한국 표준 직업 분류 중 기능원 및 관련 기능 종사자에 해당한다.

① ㉠, ㉡
② ㉠, ㉣
③ ㉡, ㉢
④ ㉡, ㉣

54. **당신은 국민연금공단 입사 지원자이다. 서류전형 통과 후, NCS 기반의 면접을 보기 위해 면접장에 들어가 있는데, 면접관이 당신에게 다음과 같은 질문을 하였다. 다음 중 면접관의 질문에 대한 당신의 대답으로 가장 적절한 것은?**

> 면접관 : 최근 많은 회사들이 윤리경영을 핵심 가치로 내세우며, 개혁을 단행하고 있습니다. 그건 저희 회사도 마찬가지입니다. 윤리경영을 단행하고 있는 저희 회사에 도움이 될 만한 개인 사례를 말씀해 주시기 바랍니다.
> 당신 : (　　　　　　　　　　　　　　　　)

① 저는 시간관념이 철저하므로 회의에 늦은 적이 한 번도 없습니다.

② 저는 총학생회장을 역임하면서, 맡은 바 책임이라는 것이 무엇인지 잘 알고 있습니다.

③ 저는 상담사를 준비한 적이 있어서, 타인의 말을 귀 기울여 듣는 것이 얼마나 중요한지 알고 있습니다.

④ 저는 모든 일이 투명하게 이뤄져야 한다고 생각합니다. 그래서 어린 시절 반에서 괴롭힘을 당하는 친구가 있으면 일단 선생님께 말씀드리곤 했습니다.

55. **(가), (나)의 사례에 나타난 직업관의 유형으로 옳은 것은?**

> (가) 힘들고, 위험한 일을 기피하는 현상 때문에 노동력은 풍부하지만 생산인력은 부족한 실정이다. 하지만 주윤발씨는 개인의 소질, 능력, 성취도를 최우선으로 하고 있어 생산직 사원 모집 광고를 보고 원서를 제출하였다.
> (나) 사장은 장비씨의 연로한 나이와 그의 성실성을 고려하여 근무시간을 줄여 주고 월급도 50% 인상해 주었다. 그러자 장비씨는 회사에 사표를 내고 다른 직장으로 이직을 원하였다. 이에 사장이 그만두는 이유를 묻자 "저는 돈을 벌기 위하여 일을 하는 것이 아니라 남은 인생을 될 수 있는 한 많은 사람을 위해 일하고 싶은 것인데, 근무 시간이 줄어들었으니 그만둘 수밖에 없습니다."라고 대답하였다.

	(가)	(나)
①	업적주의적 직업관	개인중심적 직업관
②	업적주의적 직업관	귀속주의적 직업관
③	귀속주의적 직업관	결과지향적 직업관
④	귀속주의적 직업관	개인중심적 직업관

56. 다음은 직업윤리에 대한 강좌에서 강사와 수강생들의 대화이다. 강사의 질문에 대한 답변으로 옳은 것만을 모두 고른 것은?

> 수강생 A : 직업 일반 윤리는 직업을 가지고 있는 모든 사람이 지켜야 할 도리입니다.
> 수강생 B : 직업별 윤리는 각각의 직업에 종사하는 직업인에게 요구되는 윤리적 규범을 말합니다.
> 강사 : 그럼 직업별 윤리에는 어떤 것이 있을까요?

> ㉠ 봉사, 책임 등의 공동체 윤리
> ㉡ 노사 관계 안에서의 근로자 및 기업가의 윤리
> ㉢ 직종별 특성에 맞는 법률, 규칙, 선언문, 윤리 요강

① ㉠
② ㉡
③ ㉠, ㉢
④ ㉡, ㉢

57. 다음 중 근로윤리에 관한 설명으로 옳지 않은 것은?

① 정직은 신뢰를 형성하는 데 기본적인 규범이다.
② 정직은 부정직한 관행을 인정하지 않는다.
③ 신용을 위해 동료와 타협하여 부정직을 눈감아준다.
④ 신용을 위해 잘못된 것도 정직하게 밝혀야 한다.

58. 원모는 입사 후 처음으로 회사의 회식에 참여하게 되었다. 하지만 사회생활이 처음인 원모에게 모든 것이 낯선 상황이다. 다음은 원모가 소속 중인 회사의 회식 및 음주예절에 관한 내용인데 아래의 선택지는 원모가 각 상황별로 해야 하는 행동이다. 이 중 가장 바르지 않은 것을 고르면?

① 술잔은 상위자에게 먼저 권하고 경우에 따라서 무릎을 꿇거나 또는 서서 잔을 따른다.
② 술을 마시지 않더라도 술잔을 입에 대었다가 내려놓는다.
③ 만약의 경우 선약이 있어서 중간에 회식자리를 떠날 시에는 사전 또는 중간에 상위자에게 보고하고 이석한다.
④ 건배 시에 잔을 부딪칠 때에는 상위자의 술잔보다 높게 들어야 한다.

59. K사는 기업 윤리경영과 관련하여 외부 감사기관의 감사를 받게 되었다. 피감기관에 대한 외부 감사기관의 감사 보고서에 기재된 다음 보기와 같은 내용 중 윤리경영에 어긋나는 사항이라고 볼 수 없는 것은?

① 계약 성사를 위해 정부 해당 기관 인사들을 만나 식사 자리에서 청탁을 하였다.
② 일부 수익을 이전하여 막대한 세금을 줄일 수 있었다.
③ 품질저하를 무릅쓰고 비용절감을 통해 수익성을 유지하였다.
④ 기업 운영비용을 절감하기 위하여 느슨한 업무 조직을 통합하였다.

60. **직업인은 외근 등의 사유로 종종 자동차를 활용하곤 한다. 다음은 자동차 탑승 시에 대한 예절 및 윤리에 관한 설명이다. 이 중 가장 옳지 않은 것을 고르면?**

① 승용차에서는 윗사람이 먼저 타고 아랫사람이 나중에 타며 아랫사람은 윗사람의 승차를 도와준 후에 반대편 문을 활용해 승차한다.

② Jeep류의 차종인 경우 (문이 2개)에는 운전석의 뒷자리가 상석이 된다.

③ 운전자의 부인이 탈 경우에는 운전석 옆자리가 부인석이 된다.

④ 자가용의 차주가 직접 운전을 할 시에 운전자의 오른 좌석에 나란히 앉아 주는 것이 매너이다.

종합직무지식평가(50문항/50분)

1. **법의 해석에 있어서 "악법도 법이다."라는 말이 있는데, 이는 다음 어느 것을 나타내는가?**

① 법의 윤리성

② 법의 강제성

③ 법의 타당성

④ 법의 규범성

⑤ 법의 실효성

2. **다음과 같은 법의 영역에 해당하지 않는 것은?**

> 개인과 개인 사이의 사적인 생활 관계를 규율하는 법이다.

① 결혼을 하면 혼인 신고를 한다.

② 돈을 빌려주면 차용증을 받는다.

③ 사람이 죽으면 상속이 이루어진다.

④ 지지하는 국회의원 후보자에게 투표를 한다.

⑤ 집을 살 때는 등기소에서 등기를 한다.

3. **다음 헌법 조항을 통해 공통적으로 보장하고자 하는 기본권에 대한 설명으로 가장 적절한 것은?**

> • 헌법 제31조 ① 모든 국민은 능력에 따라 균등하게 교육을 받을 권리를 가진다.
> • 헌법 제34조 ② 국가는 사회 보장 · 사회 복지의 증진에 노력할 의무를 진다.

① 국가 권력으로부터 간섭이나 침해를 받지 않을 권리이다.

② 국가에 대해 인간다운 생활을 요구할 수 있는 권리이다.

③ 기본권 보장을 위한 수단적 권리이다.

④ 시대와 장소에 관계없이 보장되는 권리이다.

⑤ 정치 과정에 능동적으로 참여할 수 있는 권리이다.

4. 그림은 민법의 기본 원리 변화 내용을 도식화한 것이다. 빈칸에 들어갈 내용으로 알맞은 것은?

근대 민법의 기본 원리		근대 민법의 수정 원리
소유권 절대의 원칙	➜	소유권 공공복리의 원칙
계약 자유의 원칙	➜	㉠
㉡	➜	무과실 책임의 원칙

	㉠	㉡
①	계약 공정의 원칙	과실 책임의 원칙
②	계약 공정의 원칙	사적 자치의 원칙
③	사유 재산권 존중의 원칙	자기 책임의 원칙
④	사유 재산권 존중의 원칙	사적 자치의 원칙
⑤	소유권 상대의 원칙	과실 책임의 원칙

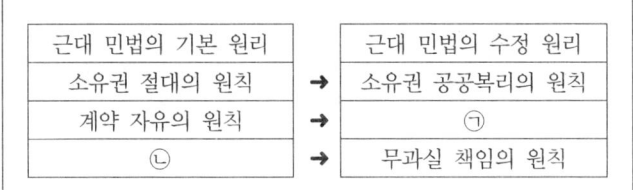

5. 밑줄 친 문제에 대하여 우리나라 민법이 취하고 있는 관점으로 옳은 것은?

> 모든 자연인은 출생과 더불어 권리 능력을 가진다. 따라서 <u>"어느 때를 출생한 것으로 볼 것인가?"</u>하는 문제는 매우 중요하다.

① 수정설
② 잉태설
③ 진통설
④ 일부 노출설
⑤ 완전 노출설

| 6~7 | 심급 제도를 나타낸 다음 그림을 보고, 물음에 답하시오.

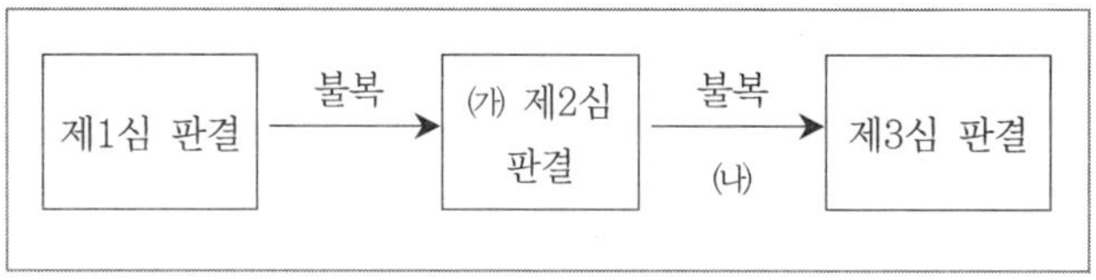

6. 그림에서 (가)를 담당하는 법원을 〈보기〉에서 고른 것은?

〈보기〉

㉠ 고등 법원　　㉡ 지방 법원 본원 합의부
㉢ 특허 법원　　㉣ 행정 법원

① ㉠㉡　　② ㉠㉢
③ ㉡㉢　　④ ㉡㉣
⑤ ㉢㉣

7. 그림의 (나)에 들어갈 내용으로 가장 적절한 것은?

① 항고　　② 항소
③ 상고　　④ 상소
⑤ 재항고

8. 다음 사례가 활용될 수 있는 연구 주제로 알맞은 것은?

> 연예인의 사생활에 대한 민영 방송사의 보도가 지나쳐 개인의 명예를 훼손하는 사례가 있다.

① 국가에 의한 프라이버시권 침해
② 방송 매체와 사회권의 관계
③ 방송사의 물권 현황
④ 언론보도와 개인의 인격권 침해
⑤ 언론에 대한 형벌권 행사의 한계

9. 다음에 나타난 평등 이념에 부합하는 내용을 〈보기〉에서 모두 고른 것은?

> 미국 뉴욕의 시의회는 여성이 남성보다 화장실 이용 시간이 길다는 점, 여성 화장실은 용변 외에 기저귀 갈기와 같은 육아와 관련된 용무가 많이 이루어진다는 점 등을 이유로 신축 공공건물의 여성 화장실 숫자를 남성 화장실 숫자의 2배로 해야 한다는 '여성 화장실 평등법'을 만장일치로 통과시켰다.

〈보기〉
㉠ 기업 구조 조정 시 남성을 우선 정리 해고한다.
㉡ 남성과 달리 여성의 야간 근로 종사를 엄격히 제한한다.
㉢ 남성에게는 주지 않는 생리 휴가를 여성에게만 준다.
㉣ 성과가 좋은 남성보다 성과가 낮은 여성에게 높은 성과급을 지급한다.

① ㉠㉡ ② ㉠㉢
③ ㉡㉢ ④ ㉡㉣
⑤ ㉢㉣

10. 다음 헌법 규정들이 추구하는 궁극적인 목적으로 가장 타당한 것은?

> • 사법권은 법관으로 구성된 법원에 속한다.
> • 법관은 헌법과 법률에 의거하여 양심에 따라 독립하여 심판한다.

① 국민의 기본권 보호
② 법관의 신분 보장
③ 사회질서의 유지
④ 행정부로부터의 독립성 확보
⑤ 형식적 평등 이념의 구현

11. 다음 ㈎, ㈏에 대한 옳은 설명을 〈보기〉에서 모두 고른 것은?

> ㈎ 파업, 태업, 감시행위, 불매운동
> ㈏ 직장폐쇄

㉠ ㈎는 법률에 의해 제한할 수 없으나, ㈏는 그렇지 않다.
㉡ ㈎는 사용자 측의 쟁의행위, ㈏는 근로자 측의 쟁의행위에 해당한다.
㉢ ㈏는 ㈎에 대한 방어로서의 성격이 강하다.
㉣ 사전에 단체교섭을 실시하지 않고 이루어지는 ㈎의 행위는 인정되지 않는다.

① ㉠㉡ ② ㉠㉣
③ ㉡㉢ ④ ㉡㉣
⑤ ㉢㉣

12. 다음의 법률 조항에 나타난 제도와 관련된 설명으로 옳지 않은 것은?

> 제1조(목적) 이 법은 환경 분쟁의 알선조정 및 재정의 절차 등을 규정함으로써 환경 분쟁을 신속공정하고 효율적으로 해결하여 환경을 보전하고 국민의 건강 및 재산상의 피해를 구제함을 목적으로 한다.

① 민사소송에 비해 비용이 적게 소요된다는 장점이 있다.
② 민사소송을 제기하기 위해 반드시 활용할 필요는 없다.
③ 법원이 아닌 행정기관의 판단에 의해 환경 분쟁이 해결된다.
④ 피해자가 피해 사실을 입증해야 한다는 문제점이 있다.
⑤ 환경오염 피해에 대한 공법적 구제 수단에 해당한다.

13. 다음 내용을 공통적으로 실현하기 위한 장치로 가장 적절한 것은?

> • 교과서를 선정할 때 특정 사상을 담고 있는 교과서의 사용을 배제한다.
> • 교육은 국가 권력이나 정치 세력으로부터 부당한 간섭을 받지 않고, 교육도 그 본연의 기능을 벗어나 정치 영역에 개입하지 않는다.
> • 교육이 특정 정치 이념이나 세계관의 주입 수단으로 이용되지 않는다.

① 교원의 단체활동권 보장
② 교원의 신분 보장
③ 교육의 자주성 보장
④ 교육의 전문성 보장
⑤ 교육의 중립성 보장

14. 정책의 구성요소에 해당되지 않는 것은?

① 정책목표
② 정책수단
③ 정책대상집단
④ 정책효과
⑤ 피해자집단과 수혜자집단

15. 비공식조직과 공식조직에 관한 설명으로 옳지 않은 것은?

① 비공식조직이 내재적 규율중심이라면 공식조직은 외재적 규율에 의존한다.
② 비공식조직이 이성적 조직이라면 공식조직은 감성적 조직이다.
③ 비공식조직이 가시적 조직이면 공식조직은 비가시적 조직이다.
④ 공식조직이 인위적 조직이라면 비공식조직은 자연발생적 조직이다.
⑤ 공식조직에는 능률의 논리가 작용한다면 비공식조직은 감정의 논리가 작용한다.

16. 관료제의 역기능으로 보기 어려운 것은?

① 전문화로 인한 무능
② 변화에 대한 수용
③ 수단과 목표의 전도
④ 형식주의
⑤ 동조과잉

17. 근무성적평정시 평정자의 태도와 관련하여 일어날 수 있는 오류가 아닌 것은?

① 헤일로효과
② 집중화
③ 관대화
④ 객관화
⑤ 선입견

18. 감축관리의 설명으로 옳지 않은 것은?

① 일몰법의 도입으로 기관 활동의 시한부를 정해두면 감축관리를 도모할 수 있다.
② 영기준예산제도도 감축관리의 일종으로 볼 수 있다.
③ 신규채용을 동결하게 되면 관료조직 저항은 감소하지만 효과적인 감축대응을 할 수 없다.
④ 축소할 부서를 미리 정해놓고 비슷한 비율로 줄이면 효율성은 감소되지만 기득권 피해는 최소화할 수 있다.
⑤ 감축관리가 지향하는 것은 비록 규모는 작지만 경쟁력을 갖춘 정부구현을 목표로 한다.

19. 지방자치제 실시에 대한 기대효과로 옳지 않은 것은?

① 지역간 협조체제를 강화한다.
② 행정의 전문성을 높인다.
③ 세수입을 효율적으로 사용할 수 있다.
④ 지역의 경쟁성과 창의성을 고양하는 데 기여한다.
⑤ 지역 내의 종합행정을 확보케 한다.

20. 다음 설명에 해당하는 것은?

> 이것은 불확실한 상황에서의 오류 발생가능성을 최소화하고 체제의 신뢰성을 높이기 위해 강조되는 행정가치이며, 여러 기관에서 한 가지 기능이 혼합되는 중첩성(overlapping)과 동일 기능이 여러 기관에서 독립적으로 수행되는 중복성(duplication) 등을 포괄하는 개념이다.

① 합리성(rationality)
② 효율성(efficiency)
③ 가외성(redundancy)
④ 민주성(democracy)
⑤ 효과성(effectiveness)

21. 다음 중 통합예산제도에 대한 설명으로 옳은 것은?

① 기금 및 공기업예산에 탄력성을 부여한다.
② 일반회계와 특별회계를 구분하지 않는 예산제도이다.
③ 재정이 국민소득 · 국제지수에 미치는 효과파악에 도움을 준다.
④ 비금융 공기업 및 각종 기금은 통합예산의 범위에서 제외된다.
⑤ 종합적인 재정운용상황 파악을 위해 자본적 지출과 경상적 지출을 통하여 편성한다.

22. 다음 중 행정에 사기업의 효율성을 접목시켜 시장기제의 과감한 도입을 강조한 이론은 무엇인가?

① 행정행태론
② 발전행정론
③ 공공선택이론
④ 대리인이론
⑤ 신관리주의

23. 다음 중 매트릭스조직에 대한 설명으로 옳지 않은 것은?

① 커뮤니케이션을 활성화한다.
② 명령계통을 일원화하고 권한과 책임한계를 분명히 한다.
③ 복합구조를 지닌다.
④ 기능조직과 Project Team을 혼합한 동태적 조직이다.
⑤ 자아실현욕구의 충족에 기여한다.

24. 다음 중 정보화와 수요자 중심의 패러다임의 추세에 대응하는 연성행정조직의 특징이 아닌 것은?

① 개방적이고 능동적이다.
② 실패의 위험성을 감내한다.
③ Y이론에 입각한 대인관계를 중시한다.
④ 공식화 · 표준화의 정도가 낮다.
⑤ 문제제기형 분업시스템이 골격을 이루고 있다.

25. 다음 설명 중 행태론적 접근방법과 가장 관계가 없는 것은?

① 행정의 실체는 제도나 법률이다.
② 가치중립성을 지킨다.
③ 연구의 초점은 행정인의 형태이다.
④ 사회현상도 자연과학과 같이 과학적 연구가 가능하다.
⑤ 인식론적 근거로서 논리실증주의를 신봉한다.

26. 다음 중 광역행정에 대한 내용으로 옳지 않은 것은?

① 규모의 경제가 발생하지 않는 사무의 처리에 효과적이다.
② 지방분권화로 인한 의사결정의 비효율성이 방지된다.
③ 지역간의 격차가 심화되는 것을 완화시켜 준다.
④ 교통 · 통신의 발달로 인하여 그 필요성이 증가하고 있다.
⑤ 지방행정협의회, 지방자치단체조합, 사무위탁에 대한 규정이 있다.

27. 다음 중 다국적기업에 대한 특징으로 옳은 것을 모두 고르면?

㉠ 국제협력체제의 실행 ㉡ 기업조직구조에서의 집권화 ㉢ 물적구성의 다국적성 ㉣ 경영활동에 있어서의 세계지향성 ㉤ 이윤의 현지 기업에 대한 재투자성

① ㉠㉢㉣
② ㉠㉣㉤
③ ㉡㉢㉣
④ ㉡㉣㉤
⑤ ㉢㉣㉤

28. 다음의 설명들 중에서 가장 옳지 않은 것을 고르면?

① 공식조직은 계획적이고 의도적으로 구성요소 간 합리적 관계패턴을 공식적으로 확립시키기 위해 만든 조직이라 할 수 있다.
② 공식조직을 구성함에 있어서는 기능의 분화와 지위의 형성, 직위에 대한 권한 및 책임의 한계 등을 명시적으로 규정화하는 것 등이 문제가 된다.
③ 비공식 조직은 소집단의 성질을 띠며, 조직 구성원들은 서로 밀접한 관계를 형성한다.
④ 비공식 조직의 구성원들은 이성적 관계 및 단체적 접촉이다.
⑤ 비공식 조직에서는 비공식적인 가치관, 규범, 기대 및 목표를 가지고 있으며, 조직의 목표 달성에 큰 영향을 미친다.

29. 다음 중 매슬로우의 욕구 5단계설에 대한 설명으로 옳지 않은 것은?

① 1단계는 생리적 욕구로서 인간의 의, 식, 주와 관련한 것으로 가장 고차원적인 욕구단계이다.
② 2단계는 안전의 욕구로서 안전 및 생활의 안정과 같은 욕구를 의미한다.
③ 3단계는 소속감의 욕구로서 집단이나 사회의 일원으로 소속되어 타인과 유대관계를 형성하고 어울리고 싶어 하는 욕구라 할 수 있다.
④ 4단계는 존경의 욕구로서 다른 조직구성원으로부터 존경이나 인정을 받고 싶은 욕구 단계이다.
⑤ 5단계는 자아실현의 욕구로서 자기개발을 위해서 자신의 잠재력을 극대화하려는 욕구가 생기는데 더욱 더 자기 본래의 모습을 찾거나 생의 의미를 실현하기 위해 행동하는 욕구의 단계라 할 수 있다.

30. 다음 중 기대이론의 한계점에 대한 설명으로 바르지 않은 것은?

① 행동으로 인해 나타나는 결과의 가치부여 정도는 주관적이라 사람들마다 다르다.
② 내용 구성이 단순해서 검증자체가 용이하다.
③ 사람은 완전하게 합리적이거나 과학적이지 못하다.
④ 만족이 큰 쪽으로 동기 부여되는 쾌락주의 가정은 행위에 대한 바른 설명이 되지 못한다.
⑤ 사람이 합리성에 근거해 결과, 확률을 예측한 후 행동할 거라는 기대이론 학자의 의견을 그대로 따르기는 어렵다.

31. 일정한 목적을 효과적으로 달성하기 위한 몇 가지 대체안 중에서 가장 유리하고 실행 가능한 최적 대안을 선택하는 인간 행동을 무엇이라고 하는가?

① 문제인식
② 피드백
③ 대안탐색
④ 대안평가
⑤ 의사결정

32. 다음 중 델파이법(Delphi Method)에 대한 설명으로 바르지 않은 것은?

① 델파이법은 가능성 있는 미래기술개발 방향과 시기 등에 대한 정보를 취득하기 위한 방식이다.
② 델파이법은 생산예측의 방법 중에서 인과적 방법에 해당하는 방식이다.
③ 주로 집단의 의견들을 조정 및 통합하거나 개선시키기 위해 활용한다.
④ 델파이법은 회합 시에 발생하기 쉬운 심리적 편기의 배제가 가능하다.
⑤ 델파이법은 회답자들에 따른 가중치를 부여하기 어렵다는 단점이 있다.

33. 다음 중 신제품 가격결정전략에 대한 설명으로 가장 옳지 않은 것은?

① 고가격전략이 효과적인 경우는 자사가 목표로 하는 고객이 고소득층이어서 가격보다는 품질을 우선시 할 때이다.
② 초기 고가격전략은 자사의 신제품이 타사에 비해 높은 우위를 점할 때 효율적으로 적용시킬 수 있다.
③ 하이테크 제품이나 핸드폰 등에서 초기 고가격전략이 효과적이라 할 수 있다.
④ 침투가격전략은 이익수준이 높으므로 타사의 시장진입을 쉽게 하는 요소로 작용한다.
⑤ 침투가격전략의 경우 마케팅 비용 및 대량생산을 감소시키는 이점이 있다.

34. 다음 중 종합적 품질관리를 뜻하는 것은?

① TQC
② OR
③ LP
④ PR
⑤ VE

35. 다음 법정 복지후생제도 중 구성원이 실업자가 된 경우에 생활에 필요한 급여를 제공함으로써 그들의 삶의 안정 및 구직 활동을 돕는 매개체 역할을 하는 것은?

① 산업재해보험
② 국민건강보험
③ 국민연금보험
④ 고용보험
⑤ 경조사 지원

36. 다음의 내용들 중에서 기업공개에 대한 설명으로 가장 거리가 먼 것은?

① 주주들로부터 간접금융방식에 의해 소규모의 단기자본을 용이하게 조달할 수 있다.
② 독점 및 소유 집중 현상의 개선이 가능하다
③ 공개기업 종업원들의 사기를 높일 수 있다.
④ 투자자들에게 재산운용수단을 제공하게 된다.
⑤ 기업의 공신력이 제고되는 이점이 있다.

37. 다음 중 코스닥 시장에 관련한 내용으로 가장 옳지 않은 것은?

① 코스닥 시장은 한국증권업협회가 운영하는 유통시장으로 거래소 없이 네트워크 시스템에 의해 주식거래가 이루어진다.
② 독립적이면서 서로 경쟁관계에 있는 독립시장을 형성하고 있다.
③ 성장가능성이 높은 벤처기업 또는 중소기업의 자금조달이 가능하도록 하게 하는 성장기업 중심의 시장이라 할 수 있다.
④ 투자자들의 본인책임의 원칙이 상당히 강조되는 시장이다.
⑤ 우량종목의 발굴에 대한 증권사의 선별기능은 중시되지 않는 시장이라 할 수 있다.

38. 그림은 경제 활동의 흐름을 나타낸 것이다. 이에 대한 설명으로 옳은 것은?

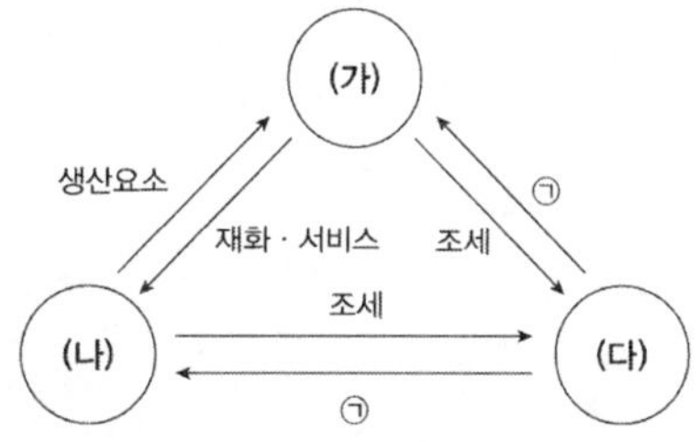

① ㉠은 공공재나 공공서비스이다.
② (가)는 정부이다.
③ (가)는 효용극대화를 추구한다.
④ (나)는 기업이다.
⑤ (나)는 이윤 극대화를 추구한다.

39. 다음 사례들을 종합하여 내린 결론으로 가장 적절한 것은?

> • 빵보다 귀금속이 비싸다.
> • 사막에서의 물은 강가에서의 물보다 비싸다.
> • 중세시대의 석탄은 '검은 돌' 정도로 생각되었으나, 현대의 석탄은 경제적 가치를 가지고 있다.

① 가격은 재화의 희소성에 의해 결정된다.
② 사용 가치가 높을수록 재화의 가격도 높다.
③ 자원이 희소하다고 해서 반드시 유용한 것은 아니다.
④ 재화가 유용할수록 희소해진다.
⑤ 재화의 희소성은 시대의 변화에 따라 달라진다.

40. 다음과 같은 상황에서 기업이 선택할 전략으로 옳은 것을 〈보기〉에서 모두 고른 것은?

> • 소비자가 세계 상품과 쉽게 접하게 되었다.
> • 소비자가 생산에 미치는 영향력이 확대되었다.

> 〈보기〉
> ㉠ 기술 혁신을 통해 생산비를 절감한다.
> ㉡ 높은 가격을 받는 정책으로 전환한다.
> ㉢ 소비자의 요구를 충족시킬 수 있는 제품을 생산한다.
> ㉣ 이윤보다는 공익을 추구한다.

① ㉠㉡　　② ㉠㉢
③ ㉡㉢　　④ ㉡㉣
⑤ ㉢㉣

41. 다음 표는 어떤 재화의 가격에 따른 수요량과 공급량을 나타내고 있다. 정부가 최고 가격을 1,200원으로 정하였을 때 시장 상황에 대한 설명으로 옳은 것은?

가격(원)	수요량(개)	공급량(개)
1,000	800	300
1,200	600	350
1,400	400	400
1,600	200	450
1,800	100	500

① 초과 수요량이 250개가 된다.
② 초과 공급량이 350개가 된다.
③ 초과 수요량이 600개가 된다.
④ 초과 공급량이 400개가 된다.
⑤ 수요량과 공급량이 400개로 일치한다.

42. 다음 글에서 밑줄 친 행동이 경제 사회에 미칠 영향으로 볼 수 있는 것은?

> 같은 업종에 종사하는 사람들끼리 만나면 그들의 대화는 항상 <u>공공의 이익에 반하는 어떤 공모 또는 가격 인상을 도모</u>하는 내용으로 끝난다.
>
> – 애덤 스미스 –

① 규모의 경제 달성이 어려워진다.
② 소비자의 영향력이 강화된다.
③ 소품종 대량 생산 방식이 확대된다.
④ 시장 기능의 효율성을 떨어뜨린다.
⑤ 재화의 과다 생산을 초래한다.

43. 다음 글에서 갑국의 경제적 변화를 바르게 예측하지 못한 것은?

> 갑국에서는 그 동안 자율적으로 임금이 결정되었으나, 최근 최저 임금제를 실시하기로 하였다.

① 경제적 형평성이 높아질 것이다.
② 노동의 초과 공급이 발생할 것이다.
③ 시장에서 실업자가 늘어날 것이다.
④ 시장의 자원 배분 기능이 위축될 것이다.
⑤ 임금이 큰 폭으로 하락하게 될 것이다.

44. 다음 글에 나타난 경제 현상의 영향으로 가장 적절한 것은?

> 사람들은 임금을 받자마자 상점으로 달려가 물건을 산다. 조금이라도 지체하면 살 수 있는 물건의 양이 줄어들기 때문이다. 하루에도 몇 십 차례씩 가격표를 바꿔 쓰던 상점 주인들도 이제 더 이상 가격표를 붙이지 않는다.

① 국제수지가 호전된다.
② 생산 활동이 활발해진다.
③ 소비가 감소한다.
④ 연금 생활자의 실질 소득이 증가한다.
⑤ 채무자에 비해 채권자는 불리해진다.

45. 국민소득 중 민간부분이 차지하는 비중이 증가하여 왔다. 민간투자에 대한 설명으로 가장 알맞지 않은 것은?

① 생산에 필요한 장비, 설비 및 건물, 토지를 설비투자라 한다.
② 거주하기 위하여 구매한 신규주택은 주택투자에 포함한다.
③ 원자재 및 중간재, 최종재로 창고에 보관중인 재화를 재고투자라 한다.
④ 소득과 이자율의 영향을 받지 않는 투자를 독립투자라 한다.
⑤ 소득수준에 영향을 받는 투자를 유발투자라 한다.

46. 다음 중 경상수지를 변동시키는 활동에 포함되지 않는 것은?

① 국내 프로 축구팀에서 뛰고 있는 외국인선수의 자국으로의 연봉 송금
② 반도체와 휴대폰 수출
③ 외국인의 국내 증권 투자
④ 터키 지진 난민에 대한 구호 기금 지출
⑤ 한류 열풍으로 입국한 일본인 관광객의 여행비 지출

47. 다음 중 유동성선호란 무엇인가?

① 현금을 빌리고 이자를 받으려는 경향
② 상품을 현금으로 사려는 경향
③ 현금을 기업에 투자하려는 경향
④ 자산을 현금으로 보유하려는 경향
⑤ 현금보다는 부동산을 소유하려는 경향

48. 사회보장의 기능과 형평성에 대한 설명으로 옳지 않은 것은?

① 사회보장제도는 소득의 재분배를 통한 국민의 생존권의 실현과 최저생활 확보를 전제로 한다.
② 소득재분배의 형태는 수직적, 수평적, 세대 간 재분배의 세 가지로 구분할 수 있다.
③ 수직적 재분배는 소득이 높은 계층으로부터 낮은 계층으로 재분배되는 것으로 분배의 형평성을 지향한다.
④ 공적연금제도는 수평적 재분배의 대표적 예라고 할 수 있다.
⑤ 사회보장제도 중 공공부조는 보험료를 부담할 능력이 없는 빈곤자에게 국가가 모든 비용을 부담하는 것이다.

49. 고용보험법상 취업촉진수당에 해당하지 않는 것은?

① 조기재취업 수당
② 직업능력개발 수당
③ 광역 구직활동비
④ 이주비
⑤ 구직급여

50. 연금제도의 특성으로 옳은 것을 모두 고르면?

㉠ 단기성	㉡ 안정성
㉢ 공공성	㉣ 자율성
㉤ 수익성	㉥ 전문성

① ㉠㉡㉢㉥
② ㉠㉢㉤㉥
③ ㉡㉢㉤㉥
④ ㉡㉢㉣㉥
⑤ ㉢㉣㉤㉥

절 취 선

국민연금공단 필기시험 모의고사

성 명

(자 필 성 명)

생 년 월 일

⓪	⓪	⓪	⓪	⓪	⓪	⓪	⓪
①	①	①	①	①	①	①	①
②	②	②	②	②	②	②	②
③	③	③	③	③	③	③	③
④	④	④	④	④	④	④	④
⑤	⑤	⑤	⑤	⑤	⑤	⑤	⑤
⑥	⑥	⑥	⑥	⑥	⑥	⑥	⑥
⑦	⑦	⑦	⑦	⑦	⑦	⑦	⑦
⑧	⑧	⑧	⑧	⑧	⑧	⑧	⑧
⑨	⑨	⑨	⑨	⑨	⑨	⑨	⑨

직업기초능력평가			
1	① ② ③ ④	31	① ② ③ ④
2	① ② ③ ④	32	① ② ③ ④
3	① ② ③ ④	33	① ② ③ ④
4	① ② ③ ④	34	① ② ③ ④
5	① ② ③ ④	35	① ② ③ ④
6	① ② ③ ④	36	① ② ③ ④
7	① ② ③ ④	37	① ② ③ ④
8	① ② ③ ④	38	① ② ③ ④
9	① ② ③ ④	39	① ② ③ ④
10	① ② ③ ④	40	① ② ③ ④
11	① ② ③ ④	41	① ② ③ ④
12	① ② ③ ④	42	① ② ③ ④
13	① ② ③ ④	43	① ② ③ ④
14	① ② ③ ④	44	① ② ③ ④
15	① ② ③ ④	45	① ② ③ ④
16	① ② ③ ④	46	① ② ③ ④
17	① ② ③ ④	47	① ② ③ ④
18	① ② ③ ④	48	① ② ③ ④
19	① ② ③ ④	49	① ② ③ ④
20	① ② ③ ④	50	① ② ③ ④
21	① ② ③ ④	51	① ② ③ ④
22	① ② ③ ④	52	① ② ③ ④
23	① ② ③ ④	53	① ② ③ ④
24	① ② ③ ④	54	① ② ③ ④
25	① ② ③ ④	55	① ② ③ ④
26	① ② ③ ④	56	① ② ③ ④
27	① ② ③ ④	57	① ② ③ ④
28	① ② ③ ④	58	① ② ③ ④
29	① ② ③ ④	59	① ② ③ ④
30	① ② ③ ④	60	① ② ③ ④

종합직무지식평가			
1	① ② ③ ④ ⑤	31	① ② ③ ④ ⑤
2	① ② ③ ④ ⑤	32	① ② ③ ④ ⑤
3	① ② ③ ④ ⑤	33	① ② ③ ④ ⑤
4	① ② ③ ④ ⑤	34	① ② ③ ④ ⑤
5	① ② ③ ④ ⑤	35	① ② ③ ④ ⑤
6	① ② ③ ④ ⑤	36	① ② ③ ④ ⑤
7	① ② ③ ④ ⑤	37	① ② ③ ④ ⑤
8	① ② ③ ④ ⑤	38	① ② ③ ④ ⑤
9	① ② ③ ④ ⑤	39	① ② ③ ④ ⑤
10	① ② ③ ④ ⑤	40	① ② ③ ④ ⑤
11	① ② ③ ④ ⑤	41	① ② ③ ④ ⑤
12	① ② ③ ④ ⑤	42	① ② ③ ④ ⑤
13	① ② ③ ④ ⑤	43	① ② ③ ④ ⑤
14	① ② ③ ④ ⑤	44	① ② ③ ④ ⑤
15	① ② ③ ④ ⑤	45	① ② ③ ④ ⑤
16	① ② ③ ④ ⑤	46	① ② ③ ④ ⑤
17	① ② ③ ④ ⑤	47	① ② ③ ④ ⑤
18	① ② ③ ④ ⑤	48	① ② ③ ④ ⑤
19	① ② ③ ④ ⑤	49	① ② ③ ④ ⑤
20	① ② ③ ④ ⑤	50	① ② ③ ④ ⑤
21	① ② ③ ④ ⑤		
22	① ② ③ ④ ⑤		
23	① ② ③ ④ ⑤		
24	① ② ③ ④ ⑤		
25	① ② ③ ④ ⑤		
26	① ② ③ ④ ⑤		
27	① ② ③ ④ ⑤		
28	① ② ③ ④ ⑤		
29	① ② ③ ④ ⑤		
30	① ② ③ ④ ⑤		

국민연금 필기시험
6급 사무직

- 정답 및 해설 -

제1회 정답 및 해설

직업기초능력평가

1 ①

제시문에서 신화는 문학적 장르에 한정되어 있음을 지적하고 보다 다양한 사유를 통해 문화를 활발한 모습으로 거듭나게 할 수 있다.

2 ④

법정대시인 → 법정대리인
재란법인 → 재단법인
정부투기기관 → 정부투자기관
체유하는 → 체류하는

3 ③

③ 서류전형과 최종합격자 발표는 합격자에게만 개별 유선통보가 되는 것이므로 연락이 없을 경우 합격하지 못한 것으로 판단할 수 있다. 일반적으로 채용 공고문에서는 합격자 발표 방법으로 개별 통보 또는 홈페이지에서 확인 등을 제시하고 있으므로 반드시 이를 숙지할 필요가 있다.

① 접수 가능 시간과 근로자 근무시간대는 동일하게 09:00 ~ 18:00이다.

② 접수방법은 이메일이라고 언급하고 있으며, 자격증은 해당자만 제출하면 된다.

④ 계약기간은 6개월이며 '최소 계약기간은 보장함'이라고 언급되어 있으므로 모든 최종합격자는 최소 6개월 이상 근무하게 된다. 또한, 최초 6개월 이후 근무성적평정 결과에 따라 연장 가능하다는 언급에 따라 2년 이상 근무도 가능하다. '최대 2년 미만'이라는 것은 1회 계약 시 설정할 수 있는 계약기간을 의미하므로 연장될 경우 근무 기간은 2년을 넘을 수 있게 된다.

4 ④

④ 절약은 소비를 줄이는 행동이지만 이를 통해 원자로 1기를 덜 지어도 동일한 생산 효과를 얻을 수 있다는 말이다.

① 절약을 통해 생산이 감소한다는 것은 단순하게 이해한 것으로, 절약을 통해 불필요한 생산을 막을 수 있다는 의미가 드러나지 않았다.

② 절약으로 전력 사용량을 감소시킬 수 있다.

③ 절약을 통해 불필요한 생산을 막을 수 있기 때문에 생산과 관련이 있다.

5 ④

④ 글쓴이는 우리가 처해진 문제 상황을 제시하고 이 속에서 에너지의 절약은 선택 사항이 아니라 반드시 해야 하는 필수임을 강조하고 있다.

6 ①

주식, 채권은 직접 금융 시장에서 자금을 조달하며, 주식은 수익성이 높으며, 저축과 채권은 주식보다는 안정성이 높다.

7 ④

홍수량 배제능력이 부족한 저수지 등의 주요시설 복구는 개선복구를 원칙으로 한다.

8 ④

고객은 많은 문제를 풀어보기를 원하므로 우선적으로 예상문제의 수가 많은 것을 찾아야 한다.

9 ③

고객의 요구인 20,000원 가격선과 예상문제의 수가 많은 도서는 문제완성이 된다.

10 ③

㉠㉡을 통해 노인인구 증가에 대한 문제제기를 제기하고, ㉢을 통해 노인 복지 정책의 바람직한 방향을 금전적인 복지보다는 경제적인 독립, 즉 일자리 창출 등으로 잡아야 한다고 논지를 전개해야 한다.

11 ①

(가), (다), (마) – 발생형 문제

(나) – 탐색형 문제

(라) – 설정형 문제

※ 문제의 유형

㉠ 발생형 문제(보이는 문제) : 우리 눈앞에 발생되어 당장 걱정하고 해결하기 위해 고민하는 문제를 의미한다.

㉡ 탐색형 문제(찾는 문제) : 더 잘해야 하는 문제로 현재의 상황을 개선하거나 효율을 높이기 위한 문제를 의미한다.

㉢ 설정형 문제(미래 문제) : 미래상황에 대응하는 장래의 경영전략의 문제로 앞으로 어떻게 할 것인가 하는 문제를 의미한다.

12 ④

문제해결의 5단계 절차는 문제 인식 → 문제 도출 → 원인 분석 → 해결안 개발 → 실행 및 평가의 과정으로 진행된다.

13 ③

다음 달의 첫째 날이 금요일이므로 아래와 같은 달력을 그려 볼 수 있다.

일	월	화	수	목	금	토
					1	2
3	4	5	6	7	8	9
10	11	12	13	14	15	16
17	18	19	20	21	22	23
24	25	26	27	28	29	30

3박 4일 일정이므로 평일에 복귀해야 하며 주말이 모두 포함되는 일정을 피하기 위해서는 출발일이 일, 월, 화요일이어야 한다. 또한 출장 결과 보고를 위해서는 금요일에 복귀하게 되는 화요일 출발 일정도 불가능하다. 따라서 일요일과 월요일에만 출발이 가능하다. 그런데 27일과 13일이 출장 일정에 포함될 수 없으므로 10, 11, 24, 25일은 제외된다. 따라서 3, 4, 17, 18일에 출발하는 4가지 일정이 가능하다.

14 ②

〈보기〉의 내용을 문제에 더해서 생각하면 'C는 변호사이다.'를 참으로 가정하면

	교사	변호사	의사	경찰	
A	×	×	×	○	경찰
B	○	×	×	×	교사
C	×	○	×	×	변호사
D	×	×	○	×	의사

이렇게 되나, '① A는 교사와 만났지만, D와는 만나지 않았다.'와 '④ D는 경찰과 만났다.'는 모순이 된다. 그러므로 ㉠ C는 변호사이다 → 거짓

㉡ 명제를 참이라고 가정하면 의사와 경찰은 만났으므로 B, C는 둘 다 의사와 경찰이 아니다. D는 경찰이 아니므로 A가 경찰, D가 의사가 된다. 그러나 ①에서 A와 D는 만나지 않았다고 했으므로 ④에서 만났다고 해도 모순이 된다.

그러므로 ㉠과 ㉡은 모두 거짓이다.

15 ②

각 조건의 대우는 다음과 같다.

- 영어를 잘하는 사람은 수학도 잘한다.
- 미술을 잘하는 사람은 국어도 잘한다.
- 미술을 못하는 사람은 영어도 못한다.

주어진 세 번째 조건과, 두 번째 조건의 대우를 연결하면 '영어를 잘하는 사람은 미술을 잘하고, 미술을 잘하는 사람은 국어도 잘한다'가 되므로 B는 옳다. A는 알 수 없다.

16 ①

세 사람은 모두 각기 다른 동에 사무실이 있으며, 어제 갔던 식당도 서로 겹치지 않는다.

- 세 번째 조건 후단에서 갑동이와 을순이는 어제 11동 식당에 가지 않았다고 하였으므로, 어제 11동 식당에 간 것은 병호이다. 따라서 병호는 12동에 근무하며 11동 식당에 갔었다.
- 네 번째 조건에 따라 을순이는 11동에 근무하므로, 남은 갑동이는 10동에 근무한다.
- 두 번째 조건 전단에 따라 을순이가 10동 식당에, 갑동이가 12동 식당을 간 것이 된다.

따라서 을순이는 11동에 사무실이 있으며, 어제 갔던 식당은 10동에 위치해 있다.

17 ②

- 화, 수, 목 중에 실시해야 하는 금연교육을 4회 실시하기 위해서는 반드시 화요일에 해야 한다.
- 금주교육이 월요일과 금요일을 제외한 다른 요일에 시행하므로 10일 이전, 같은 주에 이틀 연속으로 성교육을 실시할 수 있는 날짜는 4~5일뿐이다.
- 상황과 조건에 따라 A대학교 보건소의 교육 일정을 정리해 보면 다음과 같다.

월	화	수	목	금	토	일
1	금연 2	3	성 4	성 5	X 6	X 7
8	금연 9	10	11	12	X 13	X 14
15	금연 16	17	18	19	X 20	X 21
중 22	간 23	고 24	사 25	주 26	X 27	X 28
29	금연 30					

- 금주교육은 (3, 10, 17), (3, 10, 18), (3, 11, 17), (3, 11, 18) 중 실시할 수 있다.

18 ④

반장은 머리가 좋다. 또는 반장은 얼굴이 예쁘다(㉢ 또는 ㉣).
머리가 좋거나 얼굴이 예쁘면 반에서 인기가 많다(㉤).
∴ 반장은 반에서 인기가 많다.
※ ㉥의 경우 머리도 좋고 얼굴도 예뻐야 반에서 인기가 많다는 의미이므로 주어진 진술이 반드시 참이 되지 않는다.

19 ③

㉢ 팀장님이 월요일에 월차를 쓴다고 하였다. → 월요일은 안 된다.
㉣ 실장님이 김 대리에게 우선권을 주어 월차를 쓸 수 있는 요일이 수, 목, 금이 되었다. → 월차를 쓸 수 있는 날이 수, 목, 금이라는 말은 화요일이 공휴일임을 알 수 있다.
㉤ 김 대리는 5일에 붙여서 월차를 쓰기로 하였다.
그럼 여기서 공휴일에 붙여서 월차를 쓰기로 했으므로 화요일이 공휴일이므로 수요일에 월차를 쓰게 된다.

20 ③

A는 1호선을 이용하지 않았으므로 4호선을 탔다. 그러면 D는 1호선을 이용하였고, B도 1호선을 이용하였다. F와 G 둘 중에 한 명은 1호선을 이용하였다. 그러므로 1호선을 이용한 사람은 3명이 되므로 E는 1호선을 탈 수 없다.

	A	B	C	D	E	F	G
1호선	×	○		○			
4호선	○	×		×			

21 ③

- 홀수 칸은 +8씩 증가하고 있다. (7, 15)
- 짝수 칸은 +5씩 증가하고 있다. (14, 19)

따라서 빈칸에 들어갈 숫자는 23이다.

22 ②

1차 캠페인에 참여한 1~3년차 직원 수를 x라고 할 때, 1년차 직원 수를 기준으로 식을 세우면

$$\frac{23}{100}\times x+20=(x+20)\times\frac{30}{100}$$

$$23x+2,000=30x+600$$

$$7x=1,400,\ x=200$$

따라서 1차 캠페인에 참여한 1~3년차 직원은 200명이다.

23 ③

그룹의 직원 수를 x명이라고 할 때,

$$x\times 500,000\times(1-0.12)>50\times 500,000\times(1-0.2)$$

$$x>\frac{40}{0.88}=45.4545\cdots$$

따라서 46명 이상일 때 50명의 단체로 입장하는 것이 유리하다.

24 ②

주어진 조건에 의해 다음과 같이 계산할 수 있다.
{(1,000,000 + 100,000 + 200,000) × 12
+ (1,000,000 × 4) + 500,000} ÷ 365 × 30
= 1,652,055원
따라서 소득월액은 1,652,055원이 된다.

25 ③

㈎ 경상수지, ㈏ 본원소득수지

경상수지는 상품수지, 서비스수지, 본원소득수지, 이전소득수지로 구성되며, 자본금융 계정은 자본수지와 금융계정으로 구성된다.

㉠ 경상수지 적자가 지속되면 통화량이 줄어들어 디플레이션이 발생할 수 있다.

㉡ 국내 기업이 보유하고 있는 외국인의 배당금을 해외로 송금하면 본원소득수지에 영향을 미친다.

㉢ 국내 기업이 외국에 주식을 투자할 경우 영향을 미치는 수지인 금융계정은 흑자가 지속되고 있다.

㉣ 외국 기업이 보유한 특허권 이용료 지불이 영향을 미치는 수지인 자본금융은 2024년 적자를 기록하고 있다.

26 ③

① 독일 정부가 부담하는 연구비 :
6,590 + 4,526 + 7,115 = 18,231
미국 정부가 부담하는 연구비 :
33,400 + 71,300 + 28,860 = 133,560

② 정부부담 연구비 중에서 산업의 사용 비율이 가장 높은 것은 미국이며, 가장 낮은 것은 일본이다.

④ 미국 대학이 사용하는 연구비 : 28,860 + 2,300 = 31,160
일본 대학이 사용하는 연구비 : 10,921 + 458 = 11,379

27 ④

① 커피전체에 대한 수입금액은 2021년 331.3, 2022년 310.8, 2023년 416, 2024년 717.4, 2025년 597.6으로 2022년과 2025년에는 전년보다 감소했다.

② 생두의 2024년 수입단가는(528.1 / 116.4 = 4.54) 2023년 수입단가(316.1 / 107.2 = 2.95)의 약 1.5배 정도이다.

③ 원두의 수입단가는 2021년 11.97, 2022년 12.06, 2023년 12.33, 2024년 16.76, 2025년 20.33로 매해마다 증가하고 있다.

28 ③

① 2023년 원두의 수입단가 = 55.5 / 4.5 = 12.33

② 2024년 생두의 수입단가 = 528.1 / 116.4 = 4.54

③ 2025년 원두의 수입단가 = 109.8 / 5.4 = 20.33

④ 2024년 커피조제품의 수입단가 = 98.8 / 8.5 = 11.62

29 ③

각 대기오염물질의 연도별 증감 추이는 다음과 같다.

- 황산화물 : 증가 → 감소 → 감소 → 감소
- 일산화탄소 : 감소 → 감소 → 감소 → 감소
- 질소산화물 : 감소 → 증가 → 증가 → 증가
- 미세먼지 : 증가 → 감소 → 감소 → 감소
- 유기화합물질 : 증가 → 증가 → 증가 → 감소

따라서 연도별 증감 추이가 같은 대기오염물질은 황산화물과 미세먼지이다.

30 ④

A에서 B로 변동된 수치의 증감률은 (B − A) ÷ A × 100의 산식에 의해 구할 수 있다. 따라서 2020년과 2024년의 총 대기오염물질 배출량을 계산해 보면 2020년이 3,212,386톤, 2024년이 3,077,079톤이므로 계산식에 의해
(3,077,079 − 3,212,386) ÷ 3,212,386 × 100 = 약 −4.2%가 됨을 알 수 있다.

31 ②

② "유럽에서의 한방 원료 등을 이용한 'Korean Therapy' 관심 증가"라는 기회를 이용하여 "아시아 외 시장에서의 존재감 미약"이라는 약점을 보완하는 WO전략에 해당한다.

32 ④

'작업환경변화 등 우수 인력 유입 촉진을 위한 기반 조성'을 통해 '신규 인재 기피'라는 약점을 보완하고, '이직 등에 의한 이탈'이라는 위협을 회피한다.

33 ③

공식조직은 조직의 구조, 기능, 규정 등이 조직화되어 있는 조직을 의미하며, 비공식조직은 개인들의 협동과 상호작용에 따라 형성된 자발적인 집단 조직이다. 또한 영리성을 기준으로 영리조직과 비영리조직으로 구분되며, 규모에 의해 대규모 조직과 소규모 조직으로 구분할 수 있다.

③ 종교단체는 영리를 추구하지 않으므로 비영리조직을 볼 수 있으나, 구조, 기능, 규정을 갖춘 공식조직으로 분류된다.

34 ②

경영은 한마디로 조직의 목적을 달성하기 위한 전략, 관리, 운영활동이다. 즉, 경영은 경영의 대상인 조직과 조직의 목적, 경영의 내용인 전략, 관리, 운영으로 이루어진다. 과거에는 경영(administration)을 단순히 관리(management)라고 생각하였다. 관리는 투입되는 자원을 최소화하거나 주어진 자원을 이용하여 추구하는 목표를 최대한 달성하기 위한 활동이다.

35 ④

거래처 식대이므로 접대비지출품의서나 지출결의서를 작성하고 30만 원 이하이므로 최종 결재는 본부장이 한다. 본부장이 최종 결재를 하고 본부장 란에는 전결을 표시한다.

36 ④

해외출장비는 교통비에 해당하며, 출장계획서의 경우 팀장, 출장비신청서의 경우 대표이사에게 결재권이 있다.

37 ④

조직 문화의 기능으로는 조직구성원들에게 일체감, 정체성을 부여하고, 조직몰입을 향상시켜 주며, 조직구성원들의 행동지침으로서 사회화 및 일탈행동을 통제하는 기능을 하고, 조직의 안정성을 유지시켜 준다고 볼 수 있다. 그러나 강한 조직문화는 다양한 조직구성원들의 의견을 받아들일 수 없거나, 조직이 변화해야 할 시기에 장애요인으로 작용하기도 한다.

38 ②

㉠ 사장직속으로는 3개 본부, 12개 처, 3개 실로 구성되어 있다.
㉡ 해외부사장은 2개의 본부를 이끌고 있다.
㉣ 노무처는 관리본부에, 재무처는 기획본부에 소속되어 있다.

39 ②

제시된 글에서는 조직문화의 기능 중 특히 조직 성과와의 연관성을 언급하고 있다. 강력하고 독특한 조직문화는 기업이 성과를 창출하는 데에 중요한 요소이며, 종업원들의 행동을 방향 짓는 강력한 지렛대의 역할을 한다고도 볼 수 있다. 그러나 이러한 조직문화가 조직원들의 단합을 이끌어 이직률을 일정 정도 낮출 수는 있으나, 외부 조직원을 흡인할 수 있는 동기로 작용한다고 보기는 어렵다. 오히려 강력한 조직문화가 형성되어 있을 경우, 외부와의 융합이 어려울 수 있으며, 타 조직과의 단절을 통하여 '그들만의 세계'로 인식될 수 있다. 따라서 조직문화를 통한 외부 조직원의 흡인은 조직문화를 통해 기대할 수 있는 기능으로 볼 수는 없다.

40 ②

① 카리스마적 리더가 뛰어난 개인적 능력으로 부하에게 심대하고 막중한 영향을 미친다.
③ 리더는 부하중심적이며, 부하에게 봉사한다.
④ 연관성이 높은 공공문제를 해결하기 위해서는 촉매작용적 기술과 능력이 필요하며 리더는 전략적으로 사고해야 한다.

41 ①

COUNTIF 함수는 통계함수로서 범위에서 조건에 맞는 셀의 개수를 구할 때 사용된다.
=COUNTIF(C2:C13,"<"&AVERAGE(C2:C13))의 수식은 AVERAGE 함수로 평균 금액을 구한 후, 그 금액보다 적은 개수를 세게 된다. 반면, =COUNTIF(C2:C13,">="&AVERAGE(C2:C13))의 결과값은 AVERAGE 함수로 평균 금액을 구한 후, 그 금액과 같거나 큰 개수를 세게 된다.

42 ③

'A'와 'B'가 번갈아 가면서 나타나므로 [A5] 셀에는 'A'가 입력되고 13.9에서 1씩 증가하면서 나타나므로 [B5] 셀에는 '17.9'가 입력된다.

43 ④

POWER(number, power) 함수는 number 인수를 power 인수로 제곱한 결과를 반환한다. 따라서 5의 3제곱은 125이다.

44 ①

②③ 현재 통합문서를 닫는 기능이다.
④ 새 통합문서를 만드는 기능이다.

45 ①

① 제조 시기는 24xx이며, 원산지와 제조사 코드는 5K, 철제 프레임은 03009가 되어야 한다. 뒤에 다섯 자리 01201은 1,201번째로 입고된 물품을 의미하므로 모든 코드가 적절하게 구성되어 있음을 알 수 있다.

46 ③

생산지는 영문 알파벳 코드 바로 앞자리이므로 오 사원과 양 사원이 모두 3으로 중국에서 생산된 물품을 보관하고 있음을 확인할 수 있다.

47 ③

D2셀에 기재되어야 할 수식은 =VLOOKUP(B2,$C$12:$D$15,2,0)이다. B2는 직책이 대리이므로 대리가 있는 셀을 입력하여야 하며, 데이터 범위인 C12:D15가 변하지 않도록 절대 주소로 지정을 해 주게 된다. 또한 대리 직책에 대한 수당이 있는 열의 위치인 2를 입력하게 되며, 마지막에 직책이 정확히 일치하는 값을 찾아야 하므로 0을 기재하게 된다.

48 ③

(가) 대화 상자에서 '원본 데이터 연결'을 선택하면 제시된 바와 같은 기능을 실행할 수 있다. (O)

(나) 통합 문서 내의 다른 워크시트뿐 아니라 다른 통합 문서에 있는 워크시트도 통합할 수 있다. (X)

(다) 통합 기능에서 사용할 수 있는 함수로는 합계, 개수, 평균, 최댓값/최솟값, 곱, 숫자 개수, 표준편차, 분산 등이 있다. (O)

(라) 제시된 바와 같은 경우, 별도의 행이나 열이 만들어지게 되므로 통합 기능을 수행할 수 있다. (O)

49 ③

CHOOSE 함수는 'CHOOSE(인수,값1,값2,...)'과 같이 표시하며, 인수의 번호에 해당하는 값을 구하게 된다. 다시 말해, 인수가 1이면 값1을, 인수가 2이면 값2를 선택하게 된다. 따라서 두 번째 인수인 B4가 해당되어 B2:B4의 합계를 구하게 되므로 정답은 267이 된다.

50 ③

주어진 설명에 해당하는 파일명은 다음과 같다.

㉠ BMP

㉡ JPG(JPEG) : 사용자가 압축률을 지정해서 이미지를 압축하는 압축 기법을 사용할 수 있다.

㉢ GIF : 여러 번 압축하여도 원본과 비교해 화질의 손상이 없는 특징이 있다.

㉣ WMF

51 ④

직원들이 항상 불법이나 과실을 직속상관과 편하게 논의할 수 있는 것은 아니며 때로는 직속상관이 문제의 몸통일 수도 있다. 직원들이 내부자와의 대화를 불편하게 생각할 수 있기 때문에 다양한 내부의 제보 라인 외에도 외부의 공익 제보단체들과 핫라인을 구축하여 효과적인 고발이 이루어지도록 시스템을 갖추어야 한다.

52 ②

부정청탁금지법은 부정청탁 자체를 금지하는 것으로 실현되지 않은 경우에도 청탁자는 과태료 부과 및 징계 대상이 된다.

① 부정청탁에 의한 지시를 한 상급자는 당연히 처벌 대상에 해당되며, 이를 수행한 하급자는 부정청탁에 따른 것임을 인지한 경우 거절하는 의사를 표시해야 함에도 불구하고 지시에 따라 처리하였으므로 하급자 역시 처벌 대상이 된다.

53 ③

C대리의 행동에서는 꾸준히 자기개발을 수행하는 성실함을 엿볼 수 있으며, 이는 '책임'을 실천하는 모습과는 관련이 없다.

54 ①

제시된 내용 이외에도 채용비리 근절을 위하여 취할 수 있는 방법으로, 수사결과 등으로 밝혀진 부정합격자에 대해서는 채용취소 근거규정을 마련하고 응시자격을 제한하는 조치도 고려할 수 있다. 또한 채용 과정의 투명성을 확보하고 내부 점검을 보다 강화하기 위하여 외부 시험위원을 과반수 이상 구성토록 명시하는 것도 좋은 방법이 될 수 있다. 이 밖에도 이해당사자 구체화, 블라인드 방식 강화, 채용관련 문서 영구 보존 의무화 등을 통해 채용비리 근절을 앞당길 수 있을 것이다.

55 ④

본인의 의사에 반하는 어떠한 인사상의 조치도 취하면 안 된다고 규정하고 있다. 따라서 피해 당사자라 하더라도 직무에서 배제할 수 없으며, 오히려 치료지원 등을 위한 업무상 공백을 인정해야 주어야 한다.

56 ①

주어진 글은 '고객접점서비스'에 관한 내용이다. 고객접점서비스란 고객과 서비스 요원 사이의 15초 동안의 짧은 순간에서 이루어지는 서비스로서 이 순간은 진실의 순간(MOT : moment of truth) 또는 결정적 순간이다. 이 15초 동안에 고객접점에 있는 최일선 서비스 요원이 책임과 권한을 가지고 우리 회사를 선택한 것이 가장 좋은 선택이었다는 사실을 고객에게 입증시켜야 한다는 것이다. 즉 "결정의 순간"이란 고객이 기업조직의 어떤 한 측면과 접촉하는 사건이며, 그 서비스의 품질에 관하여 무언가 인상을 얻을 수 있는 사건이다. 따라서 고객접점서비스 차원에서 볼 때, 고객에게 짧은 시간에 결정적이고 좋은 인상을 심어주려는 행위는 바람직한 행위인 것이다.

57 ④

브랜드 이미지를 관리하기 위한 조치로 적절한 것은 사실이지만, 제공된 자료에 의하면 브랜드 이미지에 대한 오해를 해소하거나 홍보를 위한 행동이 필요한 것이 아니라, 신뢰를 저버린 것이 크게 문제가 된다는 점을 알 수 있다.

① 기업은 투자자에게 투명한 정보를 제공하고, 투자자의 이윤성취에 힘써야 할 의무가 있다. 따라서 투자자를 설득시킬 수 있는 경영 방침을 시행하는 것이 중요하다.
② 주어진 글을 통해 확인할 수 있는 내용이다.
③ 정보 통신의 발달이 공정성의 강조를 촉진시키고 있다는 내용뿐만 아니라, 주어진 글을 통해 주가가 폭락하는 등의 모습이 보여 성과와의 연관성을 설명하고 있다.

58 ②

고객과의 대화 내용을 녹취하는 것은 고객에 대한 예절의 차원이 아닌 A기관의 업무수행을 위한 행위이다. 고객의 의견을 명확히 이해하기 위해서는 "~다는 말씀이시지요?" 또는 "~라고 이해하면 되겠습니까?" 등의 발언을 통하여 고객이 말하는 중요 부분을 반복하여 확인하는 것이 효과적인 방법이라고 할 수 있다.

59 ②

'원활한 직무수행 또는 사교 · 의례의 목적으로 제공될 경우에 한하여 제공되는 3만 원 이하의 음식물 · 편의 또는 5만 원 이하의 소액의 선물'이라고 명시되어 있으며, 부정한 이익을 목적으로 하는 경우는 3만 원 이하의 금액에 대해서도 처벌이 가능하다고 해석될 수 있다.

① 사적 거래로 인한 채무의 이행 등에 의하여 제공되는 금품은 '금품 등을 받는 행위의 제한' 사항의 예외로 규정되어 있다.
③ 공개적인 경우 문제의 소지가 현저히 줄어든다고 볼 수 있다.
④ 상조회로부터의 금품에 대한 한도액과 관련한 규정은 제시되어 있지 않다.

60 ④

책임감에 관한 내용이다. 직무수행 중 일어난 과실에 대해서는 법적인 책임만 부담한다는 식의 가치관보다는 무한책임감을 갖고 나는 잘못을 저질렀을 때에도, 끝까지 책임지려고 하는 책임감이 중요하다는 가치관을 가져야 한다.

직무를 수행하면서 책임은 법적인 책임만 있는 것이 아니라, 사규에 의한 책임, 도의적 책임, 개인양심에 대한 책임 등 여러 가지가 있다. 법적 책임 한 가지만 한정되어 책임감을 정의한다는 것은 직업인으로서의 윤리에 어긋난다.

종합직무지식평가

1 ②

② 사회규범이 아닌 관습에 해당한다.

2 ③

근대 이전에는 지배자 마음대로 법이 제정 · 집행되고 재판이 이루어져 국민의 자유와 권리가 침해되는 '사람에 의한 지배'가 이루어졌다. 그러나 근대 시민 혁명 이후, 국가의 통치 행위는 반드시 의회에서 제정한 법률에 따라야 한다는 '법에 의한 지배'로 변화하게 되었다. 법에 의한 지배(법치주의)는 국가 권력을 견제하여 국민의 자유와 권리를 보장하는 것을 목적으로 하고 있다.

3 ④

㉠ 법률에 의해 국민의 기본권이 제한될 수 있으므로 실정권적 성격이 나타난다.

㉢ 기본권 제한의 한계로서 자유와 권리의 본질적인 내용은 침해할 수 없다.

4 ④

㉠ 개인 간 분쟁 발생 시 어떤 절차를 거쳐 재판을 할 것인지는 민사소송법에서 다루고 있다.

㉢ 국가와 같은 공적 기관이 개입하여 사회적 질서, 공공의 생활을 규율하는 법은 공법으로서 헌법, 형법, 행정법, 각종 소송법 등이 이에 해당한다.

5 ②

㉠㉢ 성추행과 컴퓨터 바이러스 유포는 법이 보장하는 이익을 침해하고 사회 질서를 어지럽히는 반사회적 행위이다. 따라서 형벌권을 지닌 국가에 의해 소송이 제기되는 형사 사건이 된다.

㉡ 재판상 이혼은 개인 간의 법률관계에서 발생하는 것이다.

㉣ 빌린 돈을 갚지 않았다면 채무 불이행으로 역시 개인 간의 법률관계에서 권리가 침해된 것이다.

6 ②

지방공기업법 적용 대상 사업〈제2조〉

㉠ 수도사업(마을상수도사업은 제외)

㉡ 공업용수도사업

㉢ 궤도사업(도시철도사업 포함)

㉣ 자동차운송사업

㉤ 지방도로사업(유료도로사업만 해당)

㉥ 하수도사업

㉦ 주택사업

㉧ 토지개발사업

㉨ 주택 · 토지 또는 공용 · 공공용건축물의 관리 등의 수탁

7 ①

형사 사건이 발생하면 고소, 고발, 자수 등으로 수사관이 범죄사실을 알게 되고, 경찰과 검사가 수사를 진행하게 된다. 수사 결과 검사가 필요하다고 생각할 경우 법원에 재판을 요구하고, 법원에서는 재판을 진행하여 판사가 유 · 무죄를 판단하며, 유죄인 경우 형을 확정한다.

8 ②

제시된 법들은 모두 성문법에 해당한다. 성문법은 일정한 입법 절차에 따라 조문의 형식으로 제정된 법이다.

① 사회법, ③ 특별법, ④ 공법, ⑤ 실체법

9 ①

㉢ 기본권 제한에 대한 내용은 없다.

㉣ 기본권은 개인들 사이의 계약에 의해 성립되는 것이 아니라 날 때부터 천부적으로 부여받은 권리이다. 개인들 사이의 계약에 의해 성립된 것은 국가, 또는 정부이다.

10 ⑤

① ㈎는 법의 강제성을 상징적으로 표현한 말이다.

② ㈏에서 '법'은 법 규범과 도덕, 관습 등을 모두 포함한 사회규범을 말한다.

③ ㈎는 도덕과 구분되는 법의 특징을 표현한 것으로서, ㈏의 '법'과 다른 의미로 사용되었다.

④ ㈏는 도덕과 관습도 포함한 것이므로 국가를 전제로 하지 않는다.

11 ②

담합 등과 같은 불공정 거래가 이루어지는 시장에서는 소비자가 물품 및 용역을 사용 또는 이용함에 있어서 거래의 상대방, 구입 장소, 가격, 거래 조건 등을 자유롭게 선택할 수 없게 된다. 이러한 소비자의 선택할 권리를 보장하기 위해 정부는 불공정 거래 행위에 제재를 가하고 있다. 또 할부 거래법, 방문 판매법 등을 제정하여 소비자에게 계약 철회권을 부여함으로써 소비자의 선택할 권리를 보호하고 있다.

12 ②

법치행정의 원리란 행정기관의 행정작용이 법에 위배되어서는 안 될 뿐만 아니라, 미리 정해진 법률에 의거하여 행정권이 발동되어야 함을 말한다. 의회가 제정한 법률에 의해서만 국민의 권리를 제한할 수 있어야 한다. 법치행정이 이뤄질 때 행정권의 자의적 행사와 관료에 의한 인적통치를 막을 수 있다. 행정법의 내용도 헌법의 기본 정신에 부합되어야 법의 정당성도 확보될 수 있다. 또 과거에는 법치행정은 국민에 대한 규제적 기능을 수행하는 측면이 강했으나 오늘날은 행정이 해야 할 기능을 부여하고 그 활동을 촉진하는 기능을 수행한다.

13 ④

① 죄형 법정주의의 원칙상 처벌되지 않는 것이다.

② 정당 행위로 위법성 조각 사유이다.

③ 책임 능력이 없어서 책임이 조각되는 사유에 해당한다.

⑤ 범죄 행위가 가지는 위법성을 인식하지 못하기 때문에 책임이 조각되는 사유에 해당한다.

14 ①

① 네트워크 조직은 정체성이 약하고 경계가 모호하기 때문에 응집력 있는 조직문화 형성이 곤란하다.

15 ①

과학적 관리론에 대한 반발로 생겨난 인간관계론은 인간소외의 극복을 지향하였다. 비공식조직의 중요성을 인정하는 이론으로, 조직의 성과에 미치는 영향요인으로서 조직의 구조적 측면보다는 비공식적 인간관계를 중요시하는 이론이다. 따라서 인간관계론은 공식조직보다 비공식조직을 중시한다.

16 ②

② 평가자의 전문성은 일반적 정책평가의 평가기준이 아니다.

※ 정책평가의 기준으로 효과성 · 능률성 · 주민만족도 · 수혜자 대응성 · 체제유지정도(Nakamura & Smallwood)를 들기도 하고, 효과성 · 능률성 · 적절성 · 적합성 · 고객대응성 · 형평성 등(W. Dunn)을 들기도 한다.

17 ③

직위분류제의 수립절차 … 계획의 수립 → 분류담당자의 선정 → 직무조사 → 직무분석 → 직무평가

※ 직무분석과 직무평가

구분	직무분석	직무평가
내용	직무의 종류별 분류	직무의 난이도, 책임도 분류
구조	수직적 · 종적 분류구조	수평적 · 횡적 분류구조
결정	직군, 직렬	직급, 직무등급
순서	직무조사 이후	직무분석 이후

18 ①

① 「정부기업예산법」의 적용을 받는 공기업의 회계방식은 현금주의가 아닌 발생주의 방식을 취하고 있다.

※ 「정부기업예산법」의 회계방식에는 발생주의 회계원칙, 원가계산제도, 감가상각제도, 예산의 신축성 부여, 예산의 요구서류 첨부, 손익계산서 명확화 등이 있다.

19 ①

님비현상과 핌피현상

㉠ 님비(NIMBY ; not in my back yards)현상 : 혐오시설의 자기지역 유치를 반대하는 운동을 말하는데, 혐오시설은 대개 쓰레기소각장, 방사성폐기물처분장, 고압송전탑, 장애인학교 등을 말한다.

㉡ 핌피(PIMFY ; please in my front yards)현상 : 님비현상과 반대로 유익한 시설 등의 자기지역 유치를 경쟁적으로 시도하는 주장을 말한다. 이들은 모두 자기지역만의 이익을 추구하려는 경향이다. 이러한 지역이기주의적 경향은 지방자치제가 시행되면서 더욱 심해지는 경향이 있다.

20 ②

집권화 · 분권화 촉진요인

집권화 촉진요인	분권화 촉진요인
• 교통 · 통신의 발달 • 행정의 능률성 향상 • 하위조직의 능력 부족 • 지도자의 강력한 리더십 • 행정의 획일적 · 통일적 처리 요구 • 소규모 영세조직과 신설조직의 경우 • 위기 존재시 신속한 결정을 위하여 • 특정 활동의 강조와 특정 분야의 전문화	• 신속한 업무처리 • 유능한 관리자 양성 • 행정의 민주성 확보 • 민주적 통제의 강화 • 대규모 조직과 기성조직 • 지역실정에 맞는 행정의 구현 • 주변상황의 불확실성과 동태성 • 권한위임을 통한 부하의 사기앙양과 창의력의 계발 및 책임감의 강화

21 ⑤

⑤ 최근 강조되고 있는 성과 중심의 행정은 부패방지와 관련이 있다고 볼 수 있다. 그러나 개방형임용제를 통한 행정 내부에 경쟁방식을 도입하는 취지이므로 직업공무원제의 강화와는 관계가 없다고 볼 수 있다.

22 ②

책임운영기관 … 중앙정부의 집행 및 서비스전달기능을 분리하여 자율성을 부여하고, 그 운영성과에 대하여 책임을 지도록 하는 성과중심의 사업부서화 된 행정기관을 말한다.

㉠ 특징 : 서비스기능 중심의 특정 기능만 전담하는 책임경영조직이며 성과 중심의 개방화된 조직이다. 자율성이 보장되고 결과에 대한 책임을 져야 하며 경쟁의 원리를 적용한다.

㉡ 적용분야 : 민영화 · 공사화가 불가능하거나 내부시장을 창출할 수 있는 분야, 독립채산제가 적용 가능하고 성과관리가 용이한 분야, 서비스 통합이 필요한 분야에 도입한다.

23 ①

②③④⑤ 외부주도형에 해당된다.

※ 정책의제형성의 모형

㉠ 외부주도형(배양형)
- 외부집단에 의해 사회문제가 제기되고 확대되어 공중의제가 되었다가 마지막에 가서는 공식의제가 되는 경우(사회문제 → 사회적 쟁점 → 공중의제 → 정부의제)
- 6 · 29선언, 낙동강 수질개선, 개방형 임용제, 전자거래제도 등

㉡ 내부주도형(동원형)
- 외부주도형과 반대로 정부조직 내부에서 주도되어 거의 자동적 · 공식적으로 의제가 되는 경우로, 성공적인 집행을 위하여 정부의 PR활동을 통해 공중의제로 전환시키게 됨(사회문제 → 정부의제 → 공중의제)
- 올림픽 유치, 가족계획사업, 새마을운동, 전자주민카드제 등

㉢ 내부접근형(음모형)
- 정부 내의 관료집단이나 정책결정자에게 접근이 용이한 외부집단의 문제제기에 의하여 정부의제화 되는 경우(사회문제 → 정부의제)
- 미국의 무기구입계약 등

24 ③

③ 국가경쟁력을 강화시키기 위해서는 공공부문에도 경쟁원리(저비용 · 고효율성)를 도입하여야 한다. 따라서 성과나 생산성이 낮은 부문의 인력을 감축하는 것이 가장 합리적인 방법이라 할 수 있다.

25 ②

② 서비스에 직접 참여하지 않는 특정인을 배제하기가 곤란하므로 근원적으로 무임승차자문제를 해결하기가 곤란하다. 무임승차자문제를 원칙적으로 해결할 수 있는 대안은 수익자 부담원칙, 응익성원칙, 사용자 부담원칙 등이 있다.

※ 공동생산 … 종래에는 정부만이 담당하던 서비스 제공 업무에 전문가인 공무원과 민간이 공동으로 참여하는 것으로, 자원봉사활동에 의해 정부활동을 보완하는 경우를 말한다.

26 ④

④ 「지방자치법」은 헌법에 근거하여(위임에 의해) 국회에서 제정되는 법률 형식의 법규이다.

※ 지방자치 … 극히 다의적인 개념이다. 그러나 지방자치의 가장 보편적인 정의를 내려 본다면 지방자치란 일정한 지역을 기초로 하는 단체가 자기의 사무, 즉 지역의 행정을 그 지역 주민의 의사에 따라서 자기의 기관과 재원에 의하여 독자적으로 수행하는 행위라 할 수 있다.

27 ③

자본주의 기업은 시장에서의 완전경쟁을 가정하고 있다.

28 ⑤

경영의 방향에 대한 당위로서의 합리성 및 가치적인 배제를 말한다.

29 ③

서번트 리더십(Servant Leadership) : 타인에게 행하기 위한 봉사에 기준을 두고, 구성원 및 소비자들의 커뮤니티를 우선적으로 하며, 그들의 니즈를 만족시키기 위해 헌신하는 리더십을 의미한다.

30 ④

④ 존경의 욕구단계이다.

31 ⑤

재고의 기능

㉠ 재고보유를 통한 판매의 촉진
㉡ 투자 및 투기의 목적으로 보유
㉢ 소비자에 대한 서비스
㉣ 부문 간의 완충역할
㉤ 취급수량의 경제성

32 ①

집단의사결정의 장점

㉠ 많은 지식과 정보를 수집할 수 있다.
㉡ 구성원 간 상호작용에 의한 시너지효과를 발휘할 수 있다.
㉢ 일의 전문화가 가능하다.
㉣ 커뮤니케이션 및 교육 기능을 수행할 수 있다.
㉤ 참여한 구성원의 만족과 지지로 응집력이 향상된다.

33 ②

항공사의 서비스를 이용하는 것과 학교에서의 수업을 듣는 교육서비스 등은 말 그대로 해당 서비스를 이용하는 것이지 소유를 할 수 없다. 이 같이 인간이 서비스를 구매하기 전에 보거나 또는 듣거나 하는 등의 오감을 통해 느낄 수 없는 것을 무형성이라고 한다.

34 ④

현대적 인사관리는 전통적 인사관리와는 다르게 주체적이면서 자율적인 Y론적 인간관을 추구하고 있다.

35 ⑤

최저 임금제는 노동력의 질적인 부분을 향상시킨다.

36 ③

번햄(J. Burnham)은 '경영의 혁명'을 저술하여 경영자주의를 기초로 하는 사회개량주의를 제창하였다.

37 ②

채권은 대부분이 장기증권이다.

38 ②

중앙정부나 지방정부가 소유 및 운영하는 기업은 공기업을 의미한다.

㉡ 정부실패 문제가 제기되면서 민영화되는 공기업이 증가하는 추세이다.
㉢ 정부가 독점으로 운영하는 공기업이 많다.

39 ②

제시된 내용은 패리티가격(Parity Price)에 관한 설명으로 농민, 즉 생산자를 보호하려는 데 그 목적이 있다.

40 ③

㉠ 경기 침체를 극복하기 위해서는 국공채를 매입해야 한다.
㉣ 국내 금리가 외국의 금리보다 낮을 경우 높은 수익을 좇아 국내 자본이 해외로 유출될 가능성이 커진다.

41 ③

① 공공재는 시장 기능에 의해서는 사회적 필요량보다 과소생산되는 시장 실패가 나타난다. 그러나 이 역시 제시된 사례에 해당되는 것은 아니다.
② 관료 집단의 이기주의와 부정부패가 심화되면 정부 실패로 이어지게 된다.

④ 상품 정보의 비대칭으로 인해 도덕적 해이가 나타나는 것도 시장 실패로 볼 수 있지만 제시된 사례와는 거리가 멀다.

⑤ 소수가 시장을 지배하게 되면 불완전한 경쟁으로 인해 시장 실패가 나타나지만, 제시된 사례에 해당되는 것은 아니다.

42 ④

④ 이자를 충분히 받지 못할 것으로 예상한 사채업자들은 자금을 급히 회수하려고 할 것이므로 사채 공급이 줄고, 채무 상환 요구를 받은 채무자들은 또 다른 사채를 얻어서 갚으려 할 것이므로 사채 수요는 늘 것이다. 따라서 사채 이자율은 단기간에 급격히 상승할 것이다.

① 사채 공급은 감소할 것이다.

② 사채 수요는 증가할 것이다.

③ 사채 시장은 원래 불균형 상태에 있지 않았다.

⑤ 사채 시장은 초과 수요 상태일 것이다.

43 ⑤

㉠㉡ 인플레이션 발생의 공급 측면의 원인이다.

㉢㉣ 인플레이션 발생의 수요 측면의 원인이다.

44 ④

④ 불로소득은 노동하지 않고 얻은 소득이다. ㉡, ㉢은 생산과정에서 경영이나 노동을 투입하여 얻는 소득이므로 불로소득이라고 볼 수 없다.

45 ④

④ 투기적 화폐수요의 이자율탄력성이 크다는 것은 LM곡선이 매우 완만하다는 것이다. LM곡선이 완만한 형태인 경우에는 확장적 재정정책으로 IS곡선이 오른쪽으로 이동하더라도 이자율의 상승폭은 적다. 그렇게 되면 재정지출확대정책으로 인한 구축효과가 크게 나타나지 않는다.

46 ②

① 정치적 통합보다는 경제적 통합이 우선적으로 이루어지는 것이 바람직하다.

③ 남북 간에 실질적인 교류와 협력이 이루어지기 위해서는 기업의 역할이 매우 중요하다. 특히, 북한은 남한 민간 기업과의 경제 협력을 통하여 실질적 이익을 추구하는 데 관심을 보이고 있다.

④⑤ 남북 경제 협력은 호혜적 입장에서 북한의 수용 여건과 남한의 능력 범위 안에서 실천 가능한 사업부터 단계적으로 추진되는 것이 효과적이다.

47 ④

① 자산은 1,100만 원이다.

② 순자산은 자산에서 부채를 차감한 금액인 500만 원이다.

③ 지출은 자산의 감소 항목이며 수입은 자산의 증가 항목이므로, 지출이 수입보다 큰 경우 순자산은 감소하게 된다.

⑤ 현금으로 신용 카드 미결제 잔액을 갚을 경우 자산은 감소하고 동일한 액수만큼 부채도 감소한다.

48 ③

③ 이 법은 고령이나 노인성 질병 등의 사유로 일상생활을 혼자서 수행하기 어려운 노인등에게 제공하는 신체활동 또는 가사활동 지원 등의 장기요양급여에 관한 사항을 규정하여 노후의 건강증진 및 생활안정을 도모하고 그 가족의 부담을 덜어줌으로써 국민의 삶의 질을 향상하도록 함을 목적으로 한다〈법 제1조〉.

① 장기요양급여는 노인 등이 가족과 함께 생활하면서 가정에서 장기요양을 받는 재가급여를 우선적으로 제공하여야 한다〈법 제3조 제3항〉.

② 장기요양인정 및 장기요양등급 판정 등을 심의하기 위하여 공단에 장기요양등급판정위원회를 둔다〈제52조 제1항〉. 등급판정기준은 장기요양 1~5등급과 장기요양 인지지원등급으로 나뉜다〈시행령 제7조〉.

④ 장기요양사업의 관리운영기관은 국민건강보험공단으로 한다〈법 제48조 제1항〉.

⑤ 장기요양보험료는 국민건강보험법에 따른 보험료(건강보험료)와 통합하여 징수한다〈법 제8조 제2항〉.

49 ②

② 주택연금은 부부 중 한명의 나이가 만 55세 이상이어야 한다.

50 ②

사회보장기본법 제3조 제3호에 의하면, "공공부조라 함은 국가 및 지방자치단체의 책임하에 생활유지 능력이 없거나 생활이 어려운 국민의 최저생활을 보장하고 자립을 지원하는 제도를 의미한다."라고 정의한다. 현재 공공부조와 관련해서는 '국민기초생활보장제도'가 실시되고 있다.

제2회 정답 및 해설

직업기초능력평가

1 ③

③ 영희가 장갑을 이미 낀 상태인지, 장갑을 끼는 동작을 진행 중인지 의미가 확실치 않은 동사의 상적 속성에 의한 중의성의 사례가 된다.

① 수식어에 의한 중의성의 사례로, 길동이가 나이가 많은 것인지, 길동이와 을순이 모두가 나이가 많은 것인지가 확실치 않은 중의성을 포함하고 있다.

② 접속어에 의한 중의성의 사례로, '그 녀석'이 나와 함께 가서 아버지를 만난건지, 나와 아버지를 각각 만난건지, 나와 아버지 둘을 같이 만난건지가 확실치 않은 중의성을 포함하고 있다.

④ 명사구 사이 동사에 의한 중의성의 사례로, 그녀가 친구들을 보고 싶어 하는 것인지 친구들이 그녀를 보고 싶어 하는 것인지가 확실치 않은 중의성을 포함하고 있다.

2 ④

B전자는 세계 스마트폰 시장 1등이며, 최근 중저가 폰의 판매량이 40% 나타났지만 B전자가 주력으로 판매하는 폰이 중저가 폰인지는 알 수 없다.

3 ③

선발인원, 활동 내역, 혜택사항 등은 인원을 모집하려는 글에 반드시 포함되어야 할 사항이라고 볼 수 있으며, 문의처를 함께 기재하는 것이 모집 공고문 작성의 일반적인 원칙이다. 활동비 지급 내역 등과 같은 세부 사항은 '응모'와 관련된 직접적인 사항이 아니므로 공고문에 반드시 포함될 필요는 없다고 보아야 한다.

4 ④

④ 국제노동기구에서는 사회보장의 구성요소로 전체 국민을 대상으로 해야 하고, 최저생활이 보장되어야 하며 모든 위험과 사고가 보호되어야 할뿐만 아니라 공공의 기관을 통해서 보호나 보장이 이루어져야 한다고 하였다.

5 ③

③ 파급(波及) : 어떤 일의 여파나 영향이 차차 다른 데로 미침.

① 통용(通用) : 일반적으로 두루 씀. 또는 서로 넘나들어 두루 씀.

② 책정(策定) : 계획이나 방책을 세워 결정함.

④ 양육(養育) : 아이를 보살펴서 자라게 함.

6 ③

'깨진 유리창의 법칙'은 깨진 유리창처럼 사소한 것들을 수리하지 않고 방치해두면, 나중에는 큰 범죄로 이어진다는 범죄 심리학 이론으로, 작은 일을 소홀히 관리하면 나중에는 큰일로 이어질 수 있음을 의미한다.

7 ③

채무자인 乙이 실제 수령한 금액인 1,200만 원을 기준으로 최고연이자율 연 30%를 계산하면 360만 원이다. 그런데 선이자 800만 원을 공제하였으므로 360만 원을 초과하는 440만 원은 무효이며, 약정금액 2,000만 원의 일부를 변제한 것으로 본다. 따라서 1년 후 乙이 갚기로 한 날짜에 甲에게 전부 변제하여야 할 금액은 2,000 − 440 = 1,560만 원이다.

8 ②

甲~戊의 심사기준별 점수를 산정하면 다음과 같다. 단, 丁은 신청마감일(2025. 4. 30.) 현재 전입일부터 6개월 이상의 신청자격을 갖추지 못하였으므로 제외한다.

구분	거주 기간	가족 수	영농 규모	주택 노후도	사업 시급성	총점
甲	10	4	4	8	10	36점
乙	4	8	10	6	10	38점
丙	6	6	8	10	10	40점
戊	8	6	10	8	4	36점

따라서 상위 2가구는 丙과 乙이 되는데, 2가구의 주소지가 B읍·면으로 동일하므로 총점이 더 높은 丙을 지원하고, 나머지 1가구는 甲, 戊의 총점이 동점이므로 가구주의 연령이 더 높은 甲을 지원하게 된다.

9 ②

메모
전 직원들에게
Robert Burns로부터
직원회의에 관하여
월요일에 있을 회의 안건에 대하여 모두에게 알리고자 합니다. 회의는 브리핑과 브레인스토밍 섹션으로 구성될 예정입니다. 회의에서 제안할 사무실 재편성에 관한 아이디어를 준비하여 오시기 바랍니다. 회의는 긍정적인 분위기를 유지하기를 원한다는 점을 기억하시기 바랍니다. 우리는 회의에서 여러분이 제안한 그 어떤 아이디어에도 전혀 비판을 하지 않을 것입니다. 모든 직원들이 회의에 참석할 것을 기대합니다.

10 ①

언어의 기능

㉠ 표현적 기능 : 말하는 사람의 감정이나 태도를 나타내는 기능이다. 언어의 개념적 의미보다는 감정적인 의미가 중시된다. →[예 : 느낌, 놀람 등 감탄의 말이나 욕설, 희로애락의 감정표현, 폭언 등]

㉡ 정보전달기능 : 말하는 사람이 알고 있는 사실이나 지식, 정보를 상대방에게 알려 주기 위해 사용하는 기능이다. →[예 : 설명, 신문기사, 광고 등]

㉢ 사교적 기능(친교적 기능) : 상대방과 친교를 확보하거나 확인하여 서로 의사소통의 통로를 열어 놓아주는 기능이다. →[예 : 인사말, 취임사, 고별사 등]

㉣ 미적 기능 : 언어예술작품에 사용되는 것으로 언어를 통해 미적인 가치를 추구하는 기능이다. 이 경우에는 감정적 의미만이 아니라 개념적 의미도 아주 중시된다. →[예 : 시에 사용되는 언어]

㉤ 지령적 기능(감화적 기능) : 말하는 사람이 상대방에게 지시를 하여 특정 행위를 하게 하거나, 하지 않도록 함으로써 자신의 목적을 달성하려는 기능이다. →[예 : 법률, 각종 규칙, 단체협약, 명령, 요청, 광고문 등의 언어]

11 ④

3개 회사는 각 종목 당 다른 회사와 5번씩 경기를 가졌으며 이에 따른 승수와 패수의 합은 항상 10이 된다. 갑사가 C 종목에서 거둔 5승과 5패는 어느 팀으로부터 거둔 것인지 알 수 있는 근거가 없어 을사, 병사와 상대 전적이 동일하다고 말할 수 없다. 또한, 특정 팀과 5회 경기를 하여 무승부인 결과는 없는 것이므로 상대 전적이 동일한 두 팀이 생길 수는 없다.

① 병사의 6패 중 나머지 5패를 을사로부터 당한 것이 된다. 따라서 을사와의 전적은 0승 5패의 압도적인 결과가 된다.

② 갑사와 병사의 승수 중 각각 4승씩을 제외한 나머지 승수가 상대방으로부터 거둔 승수가 된다. 따라서 갑사는 병사로부터 3승을, 병사는 갑사로부터 2승을 거둔 것이 되어 갑사의 상대 전적이 병사보다 더 우세하게 된다.

③ 을사의 A 종목 3패 중 적어도 2패 이상이 갑사에게 당한 것이 되고 나머지 패수가 병사에게 당한 것이 되므로 을사는 병사보다 A 종목의 상대 전적이 더 우세하다. 이와 같은 논리로 살펴보면 병사의 C 종목 3패 중 1패 또는 0패가 을사와의 경기 결과가 되어 병사는 을사보다 C 종목 상대 전적이 더 우세하게 된다.

12 ②

창의적 사고를 개발하기 위한 세 가지 방법은 각각 다음과 같은 것들이 있다.

㉠ 자유 연상법 : 어떤 생각에서 다른 생각을 계속해서 떠올리는 작용을 통해 어떤 주제에서 생각나는 것을 계속해서 열거해 나가는 발산적 사고 방법이다.

㉡ 강제 연상법 : 각종 힌트에서 강제적으로 연결 지어서 발상하는 방법이다.

㉢ 비교 발상법 : 주제와 본질적으로 닮은 것을 힌트로 하여 새로운 아이디어를 얻는 방법이다. 이때 본질적으로 닮은 것은 단순히 겉만 닮은 것이 아니고 힌트와 주제가 본질적으로 닮았다는 의미이다.

13 ③

일정의 최종 결정권한은 상사에게 있으므로 부하직원이 스스로 독단적으로 처리해서는 안 된다.

14 ③

명칭 파일링 시스템(Alphabetic Filing System) … 문서 등을 알파벳순이나 자모순으로 배열한 것으로 가이드 배열이 단순 · 간편하고 유지비용이 저렴하 직며접검색이 용이하다. 하지만 보안의 위험이 크고 배열 오류가 발생하기 쉽다.

15 ③

주어진 조건들을 종합하면 A는 파란색 옷 입은 의사, B는 초록색 옷을 입은 선생님, C는 검은색 옷을 입은 외교관, D는 갈색 옷을 입은 경찰이므로 회장의 직업은 경찰이고, 부회장의 직업은 의사이다.

	외교관, 검정 C ↓	의사, 파랑 A ↓
창가	↑ D 경찰, 갈색	↑ B 선생님, 초록

16 ③

주어진 조건에 따라 선택지의 날짜에 해당하는 당직 근무표를 정리해 보면 다음과 같다.

구분	갑	을	병	정
A	2일, 14일		8일	
B		3일		9일
C	10일		4일	
D		11일		5일
E	6일		12일	
F		7일		13일

따라서 A와 갑이 2일 날 당직 근무를 섰다면 E와 병은 12일 날 당직 근무를 서게 된다.

17 ③

문제의 내용과 조건의 내용에서 알 수 있는 것은 다음과 같다.

- 5층과 1층에서는 적어도 1명이 내렸다.
- 4층에서는 2명이 내렸다. → 2층 또는 3층 중 아무도 내리지 않은 층이 한 개 있다.

그런데 네 번째 조건에 따라 을은 1층에서 내리지 않았고, 두 번째 조 건에 따라 을이 내리기 직전 층에서는 아무도 내리지 않아야 하므로, 을은 2층에서 내렸고 3층에서는 아무도 내리지 않은 것이 된다(∵ 2층 또는 3층 중 아무도 내리지 않은 층이 한 개 있으므로)

또한 무는 정의 바로 다음 층에서 내렸다는 세 번째 조건에 따르면, 정이 5층에서 내리고 무가 4층에서 내린 것이 된다.

네 번째 조건에서 갑은 1층에서 내리지 않았다고 하였으므로, 2명이 함께 내린 층인 4층에서 무와 함께 내린 것이고, 결국 1층에서 내릴 수 있는 사람은 병이 된다.

18 ④

지역가입자 중 공적소득이 많은 것으로 인정되는 자는 생업목적에 해당하는 근로를 제공한다고 보지 않으므로 근로자에서 제외된다.

① 건설일용근로자는 1개월간 근로일수가 20일 이상인 경우에 사업장 가입자 신고대상이 된다.

② '소득 있는 업무 종사자'가 되므로 조기노령연금 수급권자인 경우에는 다시 사업장 가입자로 신고할 수 있다.

③ 대학 시간강사의 경우 월 60시간 미만인 자로서 생업목적으로 3개월 이상 근로를 제공하기로 한 경우에 신고대상에 해당된다.

19 ②

대학 시간강사의 경우, 1개월의 근로시간이 50시간(60시간 미만)이더라도 생업을 목적으로 3개월 이상의 근로를 제공하게 되면, '근로자에서 제외되는 자'의 조건에서 제외되므로 근로자가 되어 사업장 가입자 자격 취득 신고대상이 된다.

① 2016년에 시행된 규정에 의해 둘 이상 사업장에 근로를 제공하면서 각 사업장의 1개월 소정근로시간의 합이 60시간 이상인 사람으로서 1개월 소정근로시간이 60시간 미만인 사업장에서 근로자로 적용되기를 희망하는 자는 근로자에서 제외되므로 신고대상에서 제외된다.

③ 일용근로자 또는 1개월 미만의 기한을 정하여 사용되는 근로자에 해당되므로 '근로자'의 개념에서 제외되어 신고대상에서 제외된다.

④ 소득이 발생하지 않는 법인의 이사이므로 근로자에서 제외되어 신고대상에서 제외된다.

20 ①

(가) 6개월 이내에 보증부대출 채무 인수는 마쳤으나 소유권이 전등기를 하지 않았으므로 대출금 조기 만료에 해당된다. (O)

(나) 병원 입원 기간은 해당 사유에서 제외되므로 대출금이 조기 만료되지 않는다. (X)

(다) 본인이 담보주택의 소유권을 상실한 경우로 대출금 조기 만료에 해당된다. (O)

(라) S씨의 대출금과 근저당권 상황은 대출금 조기 만료에 해당될 수 있으나, 채권자인 은행의 설정 최고액 변경 요구에 응하고 있으므로 조기 만료에 해당되지 않는다. (X)

21 ③

÷3, ×6이 반복되고 있으므로, 빈칸에 들어갈 숫자는 8×6=48이다.

22 ④

의자수를 x라고 하면, 사람 수는 $8x+5$와 $10(x-2)+7$으로 나타낼 수 있다.

두 식을 연립하여 풀면

$8x+5=10(x-2)+7,\ x=9$

따라서 의자의 개수는 9개이다.

23 ④

㉠ 갑의 작업량은 $\left(3\times\frac{1}{8}\right)+\left(3\times\frac{1}{8}\right)=\frac{3}{4}$

㉡ 전체 작업량을 1이라 하고 을의 작업량을 x라 하면,

$\frac{3}{4}+x=1,\ \therefore x=\frac{1}{4}$

㉢ 을의 작업량이 전체에서 차지하는 비율은

$\frac{1}{4}\times 100=25\%$

24 ③

③ 일반 가정 부문은 정부 부문보다 판매대수가 많지만 매출액은 더 적다.

25 ③

민수와 동기가 동시에 10개의 동전을 던졌을 때, 앞면의 개수가 많이 나올 확률은 민수와 동기 모두 같다. 둘이 10개의 동전을 함께 던진 후 동기가 마지막 한 개의 동전을 던졌다고 하면 앞면이 나올 확률은 50%이다. 그러므로 이 게임에서 민수와 동기가 이길 확률은 동일하다.

26 ③

③ 같은 지역 안에서는 월간 가격 비교가 가능하다. '다' 지역의 경우 3월 아파트 실거래 가격지수가 100.0이므로 3월의 가격과 1월의 가격이 서로 같다는 것을 알 수 있다.

① 각 지역의 아파트 실거래 가격지수의 기준이 되는 해당 지역의 1월 아파트 실거래 가격이 제시되어 있지 않으므로 다른 월의 가격도 알 수 없으므로 비교가 불가능하다.

② 아파트 실거래 가격지수가 높다고 하더라도 기준이 되는 1월의 가격이 다른 지역에 비하여 현저하게 낮다면 실제 가격은 더 낮아질 수 있으나 가격이 제시되어 있지 않으므로 비교가 불가능하다.

④ '가' 지역의 7월 아파트 실거래 가격지수가 104.0이므로 1월 가격이 1억 원일 경우, 7월 가격은 1억 4천만 원이 아니라 1억 4백만 원이 된다.

27 ④

2025년의 기초연금 수급률이 65.6%이므로 기초연금 수급률은 65세 이상 노인 수 대비 수급자의 비율이라고 볼 수 있다. 따라서 이에 의해 2018년의 기초연급 수급률을 구해 보면, 3,630,147 ÷ 5,267,708 × 100 = 68.9%가 된다. 따라서 68.9%와 65.6%와의 증감률을 구하면 된다. 이것은 다시 (65.6 − 68.9) ÷ 68.9 × 100 = −4.8%가 된다.

28 ②

1인 수급자는 전체 부부가구 수급자의 약 17%에 해당하며, 전체 기초연금 수급자인 4,581,406명에 대해서는 약 8.3%에 해당한다.

① 기초연금 수급자 대비 국민연금 동시 수급자의 비율은 2018년이 719,030 ÷ 3,630,147 × 100 = 19.8%이며, 2025년이 1,541,216 ÷ 4,581,406 × 100 = 33.6%이다.

③ 전체 수급자는 4,581,406명이며, 이 중 2,351,026명이 단독가구 수급자이므로 전체의 약 51.3%에 해당한다.

④ 2018년 대비 2025년의 65세 이상 노인인구 증가율은 (6,987,489 − 5,267,708) ÷ 5,267,708 × 100 = 약 32.6%이며, 기초연금수급자의 증가율은 (4,581,406 − 3,630,147) ÷ 3,630,147 × 100 = 약 26.2%이므로 올바른 설명이다.

29 ②

첫째 자리에 선이 세 개 있으므로 15, 둘째 자리에는 점이 세 개 있으므로 60이 된다. 따라서 첫째 자리와 둘째 자리를 합한 값인 75를 입력하면 (그림 4)와 같은 결과를 얻을 수 있다.

30 ②

각 대안별 월 소요 예산을 구하면 다음과 같다.

A안 : 모든 빈곤 가구에게 전체 가구 월 평균 소득의 25%에 해당하는 금액을 가구당 매월 지급한다고 하였으므로, (300 × 0.2 + 600 × 0.2 + 500 × 0.2 + 100 × 0.2) × (2,000,000 × 0.25) = 300 × 500,000 = 150,000,000원이 필요하다.

B안 : 한 자녀 가구에는 10만 원, 두 자녀 가구에는 20만 원, 세 자녀 이상 가구에는 30만 원을 가구당 매월 지급한다고 하였으므로, (600 × 100,000 + 500 × 200,000 + 100 × 300,000) = 60,000,000 + 100,000,000 + 30,000,000 = 190,000,000원이 필요하다.

C안 : 자녀가 있는 모든 맞벌이 가구에 자녀 1명당 30만 원을 매월 지급하고 세 자녀 이상의 맞벌이 가구에는 일률적으로 가구당 100만 원을 매월 지급한다고 하였으므로, {(600 × 0.3) × 300,000} + {(500 × 0.3) × 2 × 300,000} + {(100 × 0.3) × 1,000,000} = 54,000,000 + 90,000,000 + 30,000,000 = 174,000,000원이 필요하다.

따라서 A < C < B 순이다.

31 ④

집단의사결정은 한 사람이 가진 지식보다 집단이 가지고 있는 지식과 정보가 더 많아 효과적인 결정을 할 수 있다. 또한 다양한 집단구성원이 갖고 있는 능력은 각기 다르므로 각자 다른 시각으로 문제를 바라봄에 따라 다양한 견해를 가지고 접근할 수 있다. 집단의사결정을 할 경우 결정된 사항에 대하여 의사결정에 참여한 사람들이 해결책을 수월하게 수용하고, 의사소통의 기회도 향상되는 장점이 있다. 반면에 의견이 불일치하는 경우 의사결정을 내리는 데 시간이 많이 소요되며, 특정 구성원들에 의해 의사결정이 독점될 가능성이 있다.

32 ③

③ 최 이사와 노 과장의 동반 해외 출장 보고서는 최 이사가 임원이므로 사장이 최종 결재권자가 되어야 하는 보고서가 된다.

① 직원의 휴가는 본부장이 최종 결재권자이다.

② 직원의 해외 출장은 본부장이 최종 결재권자이다.

④ 백만 불을 기준으로 결재권자가 달라진다.

33 ②

유기적 조직 … 의사결정권한이 조직의 하부구성원들에게 많이 위임되어 있으며 업무 또한 고정되지 않고 공유 가능한 조직이다. 유기적 조직에서는 비공식적인 상호의사소통이 원활히 이루어지며, 규제나 통제의 정도가 낮아 변화에 따라 쉽게 변할 수 있는 특징을 가진다.

34 ④

콜센터를 포함하면 11개의 팀으로 구성되어 있다.

35 ④

직장인의 대부분은 대부분의 시간을 일터에서 보내므로 일터에서의 삶이 보다 쾌적하고 충족된 것이기를 바랄 것이다. 또한, 생활의 한 부분이 불만족스러우면 그것이 전이 효과를 가져와 그와 관련 없는 다른 생활도 불만족스럽게 보는 경향을 보이게 된다. 일에 만족을 느끼는 직장인은 불만과 스트레스로부터 해방될 수 있어 신체적 건강 유지에 도움을 받을 수 있으며, 직무만족감이야말로 업무 생산성을 향상시킬 수 있는 가장 중요한 요소일 것이다.

직무만족은 개인과 직장의 발전에 기여할 수 있는 중요한 요소이나, 개인의 경력을 개발하는 일은 직무만족과 다른 문제이다.

36 ③

직원 교육에 대한 업무는 인사과에서 담당하기 때문에 교육 세미나에 대해 인사과와 협의해야 하지만 영업교육과 프레젠테이션 기술 교육을 인사과 직원이 직접 하는 것은 아니다.

37 ④

협의 사항 중 비서실과 관련된 내용은 없다.

38 ②

① 영업교육과 프레젠테이션 기술 교육

③ 연 2회

④ 영업직원의 영업능력 향상

39 ④

주차유도원서비스, 상품게시판 예약서비스 등은 사전서비스에 해당한다.

40 ①

위 표는 직무기술서로 직무기술서는 주로 과업요건에 초점을 맞추고 있다.

41 ①

후쿠오카공항(K13)역에서 나카스카와바타(K09)역까지 4개 역을 이동하는 데 12분이 걸리고, 공항선에서 하코자키선으로 환승하는 데 10분, 나카스카와바타(H01)역에서 지요겐초구치(H03)역까지 2개 역을 이동하는 데 6분이 걸린다. 따라서 후쿠오카공항(K13)역에서 오전 9시에 출발할 경우, 지요겐초구치(H03)역에는 28분 후인 9시 28분에 도착한다.

42 ②

지요겐초구치(H03) → 무로미(K02) → 후쿠오카공항(K13) → 자야미(N09) → 덴진미나미(N16)의 순으로 움직인다면, H03역에서 K02역으로 이동 할 때 1번, K02역에서 K13역으로 이동할 때 1번, K13역에서 N09역으로 이동할 때 1번으로, 총 3번 덴진(K08)역을 지난다.

43 ③

MID(text, start_num, num_chars)는 텍스트에서 원하는 문자를 추출하는 함수이다. 주민등록번호가 입력된 [B1] 셀에서 8번째부터 1개의 문자를 추출하여 1이면 남자, 2면 여자라고 하였으므로 답이 ③이 된다.

44 ①

- 2025년 5월 : 2505
- 합천 1공장 : 8S
- 세면도구 비누 : 04018
- 36번째로 생산 : 00036

45 ③

'25015N0301200013', '25033H0301300010', '25026P0301100004' 총 3개이다.

46 ②

② 정용준(24113G0100100001) – 박근동(24123G0401800008)

47 ③

③ 매크로 보안 설정 사항으로는 모든 매크로 제외(알림 표시 없음), 모든 매크로 제외(알림 표시), 디지털 서명된 매크로만 포함 등이 있으며, '모든 매크로 포함'은 위험성 있는 코드가 실행될 수 있으므로 권장하지 않는다.

48 ④

표시 위치를 지정하여 특정 문자열을 연결하여 함께 표시할 경우에는 @를 사용한다. 따라서 '신재생'을 입력하여 '신재생에너지'라는 결과값을 얻으려면 '@에너지'가 올바른 서식이다.

49 ③

C2*VLOOKUP(B2,$B$8:$C$10, 2, 0) 상품코드 별 단가가 수직(열)형태로 되어 있으므로, 그 단가를 가져오기 위해서는 VLOOKUP함수를 이용해야 되며, 상품코드 별 단가에 수량(C2)를 곱한다. $B$8:$C$10에서 단가는 2열이고 반드시 같은 상품코드 (B2)를 가져와야 되므로, 0 (False)를 사용하여 VLOOKUP(B2,$B$8:$C$10, 2, 0)처럼 수식을 작성해야 한다.

50 ③

IF(조건, 인수1, 인수2) 함수는 해당 조건이 참이면 인수1을, 거짓이면 인수2를 실행하게 하는 함수이다. 따라서 A1 셀이 0 이상(크거나 같음)이면 "양"을, 그렇지 않으면 "음"을 표시하게 되는 것이다.

51 ④

영어의 경우에는 대소문자를 명확히 구분해서 표기해야 한다.

52 ④

김 대리가 윤리적 가치를 준수하고 있는 가장 큰 이유는, 그것이 어떻게 살 것인가 하는 가치관의 문제와도 관련이 있기 때문이다. 그러한 가치는 눈에 보이는 경제적 이득과 육신의 안락만을 추구하는 것이 아니고, 삶의 본질적 가치와 도덕적 신념을 존중하기 때문에 윤리적으로 행동해야 한다는 것을 말해주고 있는 것이다.

53 ①

정직이 신뢰를 형성하는 충분한 조건은 아니다. 신뢰를 얻기 위해서는 정직 이외에도 약속을 잘 지키거나 필요능력을 갖춰야 하는 등의 다른 필요사항도 있어야 하겠지만 정직이 신뢰를 위해서는 빠질 수 없는 요소인 것만은 틀림없다. 정직은 사람과 사람이 협력하는데 필요한 가장 기본적인 규범이기 때문에 "거짓말 하는 사람은 정상적인 대우를 하지 않는다."라는 사회적 인식과 믿음을 굳혀야 한다.

또한, 조직의 리더가 조직 구성원에게 원하는 첫째 요건이 바로 성실성이라고 한다. 즉, 성실은 조직생활에서 가장 큰 무기가 될 수 있는 것이다.

54 ②

전화걸기

- 전화를 걸기 전에 먼저 준비를 한다. 정보를 얻기 위해 전화를 하는 경우라면 얻고자 하는 내용을 미리 메모하도록 한다.
- 전화를 건 이유를 숙지하고 이와 관련하여 대화를 나눌 수 있도록 준비한다.
- 전화는 정상적인 업무가 이루어지고 있는 근무 시간에 걸도록 한다.
- 당신이 통화를 원하는 상대와 통화할 수 없을 경우에 대비하여 비서나 다른 사람에게 메시지를 남길 수 있도록 준비한다.
- 전화는 직접 걸도록 한다.
- 전화를 해달라는 메시지를 받았다면 가능한 한 48시간 안에 답해주도록 한다.

55 ②

소매가 넓은 예복을 입었을 시에는 공수한 팔의 소매 자락이 수평이 되게 올리고 평상복을 입었을 때는 공수한 손의 엄지가 배꼽 부위 위에 닿도록 자연스럽게 앞으로 내린다.

56 ④

성예절을 지키기 위한 자세 … 직장에서 여성의 특징을 살린 한정된 업무를 담당하던 과거와는 달리 여성과 남성이 대등한 동반자 관계로 동등한 역할과 능력발휘를 한다는 인식을 가질 필요가 있다.

㉠ 직장 내에서 여성이 남성과 동등한 지위를 보장받기 위해서 그만한 책임과 역할을 다해야 하며, 조직은 그에 상응하는 여건을 조성해야 한다.

㉡ 성희롱 문제를 사전에 예방하고 효과적으로 처리하는 방안이 필요한 것이다.

㉢ 남성 위주의 가부장적 문화와 성역할에 대한 과거의 잘못된 인식을 타파하고 남녀공존의 직장문화를 정착하는 노력이 필요하다.

57 ④

단기 일자리를 제공하는 임시 고용형태는 육아와 일, 학업과 일을 병행하거나 정규직을 찾지 못한 사람 등이 주축이 되는 경우가 많으며, 제대로 운용할 경우 적절한 직업으로 거듭날 수도 있는 방식이다. 따라서 이런 임시 고용형태 자체를 무조건 비판하고 부정하는 것은 적절하지 않다.

④ 성추행과 성차별이 횡행했던 조직이라면, 채용된 직원에 대한 올바른 조직문화와 기업윤리를 교육하지 않고 실력에만 의존하여 무분별한 행위를 일삼는 근무태도를 문제 삼지 않았을 것이라고 판단할 수 있다.

58 ②

주어진 글은 봉사(서비스) 중에서도 '고객접점서비스'에 관한 설명이다. 고객접점서비스란 고객과 서비스 요원 사이의 15초 동안의 짧은 순간에서 이루어지는 서비스로서 이 순간은 진실의 순간(MOT: moment of truth) 또는 결정적 순간이다. 이 15초 동안에 고객접점에 있는 최일선 서비스 요원이 책임과 권한을 가지고 우리 회사를 선택한 것이 가장 좋은 선택이었다는 사실을 고객에게 입증시켜야 한다는 것이다. 따라서 고객이 서비스 상품을 구매하기 위해서는 입구에 들어올 때부터 나갈 때까지 여러 서비스요원과 몇 번의 짧은 순간을 경험하게 되는데 그때마다 서비스요원은 모든 역량을 동원하여 고객을 만족시켜주어야 하는 것이다.

59 ①

각자가 말한 직업관은 다음과 같은 의미로 해석할 수 있다.

- 소명의식 : 자신이 맡은 일은 하늘에 의해 맡겨진 일이라고 생각하는 태도
- 천직의식 : 자신의 일이 자신의 능력과 적성에 꼭 맞는다 여기고 그 일에 열성을 가지고 성실히 임하는 태도
- 직분의식 : 자신이 하고 있는 일이 사회나 기업을 위해 중요한 역할을 하고 있다고 믿고 자신의 활동을 수행하는 태도
- 전문가의식 : 자신의 일이 누구나 할 수 있는 것이 아니라 해당 분야의 지식과 교육을 밑바탕으로 성실히 수행해야만 가능한 것이라 믿고 수행하는 태도

60 ③

직업윤리와 개인윤리가 충돌하는 상황이며, 이러한 경우 직업윤리를 우선시하는 것이 바람직하다. 선택지 ④의 경우는 책임감 있는 태도라고 볼 수 없다.

종합직무지식평가

1 ⑤

법은 행동의 결과를 중시하여 이를 처벌 근거로 삼아서 강제로 지키게 하며, 위반 시 국가적 처벌이 따른다. 사회 규범은 사람들이 공동생활을 하면서 함께 지켜야 하는 행동의 원칙으로 관습, 종교, 도덕, 법 등이 있다. 이 중 강제성을 가지고 사람들이 지키게 하며, 위반 시 국가적 처벌이 따르는 규범은 법이다.

① 관습

② 도덕

③ 종교규범

④ 도덕

2 ④

그림에서 (가)는 사법에 해당한다. 사법은 개인과 개인 사이의 사적인 생활 관계를 규율한다. 사법에는 민법과 상법이 있다.

① 개인과 국가의 관계를 규율하는 법 영역은 공법에 해당한다.

②③ 사회법에 해당한다.

⑤ 개인과 국가의 관계나 국가 기관과 관련된 일이므로 공법에 해당한다.

3 ④

①② 사인(私人)에 의해 개인의 권리가 침해당한 경우 사용할 수 있는 제도이다.

③ 타인의 권리를 침해한 개인에 대해 국가 기관이 사용할 수 있는 제도이다.

⑤ 국회가 사용할 수 있는 제도이다.

4 ④

④ 전세권자는 전세권을 타인에게 양도 또는 담보로 제공할 수 있고 그 존속기간내에서 그 목적물을 타인에게 전전세 또는 임대할 수 있다. 그러나 설정행위로 이를 금지한 때에는 그러하지 아니하다〈민법 제306조〉.

5 ③

①② 형법에서 범죄로 구성하고 있는 살인죄의 구성 요건에 해당한다.

④ 책임성 조각 사유는 만 14세 미만자, 심신 상실자, 강요된 행위 등이다.

⑤ 긴급 피난에 해당하는 설명이다.

6 ③

헌법 소원 심판은 헌법 재판소의 권한 중 하나이다. 헌법 소원은 공권력의 행사·불행사를 요건으로 국민의 기본권이 침해되었을 때 다른 권리 구제 수단을 모두 거친 후 최후의 수단으로 국민이 직접 청구할 수 있다.

③ 법원의 제청을 통한 권리 구제 수단은 위헌 법률 심판 제도이다.

7 ⑤

㈎ – 권리 능력, ㈏ – 행위 능력, ㈐ – 의사 능력

⑤ 만취 상태에 있는 사람은 정상적인 정신 상태에서 법률 행위를 할 수 없으므로 의사무능력자이다. 의사무능력 상태에서 행한 법률 행위는 무효이다. 따라서 자신의 차량을 판 행위는 무효이다.

① 법인은 친권이나 상속권을 가질 수 없으며 권리 능력에 제한이 따른다. 법인은 성질상 재산권뿐만 아니라 생명권·명예권·신용권과 같은 인격권을 가질 수 있으나, 생명권·신체권·가족권 등은 가질 수 없다.

② 미성년자는 법정 대리인의 동의를 얻어 재산상의 유효한 법률 행위를 할 수 있다. 피한정 후견인은 중요한 법률 행위에 대해서는 후견인의 동의를 얻어야 하지만 그 외의 행위는 자유롭게 할 수 있다. 피성년 후견인은 일용품의 구입 등 일상생활에 필요하고 그 대가가 과도하지 아니한 법률 행위나 법원이 정한 법률 행위는 단독으로 할 수 있으나 그 이외의 법률 행위는 후견인이 대리해야 유효하다.

③ 태아는 원칙적으로 권리 능력이 없지만 상속이나 불법 행위로 인한 손해 배상 청구에서는 예외적으로 권리 능력을 인정받는다.

④ 사람은 출생에 의해 권리 능력을 갖는다.

8 ④

추정 … 입증이 용이하지 않은 확정되지 않은 사실을 통상의 상태를 기준으로 하여 입증 사실로 인정하고 이에 상당한 법적 효과를 주는 것이다. 즉, 법의 편의상 반대의 증거가 없는 한 일정한 사실의 존재나 내용을 일단 가정해 놓는 것을 말한다. 이러한 사실의 추정은 사실의 입증, 사실의 간주와 더불어 어떤 사건을 법적 가치가 있는 사실로 확정하는 법적 인식 작용이다.

9 ②

② 남녀고용평등법은 헌법의 양성 평등 이념에 따라 고용에 있어서 남녀의 평등한 기회 및 대우를 보장하는 한편, 모성을 보호하고 직업 능력을 개발하여 근로 여성의 지위 향상과 복지 증진에 기여함을 목적으로 한다.

10 ④

제시문에서는 정보의 불균형이 지니는 문제점을 지적하고 있다. 즉, 정보를 한쪽에서만 가지고 있고 다른 쪽에서는 가지고 있지 못할 경우, 행정 행위에 대한 철저한 검증이 불가능할 것이고, 이 과정에서 부정부패와 독선적 일처리 행위가 증가할 것이다. 이러한 문제점을 해결하기 위해서는 시민들의 알 권리를 충족시킬 수 있는 제도가 마련되고 정비 되어야 한다.

11 ④

통지는 준법률행위적 행정행위이다.

12 ②

② 공무원의 불법행위나 공공시설의 관리 하자로 인해 손해를 입은 경우에는 행정상 손해 배상을 청구할 수 있다.

13 ②

제시문의 내용은 명확하지 않은 형법 규정은 죄형 법정주의에 반한다는 것이다. 명확성의 원칙이란, 어떤 행위가 형법에 의하여 금지되는 행위인지가 명확해서 누구든지 알 수 있어야 한다는 것이다. 즉, 범죄의 구성 요건과 형벌의 종류와 내용을 누구나 알 수 있도록 명확하게 규정해야 한다는 원칙이다.

14 ③

행정목표는 목표달성도(효과성)를 측정하는 기준이 되며, 조직의 민주화 수준을 측정하는 데는 조직목표라기 보다는 행정이념으로서의 민주성을 기준으로 평가하여야 할 것이다.

※ 행정이념 … 민주성 · 합법성 · 능률성 · 효과성 · 사회적 형평성이 있다.

15 ②

② 일반적으로 집권적 의사결정은 합리성을 제약하는 요인으로 볼 수 있지만, 분권화는 합리성 제약요인으로 보기 어렵다.

16 ④

상황론은 상황변화를 독립변수로, 리더십을 종속변수로 보고 리더십은 상황논리에 따라야 한다는 이론이다.

17 ④

④ 직군은 직무의 성질이 유사한 직렬의 군이다.

18 ②

공무원의 정치적 중립은 선거비용 절약과 직접적 관계가 없으며, 공무원의 정치적 민주화를 이루려면 정치활동을 허용하는 것이 옳다.

19 ①

① 민간이양은 정부실패 보완방법이다. 시장실패를 보완하기 위해서는 정부규제(개입)가 강화되어야 한다.

20 ①

정부실패원인

㉠ 행정기구의 내부성과 조직내부목표
㉡ 조직 내 비능률과 서비스 제공비용의 계속적 증가
㉢ 정부개입의 파생적 효과
㉣ 소득분배에의 관여와 권력분배의 불평등
㉤ 정치적 보상체계의 왜곡
㉥ 정치인의 단견
㉦ 비용과 편익의 분리
㉧ 정부산출의 정의 및 측정 곤란성
㉨ 최저선과 종결메커니즘의 결여
㉩ 더 많은 예산 · 인력의 확보
㉪ 정보의 불충분
㉫ 행정의 경직성

21 ①

② 마르코프체인 : 각 시행의 결과가 바로 앞의 시행의 결과에만 영향을 받는 일련의 확률적 시행
③ 대기행렬 : 서비스를 받기 위해 기다리고 있는 처리요구의 행렬
④ 네트워크 : 각기 독자성을 지닌 조직 간의 협력적 연계장치로 구성된 조직
⑤ 델파이 기법 : 예측하고자하는 특정 현상에 대해 그 분야의 전문가 집단에게 설문을 실시하여 의견을 듣고 그 반응을 수집하여 종합 · 분석하는 기법

22 ③

정책결정의 참여자

㉠ 공식적 참여자 : 국회, 대통령, 행정부처, 관료집단이나 법원
㉡ 비공식적 참여자 : 이익집단, 언론기관, 전문가, 정당, 시민, 지역대표 등

23 ⑤

근무성적평정의 유용성

㉠ 공정한 인사행정의 기준 제공 : 승진 · 전보 · 보수지급 · 훈련 · 퇴직 등 인사행정의 기초자료를 제공한다.
㉡ 공무원의 직무수행능력 발전 : 개개공무원의 능력과 직책이 요구하는 능력을 비교하여 훈련수요를 파악할 수 있고, 개인의 능력발전 또는 인간관계 개선이나 업무능률 향상을 위해 근무성적평정을 활용할 수 있다.
㉢ 시험의 타당도 측정기준 제공 : 공무원의 채용시험성적과 임용 후의 근무성적을 비교하여 시험의 타당성 여부를 측정할 수 있다.

24 ②

② 시민단체 등을 통한 민중통제는 간접민주제인 대의민주주의의 단점을 보완하기 위한 직접민주제의 일환이다. 시민단체 등을 통한 민중통제는 이외에도 선거나 국민투표의 미비점 보완, 체제의 안정과 항상성 유지, 행정과 시민간의 거리감을 좁혀 주고 이해관계자들 간의 갈등 완화, 객관적이고 공정한 아이디어 제공, 민주시민의 교육 등의 효과가 있다.

25 ①

지방자치단체 … 일정한 지역적 범위를 그 구역으로 하고 그 구역 안의 모든 주민들에 의해 선출된 기관이 국가로부터 상대적으로 독립하여 자주적으로 지방적 사무를 처리할 권능을 가지는 법인격 있는 단체를 말한다. 자치단체는 국가 아래서 국가 영토의 일부를 그 구역으로 하고 있으며, 그 지배권(자치권)은 시원적인 것이 아니라 국가로부터 전래된 것이다.

㉠ 보통지방자치단체 : 특별시 · 광역시 · 도, 시 · 군 · 자치구가 있다.

㉡ 특별지방자치단체 : 특수한 광역적 사무를 처리하기 위해 설치된 자치단체(자치단체조합)로 특별일선기관과는 구별된다.

26 ④

생태론적 접근방법은 행정을 하나의 유기체로 파악하여 행정과 환경의 상호작용을 연구하며, 행정을 환경의 종속변수로 취급하는 접근법이다.

27 ③

③ 자본주의 기업에 대한 내용이다.

28 ⑤

시스템 접근방법에서의 시스템 속성으로는 기능성, 구조성, 목적성, 전체성 등이 있다.

29 ④

동기부여는 변화에 대한 구성원들의 저항을 줄이면서 더불어 그들의 자발적 적응을 촉진함으로서 조직변화를 용이하게 하는 추진력이 된다.

30 ②

생산시스템에서의 경계 외부에는 환경이 존재하게 된다.

31 ①

정기발주시스템은 주로 단가가 높은 상품에 적용되는 방식이다.

32 ④

④ 전문화가 가능하다.

33 ③

① 판매촉진
② 광고
④ 인적 판매
⑤ 판매촉진

34 ②

조직문화는 구성원 개개인의 문화와 회사 조직간 문화의 충돌이 우려된다.

35 ④

시간 및 비용이 과다 소요된다.

36 ①

재무관리의 영역 중 자금운용의 측면에 해당하는 것으로는 투자의 대상 및 투자결정의 결과 등이 있다.

37 ④

장기금융상품으로는 국공채, 회사채, 국제채권, 지방채 등이 있다.

38 ①

A와 B를 통과하는 곡선은 현재의 소득으로 현재의 소비와 미래의 소비를 고려하여 소비 가능한 여러 조합들을 연결한 것이다.

㉠ 미래의 소비는 저축을 의미하는데, 저축은 현재의 소비를 미래로 유보한다는 의미를 갖고 있다.

㉡ 소득이 증가하면 소비를 늘릴 수 있으므로 C점에서의 소비도 가능하다.

㉢ C 조합의 선택은 물가가 하락하여 같은 소득으로도 구매력이 커지거나, 소득 자체가 증가할 때에만 가능하다.

㉣ A는 B보다 현재의 소비를 통한 만족을 조금 더 추구할 뿐 덜 합리적인 소비점이라고 볼 수는 없다. A와 B중 어느 것이 더 합리적인가 하는 것은 소비자의 만족과 미래의 계획 등을 고려하여 판단할 문제이다.

39 ②

㉡ 건물에 대한 대가는 임대료이다.

㉣ 노동에 대한 대가는 임금이다.

㉤ 경영에 대한 대가는 이윤이다.

40 ①

케인즈와 케인즈학파의 경제학자들은 금융정책을 불신하고 적자재정에 의한 보정적 재정정책을 쓸 것을 주장하였다.

41 ④

① 이 기업은 상품의 가격이 100원으로 일정하므로 1개 더 팔 때마다 수입이 100원씩 늘어나게 되어 한계 수입은 가격과 일치한다.

② 생산량이 3개일 때 총수입은 300원이고, 생산량이 4개일 때 총수입은 400원이므로 생산량을 3개에서 4개로 1개 더 늘릴 때 한계 수입은 100원이 된다.

③ 생산량이 4개일 때 총비용이 350원이고, 5개일 때 총비용이 440원이므로 생산량을 4개에서 5개로 1개 더 늘릴 때 한계 비용은 90원이다.

⑤ 생산량이 4개, 5개, 6개, 7개일 때 한계 비용은 각각 70원, 90원, 130원, 140원으로 증가하고 있다.

42 ③

① 제시문은 개인에게 의사결정을 맡길 때 나타나는 문제점을 지적하고 있다.

② 제시문에서는 개인의 합리적 판단이 비합리적인 결과를 초래하는 경우가 있다고 말하고 있다. 구성의 모순은 일반적으로 항상 나타나는 것이 아니라 나타나는 경우가 있는 것이다. 따라서 구성의 모순이 간혹 나타난다고 해서 계획 경제가 더 바람직하다고 주장할 수는 없다.

④ 시장의 자유를 최대화해도 구성의 모순이 나타나는 경우에는 비효율적으로 된다.

⑤ 제시된 사례들은 개인의 합리적 판단이 사회 전체에 비합리적인 결과를 초래할 수 있으므로 정부가 시장에 개입해야 한다는 주장을 뒷받침해준다.

43 ②

총량지표는 전체적인 크기나 양을 나타내 주는 지표이고, 비율은 상대적인 크기를 나타내 주는 지표이다. 총량지표의 예로는 국내총생산(GDP), 국민총생산(GNP) 등을 들 수 있고, 비율의 예로는 실업률, 저축률 등을 들 수 있다. 국내총생산은 일정 기간 동안 한 나라 안에서 새로이 생산된 부가가치 또는 최종 생산물의 시장가치의 합을 나타낸 것이고, 실업률은 경제활동인구 중에서 실업자가 차지하는 비율을 나타낸 것이다.

44 ④

㉠ 아파트 값의 상승은 물가 상승을 부추길 것이므로 경기가 침체된다고 볼 수 없다.

㉢ 열심히 일해도 부동산을 소유한 사람의 자산 가치의 증가를 따라갈 수 없게 된다면 근로 의욕이 떨어지게 될 것이다.

45 ⑤

⑤ 소비의 사회적 가치가 사적 효용가치를 하회할 경우 PMB>SMB로 소비에 있어 외부불경제가 발생할 때이다. 사회적으로 바람직한 수준보다 과대 생산되는 경향이 있다.

46 ⑤

⑤ 한 나라의 비교우위는 생산 요소의 부존량, 기술 수준, 지리적 조건 등 다양한 요인에 의하여 결정되는데, 최근의 정보화 시대에는 창의적 지식과 기술, 정보 등이 비교우위를 결정하는 중요한 요소가 되고 있다.

47 ②

① 보통 예금은 언제든지 찾을 수 있는 예금이므로 유동성이 매우 높은 금융 상품이다. 이에 반해 정기 예금은 원칙적으로 만기일이 되기 전에는 찾을 수 없어 상대적으로 유동성이 낮은 금융 상품이다.

③ B는 수익이 고정되어 있으나 C는 배당금, 매매 차익 등의 수익이 불확실한 금융 상품이다.

④ C는 높은 위험을 가진 상품이며, D는 정부가 부도나지 않는 한 원리금이 지급되므로 안전성이 매우 높은 상품이다.

⑤ 격언에 따르면 여러 가지 상품에 고르게 투자하는 것이 적절한 선택이다.

48 ③

① 최저생활 보호의 원리에 대한 설명이다.

② 생존권 보장의 원리에 대한 설명이다.

④ 자립 조성의 원리에 대한 설명이다.

※ 공공부조의 원리 및 원칙

㉠ 공공부조의 6대 원리

- 생존권 보장의 원리 : 국민은 생활이 어렵게 되었을 때 자신의 생존을 보장 받을 수 있는 권리가 법적으로 인정된다.
- 국가책임의 원리 : 빈곤하고 생활 능력이 없는 국민에 대해서는 궁극적으로 국가가 책임지고 보호한다.
- 최저생활 보호의 원리 : 단순한 생계만이 아니라 건강하고 문화적인 수준을 유지할 수 있는 최저한도의 생활이 보장되어야 한다.
- 무차별 평등의 원리 : 사회적 신분에 차별 없이 평등하게 보호받을 수 있어야 한다.
- 자립 조성의 원리 : 자립적이고 독립적으로 사회생활에 적응해 나갈 수 있도록 돕는다.
- 보충성의 원리 : 수급자가 최저한도의 생활을 유지할 수 없는 경우에 최종적으로 그 부족분을 보충한다.

㉡ 공공부조의 6대 원칙

- 신청보호의 원칙 : 우선적으로 국가에게 보호신청을 한 후 직권보호를 받는다.
- 기준과 정도의 원칙 : 대상자의 연령, 세대구성, 소득관계 및 자산 조사를 통해 부족분만을 보충한다.
- 필요즉응의 원칙 : 무차별 원리에 대한 보완적 성격으로 보호 신청이 있을 시 즉시 보호 여부를 결정해야 한다.
- 세대단위의 원칙 : 공공부조는 세대를 단위로 하여 그 서비스의 필요여부 및 정도를 결정한다.
- 현금부조의 원칙 : 수급권자의 낙인감과 불신을 최소화하기 위해 금전 급여를 원칙으로 한다.
- 거택보호의 원칙 : 수급권자가 거주하는 자택에서 공공부조가 제공된다.

49 ④

국민건강보험법 제62조 … 요양급여비용을 심사하고 요양급여의 적정성을 평가하기 위하여 건강보험심사평가원을 설립한다.

50 ④

④ 민간보험의 보험료 부과방식에 대한 설명이다. 사회보험은 소득수준에 따른 차등부과방식이다.

제3회 정답 및 해설

직업기초능력평가

1 ②

㈎ 두 명 이상의 이름을 나열할 경우에는 맨 마지막 이름 뒤에 호칭을 붙인다는 원칙에 따라 '최한국, 조대한, 강민국 사장을 등 재계 주요 인사들은 모두 ~'로 수정해야 한다. (X)

㈏ 외국인의 이름은 현지발음을 외래어 표기법에 맞게 한글로 적고 성과 이름 사이를 띄어 쓴다는 원칙에 따라 '버락 오바마 미국 대통령의 임기는 ~'으로 수정해야 한다. (X)

㈐ 중국 지명이므로 현지음을 한글로 외래어 표기법에 맞게 쓰고 괄호 안에 한자를 써야한다는 원칙에 따라, '절강성(浙江省) 온주(溫州)'로 수정해야 한다. (X)

㈑ 국제기구나 외국 단체의 경우 처음에는 한글 명칭과 괄호 안에 영문 약어 표기를 쓴 다음 두 번째부터는 영문 약어만 표기한다는 원칙에 따른 올바른 표기이다. (O)

2 ③

1천만 원 이상의 과태료가 내려지게 되면 공표 조치의 대상이 되나, 모든 공표 조치 대상자들이 과태료를 1천만 원 이상 납부해야 하는 것은 아니다. 과태료 금액에 의한 공표 대상자 이외에도 공표 대상에 포함될 경우가 있으므로 반드시 1천만 원 이상의 과태료가 공표 대상자에게 부과된다고 볼 수는 없다.

① 행정처분의 종류를 처분 강도에 따라 구분하였으며, 이에 따라 가장 무거운 조치가 공표인 것으로 판단할 수 있다.

② 제시글의 마지막 부분에서 언급하였듯이 개인정보보호위원회 심의·의결을 거쳐야 하므로 행정안전부장관의 결정이 최종적인 것이라고 단언할 수는 없다.

④ 과태료 또는 과징금 처분 시에 공표 사실을 대상자에게 사전 통보하게 된다.

3 ②

A가 잠을 자지 않아 결국 공부를 포기했으며, 그러한 상태가 지속될 경우 일어날 수 있는 부정적인 결과를 나열함으로써 잠이 우리에게 꼭 필요한 것임을 강조하고 있다.

4 ②

효과적인 수면의 중요성을 말하기 위하여, 역사상 잠을 안 잔 것으로 유명한 나폴레옹이나 에디슨도 진짜로 잠을 안 잔 것이 아니라, 효과적으로 수면을 취했음을 예로 제시하고 있다. 나폴레옹은 말안장 위에서도 잤고, 에디슨은 친구와 말을 하면서도 잠을 잤다는 내용이다.

5 ④

'빽빽하고', '박탈', '중죄인' 등은 낱말의 뜻을 알아야 하는 것이기 때문에 사전(辭典)을 이용해야 한다. 반면에 '워털루 전투'는 역사적인 사건이기 때문에 역사 사전과 같은 사전(事典)을 활용하여 구체적인 정보를 얻는 것이 알맞다.

6 ③

고객이 원하는 3기가 이상의 인터넷과 1회 컬러링이 부가된 것은 55요금제이다.

7 ③

55요금제는 매월 3기가의 인터넷과 120분의 통화, 1회의 컬러링이 무료로 사용할 수 있다.

8 ②

전기차의 시장침투가 제약을 받게 되는 원인이 빈칸에 들어갈 가장 적절한 말이 될 것이며, 이것은 전후의 맥락으로 보아 기존의 내연기관차와의 비교를 통하여 파악되어야 할 것이다. 따라서 '단순히 전기차가 주관적으로 불편하다는 이유가 아닌 기존 내연기관차에 비해 더 불편한 점이 있을 경우'에 해당하는 말이 위치해야 한다.

9 ②

A와 D의 면접 점수(x로 치환)가 동일하므로 $14 + 18 + 19 + 16 + 2x = 17.5 \times 6 = 105$가 된다. 따라서 A와 D의 면접 점수는 19점이 된다. 이를 통해 문제의 표를 정리하면 다음과 같다.

분야 / 응시자	어학	컴퓨터	실무	NCS	면접	평균
A	16	14	13	15	19	15.4
B	12	14	10	10	14	12.0
C	10	12	9	10	18	11.8
D	14	14	20	17	19	16.8
E	18	20	19	17	19	18.6
F	10	13	16	15	16	14
계	80	87	87	84	105	88.6
평균	13.3	14.5	14.5	14	17.5	14.8

따라서 2명의 최종 채용자는 D와 E가 된다. 그러므로 ②와 같은 조건의 경우에는 A와 D의 평균 점수가 각각 16.8점과 15.4점이 되어 최종 채용자가 A와 E로 바뀌게 된다.

① E의 평균 점수가 17.6점이 되어 여전히 1위의 성적이므로 채용자는 변경되지 않는다.

③ F의 평균 점수가 16점이 되므로 채용자는 변경되지 않는다.

④ B의 평균 점수가 16점이 되므로 채용자는 변경되지 않는다.

10 ①

① 근묵자흑(近墨者黑) : 먹을 가까이하면 검어진다는 뜻으로, 나쁜 사람을 가까이하면 물들기 쉬움을 이르는 말이다.

② 단금지교(斷金之交) : 단금지계(斷金之契)와 같은 것으로, 학문은 중도에 그만둠이 없이 꾸준히 계속해야 한다는 뜻이다.

③ 망운지정(望雲之情) : 멀리 구름을 바라보며 어버이를 생각한다는 뜻으로 어버이를 그리워하는 마음을 이르는 말이다.

④ 상분지도(嘗糞之徒) : 남에게 아첨하여 어떤 부끄러운 짓도 마다하지 않는 사람을 이르는 말이다.

11 ①

조건에 따르면 영업과 사무 분야의 일은 A가 하는 것이 아니고, 관리는 B가 하는 것이 아니므로 'A – 관리, B – 사무, C – 영업, D – 전산, E – 홍보'의 일을 하게 된다.

12 ③

㉠ "옆에 범인이 있다."고 진술한 경우를 ○, "옆에 범인이 없다."고 진술한 경우를 ×라고 하면

1	2	3	4	5	6	7	8	9
○	×	×	○	×	○	○	○	×
							시민	

• 9번이 범인이라고 가정하면
9번은 "옆에 범인이 없다.'고 진술하였으므로 8번과 1번 중에 범인이 있어야 한다. 그러나 8번이 시민이므로 1번이 범인이 된다. 1번은 "옆에 범인이 있다."라고 진술하였으므로 2번과 9번에 범인이 없어야 한다. 그러나 9번이 범인이므로 모순이 되어 9번은 범인일 수 없다.

• 9번이 시민이라고 가정하면
9번은 "옆에 범인이 없다."라고 진술하였으므로 1번도 시민이 된다. 1번은 "옆에 범인이 있다."라고 진술하였으므로 2번은 범인이 된다. 2번은 "옆에 범인이 없다."라고 진술하였으므로 3번도 범인이 된다. 8번은 시민인데 "옆에 범인이 있다."라고 진술하였으므로 9번은 시민이므로 7번은 범인이 된다. 그러므로 범인은 2, 3, 7번이고 나머지는 모두 시민이 된다.

㉡ 모두가 "옆에 범인이 있다."라고 진술하면 시민 2명, 범인 1명의 순으로 반복해서 배치되므로 옳은 설명이다.

㉢ 다음과 같은 경우가 있음으로 틀린 설명이다.

1	2	3	4	5	6	7	8	9
○	○	○	○	○	○	○	×	○
범인	시민	시민	범인	시민	범인	시민	시민	시민

13 ③

갑과 을의 전기요금을 다음과 같이 계산할 수 있다.

〈갑〉

기본요금 : 1,800원

전력량 요금 : $(200 \times 90) + (100 \times 180) = 18,000 + 18,000 = 36,000$원

200kWh를 초과하였으므로 필수사용량 보장공제 해당 없음

전기요금 : $1,800 + 36,000 = 37,800$원

〈을〉

기본요금 : 1,260원

전력량 요금 : (200 × 72) + (100 × 153) = 14,400 + 15,300 = 29,700원

200kWh를 초과하였으므로 필수사용량 보장공제 해당 없음

전기요금 : 1,260 + 29,700 = 30,960원

따라서 갑과 을의 전기요금 합산 금액은 37,800 + 30,960 = 68,760원이 된다.

14 ②

② 동계와 하계에 1,000kWh가 넘는 전력을 사용하면 슈퍼유저에 해당되어 적용되는 1,000kWh 초과 전력량 요금 단가가 2배 이상으로 증가하게 되나, 기본요금에는 해당되지 않는다.

① 기본요금과 전력량 요금 모두 고압 요금이 저압 요금보다 저렴한 기준이 적용된다.

③ 기본요금 900원과 전력량 요금 270원을 합하여 1,170원이 되며, 필수사용량 보장공제 적용 후에도 최저요금인 1,000원이 발생하게 된다.

④ 7~8월, 12~2월로 하계와 동계 5개월에 해당된다.

15 ③

① 19일 수요일 오후 1시 울릉도 도착, 20일 목요일 독도 방문, 22일 토요일은 복귀하는 날인데 종아는 매주 금요일에 술을 마시므로 멀미로 인해 선박을 이용하지 못한다. 또한 금요일 오후 6시 호박엿 만들기 체험도 해야 한다.

② 20일 목요일 오후 1시 울릉도 도착, 독도는 화요일과 목요일만 출발하므로 불가능

③ 23일 일요일 오후 1시 울릉도 도착, 24일 월요일 호박엿 만들기 체험, 25일 화요일 독도 방문, 26일 수요일 포항 도착

④ 25일 화요일 오후 1시 울릉도 도착, 27일 목요일 독도 방문, 28일 금요일 호박엿 만들기 체험은 오후 6시인데, 복귀하는 선박은 오후 3시 출발이라 불가능

16 ④

정보를 통해 정리해 보면 다음과 같다.

G → D → E → A → C → B → F

17 ①

금요일에는 제육덮밥이 편성된다. 목요일에는 오므라이스를 편성할 수 없고, 다섯 번째 조건에 의해 나물 비빔밥도 편성할 수 없다. 따라서 목요일에는 돈가스 정식 또는 크림 파스타가 편성되어야 한다. 마지막 조건과 두 번째 조건에 의해 돈가스 정식은 월요일, 목요일에도 편성할 수 없으므로 돈가스 정식은 화요일에 편성된다. 따라서 목요일에는 크림 파스타, 월요일에는 나물 비빔밥이 편성된다.

18 ②

갑, 을, 병의 진술과 과음을 한 직원의 수를 기준으로 표를 만들어 보면 다음과 같다.

과음직원 / 진술자	0명	1명	2명	3명
갑	거짓	참	거짓	거짓
을	거짓	거짓	참	거짓
병	거짓	참	참	거짓

- 과음을 한 직원의 수가 0명인 경우, 갑, 을, 병 모두 거짓을 말한 것이 되어 결국 모두 과음을 한 것이 된다. 따라서 이 경우는 과음을 한 직원의 수가 0명이라는 전제와 모순이 생기게 된다.
- 과음을 한 직원의 수가 1명인 경우, 을만 거짓을 말한 것이므로 과음을 한 직원의 수가 1명이라는 전제에 부합한다. 이 경우에는 을이 과음을 한 것이 되며, 갑과 병은 과음을 하지 않은 것이 된다.
- 과음을 한 직원의 수가 2명인 경우, 갑만 거짓을 말한 것이 되므로 과음을 한 직원의 수가 1명이 된다. 따라서 이 역시 과음을 한 직원의 수가 2명이라는 전제와 모순이 생기게 된다.
- 과음을 한 직원의 수가 3명인 경우, 갑, 을, 병 모두 거짓을 말한 것이 되어 과음을 한 직원의 수가 3명이 될 것이며, 이는 전제와 부합하게 된다.

따라서 4가지의 경우 중 모순 없이 발생 가능한 경우는 과음을 한 직원의 수가 1명 또는 3명인 경우가 되는데, 이 두 경우에 모두 거짓을 말한 을은 과음을 한 직원이라고 확신할 수 있다. 그러나 이 두 경우에 모두 사실을 말한 사람은 없으므로, 과음을 하지 않은 것이 확실한 직원은 아무도 없다.

19 ④

㉣㉤에 의해 B, D가 지하철을 이용함을 알 수 있다.
㉢㉥에 의해 E는 마케팅에 지원했음을 알 수 있다.
㉤에 의해 B는 회계에 지원했음을 알 수 있다.
A와 C는 버스를 이용하고, E는 택시를 이용한다.
A는 출판, B는 회계, C와 D는 생산 또는 시설관리, E는 마케팅에 지원했음을 알 수 있다.

20 ④

'안정적 자금 공급'이 자사의 강점이기 때문에 '안정적인 자금 확보를 위한 자본구조 개선' 는 향후 해결해야 할 과제에 속하지 않는다.

21 ①

1, 1^3, 3, 3^3의 순서로 반복되고 있으므로 빈칸에 들어갈 숫자는 5이다.

22 ③

㉠ 재작년 기본급은 1,800만 원이고,
㉡ 재작년 성과급은 그 해의 기본급의 1/5이므로 $1,800\times 1/5=360$만 원이다.
㉢ 작년 기본급은 재작년보다 20%가 많은 $1,800\times 1.2=2,160$만 원이고,
㉣ 작년 성과급은 재작년보다 10%가 줄어든 $360\times 0.9=324$만 원이다.

정리하면 재작년의 연봉은 $1,800+360=2,160$만 원이고, 작년의 연봉은 $2,160+324=2,484$만 원이다.
따라서 작년 연봉의 인상률은

$\dfrac{2,484-2,160}{2,160}\times 100=15\%$이다.

23 ③

乙이 가진 물의 양을 xg이라고 하면

$$500\times\frac{8}{100}=(500+x)\times\frac{5}{100}$$

$\therefore x=300(\text{g})$이다.

24 ④

금리가 지속적으로 하락하면 대출시 고정 금리보다 변동 금리를 선택하는 것이 유리하다.
㉠㉡ 요구불 예금의 금리와 예대 마진은 지속적으로 증가하지 않는다.

25 ①

$x=667.6-(568.9+62.6+22.1)=14.0$

26 ④

① 2021년 : $\dfrac{591.4-575.3}{575.3}\times 100 \fallingdotseq 2.8(\%)$

② 2022년 : $\dfrac{605.4-591.4}{591.4}\times 100 \fallingdotseq 2.4(\%)$

③ 2023년 : $\dfrac{609.2-605.4}{605.4}\times 100 \fallingdotseq 0.6(\%)$

④ 2024년 : $\dfrac{667.8-609.2}{609.2}\times 100 \fallingdotseq 9.6(\%)$

27 ③

㉠ 출고가 대비 공시지원금의 비율을 계산해 보면

- $A=\dfrac{210,000}{858,000}\times 100=24.48\%$
- $B=\dfrac{230,000}{900,000}\times 100=25.56\%$
- $C=\dfrac{150,000}{780,000}\times 100=19.23\%$
- $D=\dfrac{190,000}{990,000}\times 100=19.19\%$

그러므로 '병'과 '정'은 C아니면 D가 된다.

㉡ 공시지원금을 선택하는 경우 월 납부액보다 요금할인을 선택하는 경우 월 납부액이 더 큰 스마트폰은 '갑'이다. A와 B를 비교해보면

- A

−공시지원금

$$=\frac{858,000-(210,000\times 1.1)}{24}+51,000=77,120\text{원}$$

−요금할인$=51,000\times 0.8+\dfrac{858,000}{24}=76,550$원

• B

−공시지원금

$$= \frac{900,000-(230,000\times1.1)}{24}+51,000=77,750\text{원}$$

$$-\text{요금할인}=51,000\times0.8+\frac{900,000}{24}=78,300\text{원}$$

B가 '갑'이 된다.

㉢ 공시지원금을 선택하는 경우 월 기기값이 가장 작은 스마트폰 기종은 '정'이다.
C와 D를 비교해 보면

$$\bullet\ C=\frac{780,000-(150,000\times1.1)}{24}=25,620\text{원}$$

$$\bullet\ D=\frac{990,000-(190,000\times1.1)}{24}=32,540\text{원}$$

C가 '정'이 된다.

그러므로 A=을, B=갑, C=정, D=병이 된다.

28 ④

A방식

구분	미연	수정	대현	상민
총점	347	325	330	340
순위	1	4	3	2

B방식

구분	미연	수정	대현	상민
등수의 합	8	12	11	9
순위	1	4	3	2

C방식

구분	미연	수정	대현	상민
80점 이상 과목 수	3	3	2	3
순위	1	3	4	2

29 ①

㉠ 1번째 종목과 2번째 종목의 승점이 각각 10점, 20점이라면 8번째 종목까지의 승점은 다음과 같다.

종목	1	2	3	4	5	6	7	8
승점	10	20	40	80	160	320	640	1,280

㉡ 1번째 종목과 2번째 종목의 승점이 각각 100점, 200점이라면 8번째 종목의 승점은 다음과 같다

종목	1	2	3	4	5	6	7	8
승점	100	200	310	620	1,240	2,480	4,960	9,920

㉢ ㉠㉡을 참고하면 1번째 종목과 2번째 종목의 승점에 상관없이 8번째 종목의 승점은 6번째 종목 승점의 네 배이다.

㉣ 만약 3번째 종목부터 각 종목 우승 시 받는 승점이 그 이전 종목들의 승점을 모두 합한 점수보다 10점 더 적도록 구성한다면, 8번째 종목까지의 승점은 다음과 같다.

종목	1	2	3	4	5	6	7	8
승점	10	20	20	40	80	160	320	640

종목	1	2	3	4	5	6	7	8
승점	100	200	290	580	1,160	2,320	4,640	9,280

30 ④

㉠ a = b = c = d = 25라면, 1시간당 수송해야 하는 관객의 수는 40,000 × 0.25 = 10,000명이다. 버스는 한 번에 대당 최대 40명의 관객을 수송하고 1시간에 10번 수송 가능하므로, 1시간 동안 1대의 버스가 수송할 수 있는 관객의 수는 400명이다. 따라서 10,000명의 관객을 수송하기 위해서는 최소 25대의 버스가 필요하다.

㉡ d = 40이라면, 공연 시작 1시간 전에 기차역에 도착하는 관객의 수는 16,000명이다. 16,000명을 1시간 동안 모두 수송하기 위해서는 최소 40대의 버스가 필요하다.

㉢ 공연이 끝난 후 2시간 이내에 전체 관객을 공연장에서 기차역까지 수송하려면 시간당 20,000명의 관객을 수송해야 한다. 따라서 회사에게 필요한 버스는 최소 50대이다.

31 ③

③ 준법감시인과 경제연구소는 은행장 소속으로 되어 있다.

32 ④

① 조직의 사명은 조직의 비전, 가치와 신념, 조직의 존재이유 등을 공식적인 목표로 표현한 것이다. 반면에, 세부목표 혹은 운영목표는 조직이 실제적인 활동을 통해 달성하고자 하는 것으로 사명에 비해 측정 가능한 형태로 기술되는 단기적인 목표이다.

② 조직목표는 한번 수립되면 달성될 때까지 지속되는 것이 아니라 환경이나 조직 내의 다양한 원인들에 의해 변동되거나 없어지고 새로운 목표로 대치되기도 한다.

③ 조직구성원들은 자신의 업무를 성실하게 수행한다고 하더라도 전체 조직목표에 부합되지 않으면 조직목표가 달성될 수 없으므로 조직목표를 이해하고 있어야 한다.

④ 조직은 다수의 조직목표를 추구할 수 있다. 이러한 조직목표들은 위계적 상호관계가 있어서 서로 상하관계에 있으면서 영향을 주고받는다.

33 ④

그림과 같은 조직 구조는 하나의 의사결정권자의 지시와 부서별 업무 분화가 명확해, 전문성은 높아지고 유연성 및 유기성은 떨어지는 조직 구조라고 볼 수 있다. 또한 의사결정권자가 한 명으로 집중되면서 내부 효율성이 확보된다.

① 조직의 유기적인 협조체제가 구축된 구조는 아니다.

② 의사결정 권한이 집중된 조직 구조이다.

③ 유사한 업무를 통한 내부 경쟁을 유발할 수 있는 구조는 사업별 조직구조이다.

34 ④

- 도덕적 몰입 : 비영리적 조직에서 찾아볼 수 있는 조직몰입 형태로 도덕적이며 규범적 동기에서 조직에 참가하는 것으로 조직몰입의 강도가 제일 높으며 가장 긍정적 조직으로의 지향을 나타낸다.
- 계산적 몰입 : 조직과 구성원 간의 관계가 타산적이고 합리적일 때의 유형으로 몰입의 정도는 중간 정도를 보이게 되며, 몰입 방향은 긍정적 혹은 부정적 방향으로 나타날 수 있다. 이러한 몰입은 공인적 조직에서 찾아볼 수 있으며 단순한 참여와 근속만을 의미한다.
- 소외적 몰입 : 주로 교도소, 포로수용소 등 착취적인 관계에서 볼 수 있는 것으로 조직과 구성원 간의 관계가 부정적 상태인 몰입이다.

35 ①

7S모형은 조직의 현상을 이해하기 위해 조직의 핵심적 구성요소를 파악한 것으로, 이를 중심으로 조직을 진단하는 것은 조직의 문제해결을 위한 유용한 접근방법이다.

조직진단 7S 모형은 조직의 핵심적 역량요소를 공유가치(shared value), 전략(strategy), 조직구조(structure), 제도(system), 구성원(staff), 관리기술(skill), 리더십 스타일(style) 등 영문자 'S'로 시작하는 단어 7개로 구성하고 있다.

36 ④

지원부문뿐만 아니라 4개의 본부과 그 소속 부서들이 모두 부사장 직속으로 구성되어 있다. 따라서 옳게 수정하면 4개 본부, 1개 부문, 4개 실, 16개 처, 1개 센터와 1개 지원단으로 구성되어 있다.

37 ④

㉠㉡㉢은 모두 조직개편사항에 맞게 나타난 것으로 지적할 필요가 없다. 중소기업지원단은 기술지원부문에 신설된 것이므로 조직도를 수정해야 한다.

38 ④

송상현 사원의 1/4분기 복지 지원 사유는 장모상이었다. 이는 본인/가족의 경조사에 포함되므로 경조사 지원에 포함되어야 한다.

39 ①

작년 4/4분기 지원 내역을 보더라도 직위와 관계없이 같은 사유의 경조사 지원금은 동일한 금액으로 지원되었음을 알 수 있으므로 이는 변경된 복지 제도 내용으로 옳지 않다.

40 ④

④ 사업부문은 신용사업부문으로 명칭이 변경되어야 한다.

41 ④

항공기 식별코드의 앞부분은 (현재상태부호)(특수임무부호)(기본임무부호)(항공기종류부호)로 구성된다.

㉠ K는 (현재상태부호)와 (항공기종류부호)에 해당하지 않으므로 (특수임무부호)와 (기본임무부호)인데, 특수임무는 항공기가 개량을 거쳐 기본임무와 다른 임무를 수행할 때 붙이는 부호이므로 같은 기본임무와 같은 임무를 수행할 때에는 붙이지 않는다.

㉡ G(현재상태부호) → 영구보존처리된 항공기 B(특수임무부호) → 폭격기 C(기본임무부호) → 수송기 V(항공기종류부호) → 수직단거리이착륙기

㉢ C(특수임무부호) → 수송기 A(기본임무부호) → 지상공격기 H(항공기종류부호) → 헬리콥터

㉣ R은 (기본임무부호)이거나 개량으로 인하여 더 이상 기본임무를 수행하지 못하게 된 경우의 (특수임무부호)이다.

42 ③

현재 정상적으로 사용 중이므로 (현재상태부호)가 붙지 않으며, 일반 비행기이므로 (항공기종류부호)도 붙지 않는다. 따라서 식별코드 앞부분에는 (기본임무부호)에 특수임무를 수행한다면 (특수임무부호)가 붙고, 뒷부분에는 1~100번 사이의 (설계번호)와 (개량형부호) A가 붙는다.

43 ①

엑셀 통합 문서 내에서 다음 워크시트로 이동하려면 〈Ctrl〉+〈Page Down〉을 눌러야 하며, 이전 워크시트로 이동하려면 〈Ctrl〉+〈Page Up〉을 눌러야 한다.

44 ②

DSUM(데이터베이스, 필드, 조건 범위) 함수는 조건에 부합하는 데이터를 합하는 수식이다. 데이터베이스는 전체 범위를 설정하며, 필드는 보험실적 합계를 구하는 것이므로 "보험실적"으로 입력하거나 열 번호 4를 써야 한다. 조건 범위는 영업2부에 한정하므로 F1:F2를 써준다.

45 ③

=COUNTIF를 입력 후 범위를 지정하면 지정한 범위 내에서 중복값을 찾는다.

㉠ COUNT함수 : 숫자가 입력된 셀의 개수를 구하는 함수

㉡ COUNTIF함수 : 조건에 맞는 셀의 개수를 구하는 함수

'철'을 포함한 셀을 구해야 하므로 조건을 구하는 COUNTIF함수를 사용하여야 한다.

A2행으로부터 한 칸씩 내려가며 '철'을 포함한 셀을 찾아야 하므로 A2만 사용한다.

46 ②

ROUND(number,num_digits)는 반올림하는 함수이며, ROUNDUP은 올림, ROUNDDOWN은 내림하는 함수이다. ROUND(number,num_digits)에서 number는 반올림하려는 숫자를 나타내며, num_digits는 반올림할 때 자릿수를 지정한다. 이 값이 0이면 소수점 첫째자리에서 반올림하고 −1이면 일의자리 수에서 반올림한다. 따라서 주어진 문제는 소수점 첫째자리에서 반올림하는 것이므로 ②가 답이 된다.

47 ④

VLOOKUP은 범위의 첫 열에서 찾을 값에 해당하는 데이터를 찾은 후 찾을 값이 있는 행에서 열 번호 위치에 해당하는 데이터를 구하는 함수이다. 단가를 찾아 연결하기 위해서는 열에 대하여 '항목'을 찾아 단가를 구하게 되므로 VLOOKUP 함수를 사용해야 한다.

찾을 방법은 TRUE(1) 또는 생략할 경우, 찾을 값의 아래로 근삿값, FALSE(0)이면 정확한 값을 표시한다.

VLOOKUP(B2,$A$8:$B$10,2,0)은 'A8:B10' 영역의 첫 열에서 '식비'에 해당하는 데이터를 찾아 2열에 있는 단가 값인 6,500을 선택하게 된다.

따라서 '=C2*VLOOKUP(B2,$A$8:$B$10,2,0)'은 10 × 6,500이 되어 결괏값은 65,000이 되며, 이를 드래그하면, 각각 129,000, 42,000, 52,000의 사용금액을 결괏값으로 나타내게 된다.

48 ④

'$'는 다음에 오는 셀 기호를 고정값으로 묶어 두는 기능을 하게 된다.

(A) : A6 셀을 복사하여 C6 셀에 붙이게 되면, 'A'셀이 고정값으로 묶여 있어 (A)에는 A6 셀과 같은 '$A$1+$A2'의 값 10이 입력된다.

(B) : (B)에는 '$'로 묶여 있지 않은 2행의 값 대신에 4행의 값이 대응될 것이다. 따라서 '$A$1+$A4'의 값인 9가 입력된다.

따라서 (A)와 (B)의 합은 10+9=19가 된다

49 ③

㈏ '인쇄 미리 보기' 창에서 열 너비를 조정한 경우 미리 보기를 해제하면 워크시트에 조정된 너비가 적용되어 나타난다. (X)

㈐ 워크시트에서 그림을 인쇄 배경으로 사용하려면 '삽입' – '머리글/바닥글' – 디자인 탭이 생성되면 '머리글/바닥글 요소' 그룹의 '그림' 아이콘 – 시트배경 대화 상자에서 그림을 선택하고 '삽입'의 과정을 거쳐야 한다. (X)

50 ①

RANK 함수는 지정 범위에서 인수의 순위를 구할 때 사용하는 함수이다. 결정 방법은 수식의 맨 뒤에 0 또는 생략할 경우 내림차순, 0 이외의 값은 오름차순으로 표시하게 되며, 결과값에 해당하는 필드의 범위를 지정할 때에는 셀 번호에 '$'를 앞뒤로 붙인다.

51 ③

타인에 의한 외부적인 동기부여가 효율적이라고 생각한다.

52 ②

전문 의식이란 전문적인 기술과 지식을 갖기 위해 노력하는 자세이고, 연대 의식이란 직업에 종사하는 구성원이 상호 간에 믿음으로 서로 의존하는 의식이다.

53 ②

㉠ '긍지와 자부심을 갖고'는 소명 의식을 의미한다.

㉡ 홀랜드의 직업 흥미 유형은 실재적 유형이다.

㉢ 직업의 경제적 의의보다 개인적 의의를 중요시하고 있다.

㉣ 항공기 정비원은 한국 표준 직업 분류 중 기능원 및 관련 기능 종사자에 해당한다.

54 ④

① 근면에 대한 내용이다.

② 책임감에 대한 내용이다.

③ 경청에 대한 내용이다.

55 ①

(가) 개인의 소질, 능력, 성취도를 최우선으로 하여 직업을 선택하는 업적주의적 직업관이다.

(나) 개인의 욕구 충족을 중요시하는 개인중심적 직업관이다.

56 ④

직업별 윤리에는 노사 관계에서의 근로자 및 기업가의 윤리, 공직자의 윤리, 직종별 특성에 맞는 법률, 법령, 규칙, 윤리요강, 선언문 등의 행위 규범이 있다.

57 ③

③ 타협하거나 부정직을 눈감아 주지 말아야 한다.

58 ④

건배 시에 잔을 부딪칠 때에는 상위자의 술잔보다 높게 들지 않아야 한다. 다시 말해, 회식자리에서도 상하 구분이 존재하므로 상위자 (상사)보다는 잔을 높이 들면 안 되며, 더불어서 상위자 (상사)보다 먼저 술잔을 내려놓지 않는다.

59 ④

부당 해고나 비윤리적 일자리 축소 등의 행위는 윤리경영에 어긋난다고 볼 수 있으나 기업이 비용 절감을 위하여 조직 구조를 개편하는 노력은 정상적인 경영의 일환으로 보아야 한다. 부정 청탁, 세금 회피, 품질을 담보로 한 수익구조 유지, 임직원 간 막대한 임금 격차 등은 모두 바람직한 윤리경영 행위라고 볼 수 없다.

60 ②

Jeep류의 차종인 경우 (문이 2개)에는 운전석의 옆자리가 상석이 된다.

종합직무지식평가

1 ②

"악법도 법이다(소크라테스)."는 법의 강제성, 법적 안정성, 준법의식을 강조한 말이다.

2 ④

사법은 사적인 생활 관계를 규율하는 법으로 민법은 개인 간의 사적인 재산 관계와 가족 관계 등에 대하여 규정하고 있다. 재산권과 계약, 타인에게 끼친 손해에 대한 배상, 약혼과 혼인, 친족, 유언, 상속 등에 관한 사항이 민법의 주요 내용이고, 상법은 기업의 생성이나 발전, 그리고 소멸 등을 규율하는 법이다.

3 ②

제시된 헌법 조항에서 공통적으로 보장하고자 하는 기본권은 국가에 대해 인간다운 생활의 보장을 요구할 수 있는 사회권이다.

4 ①

근대 민법의 3대 원칙

㉠ 소유권 절대의 원칙(사유 재산권 존중의 원칙)

㉡ 계약 자유의 원칙(사적 자치의 원칙)

㉢ 과실 책임의 원칙(자기 책임의 원칙)

※ 근대 민법의 수정 원칙

㉠ 소유권 공공복리의 원칙

㉡ 계약 공정의 원칙(신의성실의 원칙)

㉢ 무과실 책임의 원칙

5 ⑤

수정설은 헌법, 진통설은 형법에서의 출생에 대한 통설이다. 우리나라에서는 완전 노출설이 민법상 통설이며, 태아가 모체로부터 분리되기 위해 진통이 시작된 때를 출생으로 보는 진통설이 형법상 통설이다. 이렇게 민법과 형법의 출생 시점이 다른 이유는 지향하는 목표가 다르기 때문이다. 형법에서는 생명을 가장 중요하게 여기므로, 태아가 생명력을 어느 정도 갖추기 시작하는 진통 단계의 태아를 사람으로 인정하는 것이다.

6 ①

일반적으로 제1심은 지방 법원, 제2심은 고등 법원, 최종심은 대법원이 담당한다. 그러나 지방 법원이나 지방 법원 지원에서 단독 판사가 제1심을 담당했을 경우에는 제2심 법원은 고등 법원이 아니라 지방 법원 본원 합의부가 된다.

㉢ 특허 사건은 법원이 아닌, 특허청의 특허 심판원의 심판을 거쳐 특허 법원에 올라온다. 따라서 특허 법원은 고등 법원과 동격이지만, 법원의 심급 제도라는 관점에서 보면 특허 사건의 제1심을 담당하는 기관이며 대법원에서 제2심이자 최종심이 열린다.

㉣ 행정 법원은 지방 법원급의 특수 법원으로 제1심을 담당한다.

7 ③

③ 제2심 판결에 불복하여 최종심 재판을 청구하는 것은 상고이다.

① 항고 : 제1심 법원의 결정이나 명령에 불복하여 제2심 법원에 이의를 제기하는 것

② 항소 : 제1심 판결에 불복하여 제2심 재판을 청구하는 것

④ 상소 : 항고, 항소, 상고, 재항고 등의 통칭

⑤ 재항고 : 제2심 법원의 결정이나 명령에 불복하여 대법원에 이의를 제기하는 것

8 ④

④ 언론의 잘못된 보도로 인한 사생활의 자유와 명예권이라는 인격권이 침해된 것이다. 권리를 침해한 주체가 민영 방송사이므로 국가에 의한 침해라고 보기 어렵다.

9 ③

㉠ 구조 조정 시 합리적 이유 없이 단지 성별의 이유만으로 남성이나 여성을 우선 정리하는 것은 성차별에 해당한다.

㉣ 남녀의 성별과 관계없이 성과가 좋은 사람에게 더 높은 성과급을 지급하는 것이 배분적 정의에 부합한다.

10 ①

제시문은 사법권 독립을 위한 헌법 조항들이다. 사법권의 독립을 추구하는 목적은 재판의 공정성 확보에 있지만, 궁극적으로는 국민의 기본권을 보호하기 위한 것이다.

11 ⑤

㉠ ㈎, ㈏ 모두 공공복리 등을 이유로 법률에 의해 제한될 수 있다.

㉡ ㈎는 노동조합이 자신의 주장을 관철할 목적으로 행하는 근로자 측의 쟁의행위이고, ㈏는 노동조합의 ㈎와 같은 행위에 대해 대항하기 위해 업무의 정상적인 운영을 저해하는 사업자 측의 쟁의행위이다.

12 ④

환경오염으로 인한 피해를 입어 사법(司法) 제도를 통하여 이를 해결하고자 할 때에 환경 피해의 인과 관계 규명이 까다롭고 많은 비용과 시간이 소요되어 어려움이 많다. 이와 같은 환경 피해 분쟁 해결을 위한 국민 부담과 불편을 해소하기 위하여 환경부 소속의 준사법적 행정기관으로서 환경 분쟁 조정위원회가 마련되어 피해 사실 입증 등을 대신하여 줌으로써 국민의 건강상 · 재산상 피해를 보호하고 있다.

13 ⑤

제시된 내용은 교육의 중립성이 의미하는 바를 여러 관점에서 진술한 것이다. 우리나라 헌법 제31조는 교육의 자주성, 전문성, 중립성 및 대학의 자율성 보장을 명시하고 있다. 이 중 교육의 중립성은 외부로부터의 정치적 영향력을 배제하려는 의도를 담고 있다.

14 ④

④ 정책효과는 정책목표 달성의 결과를 나타내는 상태의 변화이다.

※ 정책

㉠ 개념 : 바람직한 사회 상태를 이룩하려는 정책목표와 이를 달성하기 위해 필요한 정책수단에 대하여 권위 있는 정부기관이 공식적으로 결정한 기본방침이다.

㉡ 구성요소

- 정책목표 : 정책을 통하여 달성하고자 하는 바람직한 사회상태
- 정책수단 : 정책목표 달성을 위해 정부가 동원하는 실질적 수단으로서의 규제 · 유인 · 자원투입과 보조적 수단으로서 집행기관 · 집행자금 · 공권력 등
- 정책대상집단 : 정책을 통하여 혜택을 받는 수혜집단과 비용을 부담하는 희생집단
- 정책환경과 정책결정자

15 ②

공식조직과 비공식조직

공식조직	비공식조직(자생집단)
• 인위적 · 계획적 형성 • 이성과 능률의 논리에 입각 • 전체적 질서 • 외면적 존재 • 규범의 성문화	• 자연발생적 형성 • 감정과 대인관계의 논리에 입각 • 부분적 질서 • 내면적 존재 • 규범의 불문화

16 ②

② 관료제의 역기능은 변동 · 변화에 대한 저항이다.

17 ④

집중화(중간점수대에 집중시키는 경향), 관대화(점수를 후하게 주는 경향), 엄격화(점수를 박하게 주는 경향), Halo effect(일반적인 인상으로 평가하는 경향), 선입견에 의한 평가 등은 모두가 평가자의 평가상 오류를 발생시키는 계기가 된다. 그러나 객관화는 바람직한 평가로 봐야 한다.

18 ④

④ 축소부서를 미리 정해놓고 감축을 하면 감축관리의 효율성은 늘지만 기득권 피해가 커진다.

19 ①

① 지역이기주의에 따른 집단 간의 대립이 유발된다.

20 ③

제시문은 가외성에 대한 설명이다.

21 ③

② 통합예산의 개념을 다르게 설명하고 있다.

④ 비금융 공기업 및 각종 기금은 통합예산에 포함된다.

⑤ 자본예산제도에 대한 설명이다.

※ 통합예산 … 전체 예산이 국민경제에 미치는 영향을 체계적으로 파악하는 것을 목적으로 한다. 1979년 IMF의 권고에 따라 일부 도입되기 시작하였다.

22 ⑤

신관리주의 … 인사 · 예산 등 내부통제의 완화를 통해 일선관료에게 재량권과 책임을 부여하여 성과 향상을 꾀하자는 것으로 경영의 부분을 도입한 것이다. 가장 좁은 의미의 신공공관리론이다.

23 ②

매트릭스(Matrix)조직(복합조직, 행렬조직) … 전통적인 관료제에 Project Team을 혼합함으로써 수직적 구조와 수평적 구조가 혼합형성된 임시적 · 동태적 조직을 말한다. 조직구성원은 기능구조와 사업구조에 중첩적으로 속하게 되어 다원적인 지휘 · 명령체계에서 중첩적인 지휘와 명령을 받게 된다.

㉠ 장점
- 한시적 사업에 신속하게 대처할 수 있고 각 기능별 전문안목을 넓히고 쇄신을 촉진한다.
- 조직구성원들 간의 협동적 작업을 통해 조정과 통합의 문제를 해결한다.
- 자발적 협력관계와 비공식적 의사전달체계의 결합으로 융통성과 창의성을 발휘할 수 있다.
- 인적 자원의 경제적 활용을 도모한다.
- 조직단위간 정보흐름의 활성화를 기할 수 있다.

㉡ 단점
- 책임과 권한한계의 불명확성문제가 제기된다.
- 권력투쟁과 갈등이 발생할 수 있고 조정이 어렵고 결정이 지연된다.
- 객관성 및 예측가능성의 확보가 곤란하므로, 조직상황이 유동적이고 복잡한 경우에만 효과적이다.

24 ⑤

⑤ 연성행정조직은 환경에 대한 대응성을 강조한 것으로 조직과 환경간 · 부서간의 높고 경직된 경계를 타파하고, 직업상 유동성을 전제하여 부서간 고정된 기능보다는 일의 흐름을 중시하여 폐쇄적 칸막이 구조를 극복하고 의사전달의 공개를 강조한다. 따라서 분업시스템을 강조하지는 않는다.

25 ①

행태론적 접근방법 … 이념 · 제도 · 구조가 아닌 인간적 요인에 초점을 두는, 인간행태의 과학적 · 체계적 연구방법을 말한다. H.A. Simon의 「행정행태론」이 대표적이며 다양한 인간행태를 객관적으로 수집하고 경험적 검증을 거친 후 인간행태의 규칙성을 규명하고 이에 따라 종합적인 관리를 추구한다.

26 ①

① 광역행정은 규모의 경제에 유리하다. 즉, 막대한 투자재원을 필요로 하는 시설을 각 자치단체별로 설치 · 운영하는 것보다 몇 개의 자치단체가 합동으로 설치 · 운영하면 규모의 경제를 누릴 수 있다.

⑤ 우리나라의 광역행정방식은 행정협의회 · 지방자치단체조합 · 사무위탁 · 특별구역 · 특별행정기관 · 구역변경 등이 있다. 이들 중 「지방자치법」에는 지방자치단체조합 · 행정협의회 방식을 규정하고 있는데 가장 일반적인 방식은 행정협의회 구성이다.

※ 광역행정의 장 · 단점

장점	단점
• 국가와 지방자치단체의 협력관계를 통한 행정사무의 재배분 가능 • 주민의 사회 · 경제적 생활권과 행정권의 일치 가능 • 국가적 차원에서 지방조직을 재편성하여 행정을 능률적으로 운영 • 지역개발 촉진, 지역간 균형발전, 인구와 산업의 적정배치를 통한 국가의 균형발전 도모 • 개발행정 · 계획행정 · 종합행정을 효과적으로 수행 • 공공시설의 정비 · 개선을 통한 주민의 문화적 수준과 복지 증진	• 지방자치제 발전의 저해요인으로 작용 • 자치단체의 민주성 저해로 주민참여와 공동체의식의 약화를 초래 • 재정적 책임부담과 이익형성간의 불일치 발생 • 각 자치지역의 특수여건 무시에 따라 비능률 현상 초래 • 위험 · 혐오시설의 설치시 지역상호간의 이해 충돌 우려 • 관치행정이 만연될 우려가 있고, 말단 행정에 대한 침투가 곤란

27 ②

㉠㉣㉤ 외에도 인적구성의 다국적성, 기업소유권의 다국적성 등이 있다.

28 ④

비공식 조직의 구성원들은 감정적 관계 및 개인적 접촉이다.

29 ①

1단계는 생리적 욕구로서 인간이 기본적으로 바라는 욕구로 가장 저차원단계의 욕구이다.

30 ②

내용 구성이 복잡한 관계로 검증자체가 어렵다.

31 ⑤

일정한 목적을 효과적으로 달성하기 위한 몇 가지 대체안 중에서 가장 유리하고 실행 가능한 최적의 대안을 선택하는 인간행동을 의사결정이라고 한다.

32 ②

델파이법은 생산예측의 방법 중에서 정성적 방법에 해당한다.

33 ④

침투가격전략은 이익의 수준이 낮으므로 타사의 진입을 어렵게 하는 요소로 작용한다.

34 ①

TQC(Total Quality Control) … 전사원이 QC(품질관리)를 이해하고 조직적으로 제품의 질을 높이려고 노력하는 것을 말한다.

35 ④

고용보험은 인간의 실업을 예방하고 나아가 고용의 촉진 및 종업원들의 직업능력의 개발 및 향상을 도모하는 역할을 수행한다.

36 ①

기업공개는 주주들로부터 직접금융방식에 의해 대규모의 장기자본을 용이하게 조달할 수 있다는 특징이 있다.

37 ⑤

코스닥 시장은 우량종목 발굴에 대한 증권사의 선별기능이 중시되는 시장이라 할 수 있다.

38 ①

㈐는 ㈎와 ㈏로부터 조세를 징수하므로 정부에 해당한다. 정부는 가계와 기업으로부터 세금을 걷어 민간에서 필요로 하는 공공재나 공공 서비스를 생산, 공급하며 민간 경제 활동을 조정, 규제한다. 따라서 ㉠은 공공재, 혹은 공공 서비스이다.

② ㈎는 재화와 서비스를 ㈏에게 공급하므로 기업에 해당한다.

③ 기업은 이윤 극대화를 추구한다.

④ ㈏는 생산 요소를 ㈎에 제공하고 ㈎로부터 재화와 서비스를 구입하므로 가계에 해당한다.

⑤ 가계는 소비를 통한 효용 극대화를 추구한다.

39 ①

② 사용 가치가 같은 물이라도 그것이 흔하냐 귀하냐에 따라 가격이 달라진다.

③ 제시된 자료에는 자원의 유용성에 대한 논의가 나타나 있지 않다.

④ 빵보다 귀금속이 더 유용해서 희소한 것이 아닌 것처럼 재화가 유용할수록 희소해지는 것은 아니다.

⑤ 세 번째 사례에만 해당하는 결론이다. 귀금속이나 물의 사례는 시대 변화와 관계가 없다.

40 ②

㉡ 항상 고가 정책이 성공을 거두는 것은 아니며, 소비자의 선택의 폭이 넓어진 상황에서는 고가 정책의 성공 가능성은 더욱 낮아진다.

㉣ 기업의 사회적 책임과 기업 윤리가 중요하기는 하지만, 기업 활동의 1차적인 목적은 이윤 추구이다. 따라서 이윤보다 공익을 추구할 수는 없다.

41 ①

① 시장 가격이 1,400원일 때 수요량과 공급량이 400개로 일치한다. 시장 가격이 1,200원이면 수요량은 600개, 공급량은 350개이므로, 초과 수요량은 250개이다.

42 ④

① 규모의 경제는 생산량이 증가하면서 상품의 단위당 생산 비용인 평균 비용이 점점 감소하는 것을 말한다.

② 기업 간의 담합으로 소비자의 선택의 힘, 즉 소비자의 영향력이 약화된다.

③ 제시문과 관련 없는 내용이다.

⑤ 기업 간의 담합으로 과소 생산이 초래될 수 있다.

43 ⑤

⑤ 최저 임금제로 인해 근로자의 임금이 인상되는 효과를 가져올 것이다.

44 ⑤

① 인플레이션이 발생하면 자국 상품의 가격이 비싸져 해외 시장에서 팔리지 않는 반면, 외국 상품은 상대적으로 값이 낮기 때문에 수입이 늘어나 국제 수지가 악화된다.

②③ 인플레이션 하에서는 금융 자산을 실물 자산으로 바꾸려 하기 때문에 소비가 증가하나, 기업들도 투기에 몰두하기 때문에 건전한 투자가 이루어지지 않아 생산이 위축된다.

④ 연금 생활자는 동일한 명목 소득을 받으므로 물가가 상승할수록 실질 소득은 감소한다.

45 ①

① 기업의 자본재 구입액은 투자에 해당하지만 토지구입액은 투자에 포함되지 않는다.

46 ③

③ 투자수지에 해당하며, 이는 자본수지를 변동시키는 활동이다.

47 ④

유동성선호설(流動性選好說) … 화폐공급량과 자산의 일부를 유동성이 가장 높은 화폐로 보유하려는 사람들의 욕구와의 관계에서 이자율이 결정된다는 이론이다.

48 ④

④ 공적연금제도는 재정조달 방식이 부과방식일 경우 현재의 노령세대는 근로세대로부터, 현재의 근로세대는 미래세대로부터 소득이 재분배되기 때문에 세대 간 재분배라고 볼 수 있다.

49 ⑤

취업촉진수당의 종류〈고용보험법 제37조 제2항〉

㉠ 조기(早期)재취업 수당

㉡ 직업능력개발 수당

㉢ 광역 구직활동비

㉣ 이주비

50 ③

㉠ 연금은 소득상실의 위험에 대한 소득보장이고, 특히 장기소득보장을 부여하는 사회보험의 일종으로 단기성은 연금제도의 특성으로 볼 수 없다.

㉣ 사회보험은 보험료의 강제적 징수와 정형화된 보험금의 지급을 그 특징으로 하기 때문에 자율성과는 거리가 있다.

부록

기출문제 복원

부록 기출복원문제

1. K는 상사로부터 부서 실적 보고서를 검토해달라는 요청을 받고 보고서를 확인하고 있다. 다음 보고서에 대한 교정 방향으로 적절하지 않은 것은?

> 지역사회 행정 강화를 위한 실적은 민원처리, 주민교육, 대외홍보의 세 분야로 구분된다. 올해 종합 실적은 전년대비 15% 이상 증가하였다. 한편, 주민교육 실적은 대면 활동의 제약으로 인해 전년대비 2% 이하의 증가에 그쳤다.
>
> 올해 대외홍보 성과는 온라인 채널 확대 및 콘텐츠 다양화에 따라 전년대비 4.6% 증가하였다. 올해 주민참여 중심의 홍보사업은 전년대비 실적 ㉠ 증가률이 홍보 부문 중 가장 높았고, 대외홍보 전체에서 차지하는 실적 비중도 가장 컸다. ㉡ 또한 R&D 투자액이 매년 증가하여 GDP 대비 R&D 투자액 비중이 증가하였다.
>
> 민원처리 부문은 전자민원 도입과 민원창구 자동화 시스템 구축에 따라 전년대비 25.6% 증가하였다. ㉢ 한편, 최근 5년간 민원 유형별 접수 비중의 순위는 매년 변화가 없었다. 올해 일반민원은 전체 민원의 59.0%를 차지하였다. 이 중 행정절차 문의와 제도 건의는 전년대비 각각 48.6%, 47.4% 증가하여 일반민원 증가를 ㉣ 유도하였다. 최근 5년간 해당 민원 유형의 건수는 매년 상승 추세를 보였다.

① ㉠은 맞춤법에 맞지 않는 표현으로 '증가율'로 수정해야 합니다.
② ㉡은 문맥에 맞지 않는 문장으로 삭제하는 것이 좋습니다
③ ㉢은 앞 뒤 문장이 인과구조이므로 '따라서'로 수정해야 합니다.
④ ㉣ '유도'라는 어휘 대신 문맥상 적합한 '주도'라는 단어로 대체해야 합니다.

NOTE

③ 인과구조가 아니며, '한편'으로 쓰는 것이 더 적절하다.
① '증가률'은 잘못된 표기이며, 표준어는 '증가율'이므로 맞춤법 교정으로 적절하다.
② 해당 문장은 수치 기반 실적 흐름 속에 개별적 평가 내용이 끼어 있어 문맥상 부자연스러우며, 삭제하는 것이 더 적절하다.
④ '유도'는 사람의 행동을 이끄는 표현에 더 적합하고, 여기서는 통계 수치 증가의 주요 원인을 나타내야 하므로 '주도'가 적절하다.

2. 정훈 혼자로는 30일, 정민 혼자로는 40일 걸리는 일이 있다. 둘은 공동 작업으로 일을 시작했으나, 중간에 정훈이가 쉬었기 때문에 끝마치는 데 24일이 걸렸다면 정훈이가 쉬었던 기간은?

① 6일 ② 12일
③ 15일 ④ 17일

NOTE

하루 당 정훈이가 하는 일의 양은 $\frac{1}{30}$, 하루 당 정민이가 하는 일의 양은 $\frac{1}{40}$

정민이는 계속해서 24일간 일 했으므로 정민의 일의 양은 $\frac{1}{40}\times 24$

$1-\frac{24}{40}=\frac{16}{40}$이 나머지 일의 양인데 정훈이가 한 일이므로

나머지 일을 하는데 정훈이가 걸린 시간은 $\frac{16}{40}\div\frac{1}{30}=12$

∴ 정훈이가 쉬었던 날은 $24-12=12$(일)

answer 1.③ 2.②

3. 2개의 주사위를 동시에 던질 때, 주사위에 나타난 숫자의 합이 7이 될 확률과 두 주사위가 같은 수가 나올 확률의 합은?

① $\frac{1}{12}$

② $\frac{1}{2}$

③ $\frac{1}{9}$

④ $\frac{1}{3}$

NOTE

두 주사위를 동시에 던질 때 나올 수 있는 모든 경우의 수는 36이다. 숫자의 합이 7이 될 수 있는 확률은 (1,6), (2,5), (3,4), (4,3), (5,2), (6,1) 총 6가지, 두 주사위가 같은 수가 나올 확률은 (1,1), (2,2), (3,3), (4,4), (5,5), (6,6) 총 6가지다.

$\therefore \frac{6}{36}+\frac{6}{36}=\frac{1}{3}$

4. 5%의 소금물과 15%의 소금물로 12%의 소금물 200g을 만들고 싶다. 각각 몇 g씩 섞으면 되는가?

	5% 소금물	15% 소금물
①	40g	160g
②	50g	150g
③	60g	140g
④	70g	130g

NOTE

200g에 들어 있는 소금의 양은 섞기 전 5%의 소금의 양과 12% 소금이 양을 합친 양과 같아야 한다.

5% 소금물의 필요한 양을 x라 하면 녹아 있는 소금의 양은 $0.05x$

15% 소금물의 소금의 양은 $0.15(200-x)$

$0.05x+0.15(200-x)=0.12\times200$

$5x+3000-15x=2400$

$10x=600$

$x=60$(g)

∴ 5%의 소금물 60g, 15%의 소금물 140g

5. 다음의 말이 참일 때 항상 참인 것은?

- 키가 큰 사람은 우유를 좋아한다.
- 우유를 좋아하는 사람은 구운 파인애플을 먹지 않는다.
- 피자를 좋아하는 사람은 구운 파인애플을 먹지 않는다.
- 우유를 좋아하지 않는 사람은 햄버거를 좋아한다.

① 구운 파인애플을 먹는 사람은 햄버거를 좋아하지 않는다.

② 우유를 좋아하는 사람은 피자를 좋아한다.

③ 구운 파인애플을 먹는 사람은 키가 크지 않다.

④ 키가 큰 사람은 피자를 좋아한다.

NOTE

③ 구운 파인애플을 먹는 사람은 우유를 좋아하지 않고 우유를 좋아하지 않는 사람은 키가 크지 않다.

6. 甲, 乙, 丙, 丁은 모두 공공서비스 신청을 받기 위해 서류를 신청하려 한다. 다섯 명은 각각 필요 서류를 다음과 같이 제출하였다고 주장하며, 이 중 한 명을 제외한 나머지 모두가 진실을 말하였다고 가정할 때, 거짓말을 하고 있는 사람은 누구인가?

甲 : 내가 서류를 제일 늦게 제출했구나.
乙 : 나는 丁 다음으로 서류를 제출했어.
丙 : 서류는 내가 가장 먼저 제출했을 거야.
丁 : 내가 甲과 乙보다 서류를 늦게 제출했구나.

① 甲 ② 乙

③ 丙 ④ 丁

NOTE

- 甲이 거짓말을 한다고 가정하면, 乙, 丙, 丁은 모두 진실을 말하는데 乙과 丁의 발언에서 모순이 발생한다.
- 乙이 거짓말을 한다고 가정하면, 甲, 丙, 丁은 모두 진실을 말하는데 甲과 丁의 발언에서 모순이 발생한다.
- 丙이 거짓말을 한다고 가정하면 甲, 乙, 丁은 모두 진실을 말하는데 甲과 丁의 발언에서 모순이 발생한다.
- 丁이 거짓말을 한다고 가정하면 甲, 乙, 丙의 발언이 모순 없이 진실이 되며, 서류를 제출한 순서는 丙 – 丁 – 乙 – 甲의 순서가 된다.

answer 3.④ 4.③ 5.③ 6.④

7. 패드나 태블릿에서 필압(압력의 세기)를 인식하여 선의 굵기나 명암 등을 조절할 수 있게 해주는 기술은 무엇인가?

① 블루투스
② 와이파이
③ 핫스팟
④ 포스터치

NOTE

포스터치(Force Touch) … 포스터치는 사용자의 터치 강도를 감지해 반응하는 기술로, 애플 디바이스를 중심으로 활용되며 압력 인식 기반 입력 기술의 대표적인 예다.

8. 정보의 전략적 기획을 위한 5W 2H에 "정보의 필요목적"에 해당하는 것은?

① WHY ② WHO
③ HOW MANY ④ WHAT

NOTE

5W 2H
㉠ WHAT(무엇을) : 정보의 입수대상
㉡ WHERE(어디에서) : 정보의 소스
㉢ WHEN(언제까지) : 정보의 요구시점
㉣ WHY(왜) : 정보의 필요목적
㉤ WHO(누가) : 정보활동의 주체
㉥ HOW(어떻게) : 정보의 수집방법
㉦ HOW MUCH(얼마나) : 정보의 비용성

9. 엑셀 사용 시 발견할 수 있는 다음과 같은 오류 메시지 중 설명이 올바르지 않은 것은 어느 것인가?

① #DIV/0! – 수식에서 어떤 값을 0으로 나누었을 때 표시되는 오류 메시지
② #N/A – 함수나 수식에 사용할 수 없는 데이터를 사용했을 경우 발생하는 오류 메시지
③ #NULL! – 잘못된 인수나 피연산자를 사용했을 경우 발생하는 오류 메시지
④ #NUM! – 수식이나 함수에 잘못된 숫자 값이 포함되어 있을 경우 발생하는 오류 메시지

NOTE

'#NULL!' 은 교차하지 않은 두 영역의 교차점을 참조 영역으로 지정하였을 경우 발생하는 오류 메시지이며, 잘못된 인수나 피연산자를 사용했을 경우 발생하는 오류 메시지는 #VALUE! 이다.

10. 엑셀에서 =COUNTIF(A1:A10, ">5") 함수의 기능으로 올바른 것은?

① A1부터 A10까지의 값 중 5 이하의 셀 개수를 센다.
② A1부터 A10까지의 값 중 5보다 큰 셀 개수를 센다.
③ A1부터 A10까지의 값 중 5와 같은 값을 모두 더한다.
④ A1부터 A10까지의 셀 중 숫자가 입력된 셀의 개수를 센다.

NOTE

COUNTIF(범위, 조건) 함수는 지정된 범위에서 조건을 만족하는 셀의 개수를 구한다. '>5'는 '5보다 큰 값'을 의미하므로, 해당 범위 내 5보다 큰 값의 셀 수를 세는 기능이다.

answer 7.④ 8.① 9.③ 10.②

11. 다음은 국민연금공단의 연금보험료 지원사업의 공고문이다. 공고문을 본 A ~ D의 반응으로 적절하지 않은 것은?

구분	내용
지원 대상	ㅁ 국민연금 가입 기간이 10년 미만인 가입자 중 아래의 조건을 충족시키는 자 ◦ 저소득자 : 기준 중위소득 80% 이하인 자 ☞ 확인방법 건강보험료 납부확인서, 소득금액증명(국세청) 등으로 확인되는 신청 직전 연도의 월평균소득 또는 월평균 건강보험료 납부액이 아래 표에 표기된 금액 이하인 자 (단위 : 원) [아래 표 참조] ◦ 연금수급 연령에 도달한 자 중 대부를 통해 연금수급이 가능한 자
지원 금액	ㅁ 1인당 300만 원 이내
상환 조건	ㅁ 대부조건 : 무담보, 무보증, 무이자 ㅁ 상환조건 : 연금수급 개시 월부터 5년 이내 원금균등분할상환
지원 절차	ㅁ 신청접수 → 대출심사 → 대출실행(약정 및 연금보험료 납부 → 연금 청구 및 상환
접수 기간	ㅁ 수시접수 : ~ 자금 소진 시 마감
구비 서류	ㅁ 제출서류 – 지원신청서 1부(신나는 조합 홈페이지 내 양식, 첨부파일 참조) – 개인정보 조회동의서 1부(신나는 조합 홈페이지 내 양식, 첨부파일 참조) – 약정서 1부(신나는 조합 홈페이지 내 양식, 첨부파일 참조) – CMS출금이체 동의서 1부(신나는 조합 홈페이지 내 양식, 첨부파일 참조) – 연금산정용 가입내역확인서 1부(국민연금공단 지사 방문하여 발급) – 주민등록등본 1부 – 소득금액 증빙서류 1부(건강보험 납부확인서, 소득금액증명서 중 택1)
접수 방법	ㅁ 우편접수 – 신나는 조합 홈페이지(http://www.joyfulunion. or.kr) 알림마당 내 공지사항 신청 양식 다운로드 및 작성, 구비서류와 함께 등기우편으로 제출 – 접수처 : 서울 OO구 OO로 107-39 희망든든사업 담당자 앞
문의 사항	ㅁ 신나는 조합 희망든든 연금보험 지원사업 담당자 ☎ OO-000-0000 ㅁ 국민연금공단 지사

(지원 대상 내 표, 단위 : 원)

구분		1인 가구	2인 가구	3인 가구	4인 가구	5인 이상
기준중위소득 80%		1,366,000	2,325,000	3,008,000	3,691,000	4,374,000
건강 보험료	직장 가입자	44,120	75,600	97,680	120,060	142,720
	지역 가입자	15,550	40,670	82,340	113,530	142,330

① A : 연금보험료는 무이자, 무담보로 지원되며 국민연금 수령 후에 연금으로 분할 상환하는 사업이다.

② B : 2인 가구의 경우 중위소득이 2,350,000원이라면 지원대상자에 해당되지 않는다.

③ C : 지원을 받고자 하는 사람은 개인정보 조회동의서를 제출해야 한다.

④ D : 1인당 300만 원 이내로 지원되며 지원사업 공고일로부터 연말까지 접수받는다.

NOTE

국민연금공단의 희망든든 연금보험료 지원사업은 무이자, 무담보, 무보증으로 연금보험료를 지원하고 국민연금 수령 후 연금으로 분할 상환할 수 있는 사업이다. 1인당 300만 원 이내로 지원되며 접수 기간은 수시접수로 자금 소진 시 마감되므로 D의 평가는 적절하지 않다.

① A는 희망든든 연금보험료 지원사업의 공고문의 내용을 바르게 이해하였다.

② 지원대상은 저소득자(기준 중위소득 80% 이하인 자)로 2인 가구의 기준 중위소득 80%는 2,325,000원이므로 B의 평가는 적절하다.

③ 제출 서류는 지원신청서, 개인정보 조회동의서, 약정서 등으로 안내되어 있으므로 C의 평가는 적절하다.

answer 11.④

12. **다음은 K공사의 회의실 사용에 대한 안내문이다. 안내문의 내용을 바르게 이해한 설명은 어느 것인가?**

■ 이용안내

임대시간	기본 2시간, 1시간 단위로 연장
요금결제	이용일 7일전 까지 결제(7일 이내 예약 시에는 예약 당일 결제)
취소수수료	• 결제완료 후 계약을 취소 시 취소수수료 발생 • 이용일 기준 7일 이전 : 전액 환불 • 이용일 기준 6일~3일 이전 : 납부금액의 10% • 이용일 기준 2일~1일 이전 : 납부금액의 50% • 이용일 당일 : 환불 없음
회의실/일자변경	• 사용가능한 회의실이 있는 경우, 사용일 1일 전까지 가능(해당 역 담당자 전화 신청 필수) • 단, 회의실 임대일 변경, 사용시간 단축은 취소수수료 기준 동일 적용
세금계산서	• 세금계산서 발행을 원하실 경우 반드시 법인 명의로 예약하여 사업자등록번호 입력 • 현금영수증 발행 후에는 세금계산서 변경발행 불가

■ 회의실 이용 시 준수사항

※ 회의실 사용자는 공사의 승인 없이 다음 행위를 할 수 없습니다.

1. 공중에 대하여 불쾌감을 주거나 또는 통로, 기타 공용시설에 간판, 광고물의 설치, 게시, 부착 또는 각종기기의 설치 행위
2. 폭발물, 위험성 있는 물체 또는 인체에 유해하고 불쾌감을 줄 우려가 있는 물품 반입 및 보관행위
4. 공사의 동의 없이 시설물의 이동, 변경 배치행위
5. 공사의 동의 없이 장비, 중량물을 반입하는 등 제반 금지행위
6. 공공질서 및 미풍양식을 위해하는 행위
7. 알코올성 음료의 판매 및 식음행위
8. 흡연행위 및 음식물 등 반입행위
9. 임대의 위임 또는 재임대

① 임대일 4일 전에 예약이 되었을 경우, 이용요금 결제는 회의실 사용 당일에 해야 한다.

② 회의실 임대 예약 날짜를 변경할 경우, 3일 전 변경을 신청하면 10%의 수수료가 발생한다.

③ 이용 당일 임대 회의실을 변경하고자 하면 이용 요금 50%를 추가 지불해야 한다.

④ 팀장 개인 명의로 예약하여 결제해도 세금계산서를 발급받을 수 있다.

NOTE

② 최소수수료 규정과 동일하게 적용되어 3일 이전이므로 납부금액의 10% 수수료가 발생하게 된다.

① 임대일 4일 전에 예약이 되었을 경우 이용요금 결제는 회의실 사용 당일이 아닌 예약 당일에 해야 한다.

③ 이용 당일에는 환불이 없으므로 100%의 이용 요금을 추가로 지불해야 한다.

④ 세금계산서 발행을 원할 경우 반드시 법인 명의로 예약해야 한다고 규정되어 있다.

answer 12.②

13. 다음은 국민연금공단의 OO년 혁신계획이다. 이 글을 읽고 제시한 의견으로 가장 적절하지 않은 것은?

> 국민연금공단과 신나는 조합은 국민연금 사각지대에 놓인 대상자의 국민연금 수급권 확보에 기여하고자 '희망든든 연금보험료 지원사업'을 아래와 같이 진행하고자 합니다.
>
> 무이자, 무담보, 무보증으로 연금보험료를 지원하고 국민연금 수령 후 연금으로 분할 상환할 수 있는 본 사업에 많은 신청 바랍니다.

1 추진 배경

■ 국민 삶의 질 재고를 위한 공공성 중심의 혁신 패러다임 전환 필요
- 공공의 이익과 공동체의 발전에 기여하는 사회적 가치 중심의 혁신으로 공단 본연의 사회안전망 기능 역할 강화 필요
  ※ 정부 운영을 국민 중심으로 전환하는 내용의 「정부혁신 종합 추진계획」 발표(3. 19.)

■ 국민과의 소통으로 국민이 공감하는 혁신에 대한 시대적 요구
- 정책에 직접 참여하고자 하는 국민의 요구와 급격히 증가하고 있는 시민사회 역량을 반영하는 제도적 기반 확보 시급

■ 자발적 혁신을 통해 국민으로부터 신뢰받는 공단 실현
- 정부의 공공기관 혁신방향에 따라 능동적 · 자율적 혁신 추진

2 추진 체계

□ 혁신 전담조직 구성 및 역할

■ 기존 경영혁신 전담조직(열린혁신위원회, 혁신위원회)을 '혁신위원회(위원장 : 이사장)'로 통합 · 개편하여 조직역량을 총결집
- (구성) 임원, 정책연구원장, 본부 부서장으로 구성
- (역할) 추진상황 공유 등 중요사항 의사결정

■ 혁신위원회 산하에 혁신추진단(단장 : 기획상임이사)을 두고, 혁신 기본방향에 따른 4개 추진팀을 운영

□ 추진팀별 구성 및 역할

■ 공공성 강화 추진팀
- 국민건강보장 실천 및 국민부담 완화, 일하는 방식 혁신 및 제도 개선

■ 일자리 · 혁신성장 추진팀
- 일자리 창출, 혁신성장 관련 인프라 구축, 지역경제 활성화 · 상생

■ 신뢰경영 추진팀
- 윤리경영 적극 실천, 공공자원 개방 확대, 국민참여 플랫폼 운영

■ 혁신지원팀
- 혁신을 위한 조직 내 제도 정비, 추진기반 조성, 성과 홍보 등

■ 시민참여혁신단
- (구성) 시민단체, 사회단체, 전문가, 대학(원)생, 이해관계자, 지역주민 등 다양한 집단 · 분야의 30명으로 구성
  ※ 관련 분야 전문지식을 보유한 전문가를 전문위원으로, 이외 일반위원으로 위촉

〈집단 · 분야별 위원 현황〉

(단위 : 명)

계	전문위원	일반위원					
		소계	대학(원)생	시민단체	사회단체	이해관계자	지역주민
30	3	27	5	4	3	7	8

- (역할) 건강보험 혁신계획 전반에 대한 자문 및 제언(전문위원), 자유로운 의견 제안 및 과제 발굴 등(일반위원)

■ 혁신주니어보드
- (구성) 20~30대 연령의 5~6급 직원 50명으로 구성
- (역할) 혁신과제 발굴, 혁신관련 행사 참여, 대내외 소통 등

□ 운영 방안

■ 혁신과제 추진상황 상시 모니터링 및 환류
- 과제별 추진실적 및 향후 계획을 분기별로 제출받아 총괄본부에서 점검하고, 필요시 조치 사항 등을 협의

■ 추진동력 확보를 위한 협의체 운영
- (혁신위원회) 중요사항에 대한 의사결정 필요시 개최
- (시민참여혁신단) 전체 회의와 집단별 그룹 회의로 구분 운영
  ※ 온라인으로도 진행 상황 공유, 의견 제시할 수 있는 참여마당 병행 운영
- (혁신주니어보드) 격월 개최를 원칙으로 하되, 필요시 수시 개최

① 김 팀장 : 정부혁신 종합 추진계획 발표에 따라 사회적 위험으로부터 국민을 보호하기 위하여 제도를 강화할 것이 요청되고 있다.

② 이 주임 : 위원회 수는 기존보다 줄어들 것이다.

③ 박 대리 : 전문지식을 보유한 전문가는 전체 위원의 10%를 차지한다.

④ 홍 주임 : 과제별 추진실적을 점검하기 위해 혁신주니어보드와의 소통을 활성화해야 한다.

answer 13.④

NOTE

국민연금공단의 혁신계획은 혁신 전담조직을 구성하여 상시 모니터링 및 환류, 추진동력 확보를 위한 협의체 운영 등의 내용을 담고 있다. 혁신주니어보드는 혁신과제를 발굴하고 혁신관련 행사에 참여하며 대내외 소통 등을 담당한다. 홍 주임이 언급한 '과제별 추진실적 점검'은 총괄본부에서 맡게 된다.

① 김 팀장은 "사회적 위험으로부터 국민을 보호하기 위하여 제도를 강화할 것이 요청되고 있다"고 평가했는데 이는 혁신계획의 서두에 명시된 사회안전망 기능이다.

② 기존 경영혁신 전담조직은 열린혁신위원회와 혁신위원회였는데, 혁신위원회로 통합함에 따라 위원회 수는 기존보다 줄어든다.

③ 박 대리는 시민참여혁신단의 전문가를 말하고 있는데, 전문위원은 전체 위원 중 3명으로 10%에 해당한다.

14. 다음 글의 밑줄 친 ㉠~㉣의 한자 표기에 대한 설명으로 옳은 것은?

> 서울시는 신종 코로나바이러스 감염증 확산 방지를 위해 ㉠'다중이용시설 동선 추적 조사반'을 구성한다고 밝혔다. 의사 출신인 박○○ 서울시 보건의료정책과장은 이날 오후 서울시 유튜브 라이브 방송에 ㉡출연, 코로나바이러스 감염증 관련 대시민 브리핑을 갖고 "시는 2차, 3차 감염발생에 따라 ㉢역학조사를 강화해 조기에 발견하고 관련 정보를 빠르게 제공하려고 한다."라며 이같이 밝혔다. 박 과장은 "확진환자 이동경로 공개㉣지연에 따라 시민 불안감이 조성된다는 말이 많다."며 "더욱이 다중이용시설의 경우 확인이 어려운 접촉자가 존재할 가능성도 있다."라고 지적했다.

① ㉠ '다중'의 '중'은 '삼중구조'의 '중'과 같은 한자를 쓴다.
② ㉡ '출연'의 '연'은 '연극'의 '연'과 다른 한자를 쓴다.
③ ㉢ '역학'의 '역'에 해당하는 한자는 '歷'과 '易' 모두 아니다.
④ ㉣ '지연'은 '止延'으로 쓴다.

NOTE

③ '역학조사'는 '감염병 등의 질병이 발생했을 때, 통계적 검정을 통해 질병의 발생 원인과 특성 등을 찾아내는 것'을 일컫는 말로, 한자로는 '疫學調査'로 쓴다.

① '다중'은 '多衆'으로 쓰며, '삼중 구조'의 '중'은 '重'으로 쓴다.

② '출연'과 '연극'의 '연'은 모두 '演'으로 쓴다.

④ '일 따위가 더디게 진행되거나 늦어짐'의 뜻을 가진 '지연'은 '遲延'으로 쓴다.

15. 다음은 대표적인 단위를 환산한 자료이다. 환산 내용 중 올바르지 않은 수치가 포함된 것은?

단위	단위환산
길이	1cm = 10mm, 1m = 100cm, 1km = 1,000m
넓이	1cm² = 100mm², 1m² = 10,000cm², 1km² = 1,000,000m²
부피	1cm³ = 1,000mm³, 1m³ = 1,000,000cm³, 1km³ = 1,000,000,000m³
들이	1mℓ = 1cm³, 1dℓ = 1,000cm³ = 100mℓ, 1ℓ = 100cm³ = 10dℓ
무게	1kg = 1,000g, 1t = 1,000kg = 1,000,000g
시간	1분 = 60초, 1시간 = 60분 = 3,600초
할푼리	1푼 = 0.1할, 1리 = 0.01할, 모 = 0.001할

① 부피 ② 들이
③ 무게 ④ 시간

NOTE

'들이'의 환산이 다음과 같이 수정되어야 한다.
수정 전 1dℓ = 1,000cm³ = 100mℓ, 1ℓ = 100cm³ = 10dℓ
수정 후 1dℓ = 100cm³ = 100mℓ, 1ℓ = 1,000cm³ = 10dℓ

answer 14.③ 15.②

16. 설탕 15g으로 10%의 설탕물을 만들었다. 이것을 끓였더니 농도가 20%인 설탕물이 되었다. 너무 달아서 물 15g을 더 넣었다. 몇 %의 설탕물이 만들어 졌는가?

① 10%

② 13%

③ 15%

④ 17%

NOTE

설탕 15g으로 10%의 설탕물을 만들었으므로 물의 양을 x라 하면,

$\frac{15}{x+15}\times 100 = 10\%$에서 $x = 135$

여기에서 설탕물을 끓여 농도가 20%로 되었으므로, 이때의 물의 양을 다시 x라 하면,

$\frac{15}{x+15}\times 100 = 20\%$에서 $x = 60$

여기에서 물 15g을 더 넣었으므로

$\frac{15}{60+15+15}\times 100 = 16.67\%$

약 17%

17. 윈도우에서 현재 활성화된 창과 동일한 창을 새로 띄우려고 한다. 어떤 단축키를 사용해야 하는가?

① Ctrl+N

② Alt+N

③ Shift+N

④ Tab+N

NOTE

Ctrl+N 단축키는 현재 열려있는 프로그램과 같은 프로그램을 새롭게 실행시킨다. 현재 사용하는 인터넷 브라우저 혹은 폴더를 하나 더 열 대 사용한다.

18. 다음 주어진 수를 통해 규칙을 찾아내어 빈칸에 들어갈 알맞은 숫자를 고르시오.

10	2	12	4	14	8	16	16	( )

① 18

② 24

③ 28

④ 32

NOTE

주어진 수열의 홀수 항은 +2, 짝수 항은 ×2의 규칙을 가지고 있다. 따라서 16+2=18이다.

19. 각 면에 1, 1, 1, 2, 2, 3의 숫자가 하나씩 적혀있는 정육면체 모양의 상자를 던져 윗면에 적힌 수를 읽기로 한다. 이 상자를 3번 던질 때, 첫 번째와 두 번째 나온 수의 합이 4이고 세 번째 나온 수가 홀수일 확률은?

① $\frac{5}{27}$

② $\frac{11}{54}$

③ $\frac{2}{9}$

④ $\frac{13}{54}$

NOTE

처음 두 수의 합이 4인 사건은

(1, 3), (2, 2), (3, 1)

이므로 그 확률은 $\frac{3}{6}\times\frac{1}{6}+\frac{2}{6}\times\frac{2}{6}+\frac{1}{6}\times\frac{3}{6}=\frac{5}{18}$

세 번째 수가 홀수일 확률은 $\frac{4}{6}=\frac{2}{3}$이므로 구하는 확률은

$\frac{5}{18}\times\frac{2}{3}=\frac{5}{27}$

answer 16.④ 17.① 18.① 19.①

20. N은행 고객인 S씨는 작년에 300만 원을 투자하여 3년 만기, 연리 2.3% 적금 상품(비과세, 단리 이율)에 가입하였다. 올 해 추가로 여유 자금이 생긴 S씨는 200만 원을 투자하여 신규 적금 상품에 가입하려 한다. 신규 적금 상품은 복리가 적용되는 이율 방식이며, 2년 만기라 기존 적금 상품과 동시에 만기가 도래하게 된다. 만기 시 두 적금 상품의 원리금의 총 합계가 530만 원 이상이 되기 위해서는 올 해 추가로 가입하는 적금 상품의 연리가 적어도 몇 %여야 하는가? (모든 금액은 절삭하여 원 단위로 표시하며, 이자율은 소수 첫째 자리까지만 계산함)

① 2.2%

② 2.3%

③ 2.4%

④ 2.5%

NOTE

단리 이율 계산 방식은 원금에만 이자가 붙는 방식으로 원금은 변동이 없으므로 매년 이자액이 동일하다. 반면, 복리 이율 방식은 '원금+이자'에 이자가 붙는 방식으로 매년 이자가 붙어야 할 금액이 불어나 갈수록 원리금이 커지게 된다.

작년에 가입한 상품의 만기 시 원리금은

3,000,000+(3,000,000×0.023×3)=3,000,000+207,000=3,207,000원이 된다.

따라서 올 해 추가로 가입하는 적금 상품의 만기 시 원리금이 2,093,000원 이상이어야 한다. 이것은 곧 다음과 같은 공식이 성립하게 됨을 알 수 있다.

추가 적금 상품의 이자율을 A%, 이를 100으로 나눈 값을 x라 하면,

2,000,000+(2,000,000×x×2)≧2,093,0000이 된다.

따라서 x≧2.3%이다.

21. 다음과 같은 자료를 참고할 때, F3 셀에 들어갈 수식으로 알맞은 것은?

	A	B	C	D	E	F
1	이름	소속	수당(원)		구분	인원 수
2	김xx	C팀	160,000		총 인원	12
3	이xx	A팀	200,000		평균 미만	6
4	홍xx	D팀	175,000		평균 이상	6
5	남xx	B팀	155,000			
6	서xx	D팀	170,000			
7	조xx	B팀	195,000			
8	염xx	A팀	190,000			
9	권xx	B팀	145,000			
10	신xx	C팀	200,000			
11	강xx	D팀	190,000			
12	노xx	A팀	160,000			
13	방xx	D팀	220,000			

① =COUNTIF(C2:C13,"〈"&AVERAGE(C2:C13))

② =COUNT(C2:C13,"〈"&AVERAGE(C2:C13))

③ =COUNTIF(C2:C13,"〈", "&" AVERAGE(C2:C13))

④ =COUNT(C2:C13,"〉"&AVERAGE(C2:C13))

NOTE

COUNTIF 함수는 통계함수로서 범위에서 조건에 맞는 셀의 개수를 구할 때 사용된다. F3 셀은 평균 미만에 해당하는 개수를 구해야 하므로 AVERAGE 함수로 평균 금액을 먼저 구한 후, COUNTIF 함수를 이용할 수 있다.

따라서 =COUNTIF(C2:C13,"〈"&AVERAGE(C2:C13))가 된다. 반면, F4 셀은 평균 이상에 해당하는 개수를 구해야 하므로 F4 셀에 들어갈 수식은 =COUNTIF(C2:C13,"〉="&AVERAGE(C2:C13))이 된다.

answer 20.② 21.①

22. 다음 〈표〉는 OO예탁결제원의 성별 · 연령대별 전자금융서비스 인증수단 선호도에 관한 자료이다. 이 자료를 검토한 반응으로 옳지 않은 것은?

〈표〉 성별, 연령대별 전자금융서비스 인증수단 선호도 조사결과

(단위 : %)

구분 \ 인증수단		휴대폰 문자 인증	공인 인증서	아이핀	이메일	전화 인증	신용 카드	바이오 인증
성별	남자	72.2	69.3	34.5	23.1	22.3	21.1	9.9
	여자	76.6	71.6	27.0	25.3	23.9	20.4	8.3
연령대	10대	82.2	40.1	38.1	54.6	19.1	12.0	11.9
	20대	73.7	67.4	36.0	24.1	25.6	16.9	9.4
	30대	71.6	76.2	29.8	15.7	28.0	22.3	7.8
	40대	75.0	77.7	26.7	17.8	20.6	23.3	8.6
	50대	71.9	79.4	25.7	21.1	21.2	26.0	9.4
전체		74.3	70.4	30.9	24.2	23.1	20.8	9.2

※ 1) 응답자 1인당 최소 1개에서 최대 3개까지 선호하는 인증수단을 선택했음.
2) 인증수단 선호도는 전체 응답자 중 해당 인증수단을 선호한다고 선택한 응답자의 비율임.
3) 전자금융서비스 인증수단은 제시된 7개로만 한정됨.

① 박 주임 : 연령대별 인증수단 선호도를 살펴보면, 30대와 40대 모두 아이핀이 3번째로 높다.

② 이 팀장 : 전체 응답자 중 선호 인증수단을 3개 선택한 응답자 수는 40% 이상이다.

③ 홍 사원 : 선호하는 인증수단으로, 신용카드를 선택한 남성 수는 바이오 인증을 선택한 남성 수의 3배 이하이다.

④ 오 팀장 : 선호하는 인증수단으로 이메일을 선택한 20대 모두가 아이핀과 공인인증서를 동시에 선택했다면, 신용카드를 선택한 20대 모두가 아이핀을 동시에 선택한 것이 가능하다.

NOTE

오 팀장은 "선호하는 인증수단으로 이메일을 선택한 20대 모두가 아이핀과 공인인증서를 동시에 선택했다면, 신용카드를 선택한 20대 모두가 아이핀을 동시에 선택하는 것이 가능하다."고 평가했다.
만약 이메일을 선택한 20대 모두가 아이핀과 공인인증서를 동시에 선택했다면 아이핀을 선택한 20대 중에서 11.9%(36.0 − 24.1)는 조건에 따라 타 인증수단을 중복 선호할 수 있다. 신용카드를 선호하는 20대는 16.9%로 11.9%보다 더 크다. 따라서, 신용카드를 선택한 20대 모두가 아이핀을 동시에 선택한다고 평가하는 것은 옳지 않다.

① 박 주임은 "연령대별 인증수단 선호도에서 30대와 40대 모두 아이핀이 3번째로 높다고" 본다. 30대의 인증수단은 공인인증서 → 휴대폰문자 인증 → 아이핀 순으로 선호도가 높다. 40대의 인증수단은 공인인증서 → 휴대폰문자 인증 → 아이핀 순으로 선호도가 높다. 따라서 30대와 40대 모두 아이핀이 3번째로 높으므로 박 주임은 옳게 검토하였다.

② 이 팀장은 "전체 응답자 중 선호 인증수단을 3개 선택한 응답자 수는 40% 이상이다."라고 했다. 인증수단별 하단에 제시된 전체 선호도를 합산하면 252.9가 된다. 7개 인증수단 중 최대 3개까지 중복 응답이 가능하므로 선호 인증수단을 3개 선택한 응답자 수는 최소 40% 이상이 된다. 이 팀장은 옳게 검토하였다.

③ 남성의 인증수단 선호도를 살펴보면, 신용카드를 선택한 남성의 비율은 21.1%로, 바이오인증을 선호하는 9.9%의 3배인 29.7% 이하이다. 따라서 홍 사원은 옳게 검토하였다.

answer 22.④

23. 아래의 내용을 읽고 괄호 안에 들어갈 말을 순서대로 바르게 나열한 것은?

> 전 세계적으로 몇 년간 페이스북 등 소셜 네트워크 서비스나 기기 간 통신을 이용한 센서 네트워크, 그리고 기업의 IT 시스템에서 발생하는 대량 데이터의 수집과 분석, 즉 이른바 (㉠)의 활용이 활발해지고 있다. 2013년에는 '데이터 규모'에서 '데이터 분석 및 활용'으로 초점을 이동하면서 기존의 데이터웨어하우스 개념에서 발전지향적인 DW전략과 새로운 데이터 분석 기술이 결합된 (㉡)시대가 도래할 것으로 예상된다.

① ㉠ 소셜네트워크서비스 ㉡ 빅데이터
② ㉠ 온라인거래처리 ㉡ 온라인분석처리
③ ㉠ 빅데이터 ㉡ 빅데이터
④ ㉠ 만물인터넷 ㉡ 만물인터넷

NOTE

빅데이터 (Big Data)는 데이터의 생성 양 · 주기 · 형식 등이 이전의 데이터에 비해 상당히 크기 때문에, 이전의 방법으로는 수집 · 저장 · 검색 · 분석이 어려운 방대한 데이터를 말한다. 이러한 빅데이터의 환경은 과거에 비해 데이터의 양이 폭증했다는 점과 함께 데이터의 종류도 상당히 다양해져 사람들의 행동은 물론 위치정보 및 SNS 등을 통해 생각과 의견까지도 분석하고 예측이 가능하다.

24. 다음 중 메모장에 대한 설명으로 옳지 않은 것은?

① 워드패드보다 간단한 작업을 위해 만들어진 것이다.
② F5키를 누르면 연도, 월, 일, 시간이 자동으로 작성되는 기능이 있다.
③ 초기 메모장과 비교했을 때 현재 메모장의 UI는 완전히 교체되었다.
④ Microsoft Windows에 내장된 텍스트 편집 프로그램이다.

NOTE

메모장은 Windows 95 시절부터 현재까지도 인터페이스의 변화가 거의 없다.

25. Windows 보조프로그램인 그림판의 기능에 대한 다음의 설명 중 올바르지 않은 것을 모두 고르면?

> [그림판]
> ㉠ 그림판은 간단한 그림을 그리거나 편집하기 위해 사용하는 프로그램이다.
> ㉡ 그림판으로 작성한 파일의 형식은 PNG, JPEG, TIFF, TXT, GIF 등으로 저장할 수 있다.
> ㉢ 원 또는 직사각형을 표현할 수 있으며, 정원이나 정사각형태의 도형 그리기는 지원되지 않는다.
> ㉣ 그림판에서 그림을 그린 다음 다른 문서에 붙여넣거나 바탕화면 배경으로 사용할 수 있다.
> ㉤ '색 채우기' 도구는 연필이나 브러시, 도형 등으로 그린 그림에 채우기가 가능하다. 단, 선택한 영역에 대해서는 불가능하다.
> ㉥ 그림의 크기와 대칭, 회전 등의 작업이 가능하다.

① ㉡, ㉤
② ㉢, ㉣
③ ㉣, ㉤
④ ㉡, ㉢

NOTE

㉡ TXT파일은 텍스트 파일로 메모장에서 작업 가능하다.
㉢ 그림판에서 정원이나 정사각형을 그리려면 타원이나 직사각형을 선택한 후에 'Shift' 키를 누른 상태로 그리기를 하면 된다.

answer 23.③ 24.③ 25.④

26. **맥켄지의 7S 모델에서 모든 조직구성원들이 공유하는 기업의 핵심 이념이나 가치관, 목적 등을 말하며 구성원뿐 아니라 고객이나 투자자 등 다양한 이해관계자들에게 영향을 미치게 된다는 점에서 가장 중요한 요소로 고려되는 요소는?**

① 공유가치(shared value)

② 조직구조(structure)

③ 시스템(system)

④ 스타일(style)

NOTE

② 조직구조(structure) : 전략을 실행해 가기 위한 틀로서 조직도라 할 수 있다. 구성원들의 역할과 구성원간 상호관계를 지배하는 공식 요소들(예. 권한, 책임)을 포함한다. 시스템과 함께 구성원들의 행동을 특정 방향으로 유도하는 역할을 한다.

③ 시스템(system) : 조직의 관리체계나 운영절차, 제도 등을 말한다. 성과관리, 보상제도, 경영정보시스템 등 경영 각 분야의 관리제도나 절차 등을 수반하며 구성원들의 행동을 조직이 원하는 방향으로 유도하는 역할을 한다.

④ 스타일(style) : 조직을 이끌어나가는 관리자의 경영방식이나 리더십 스타일을 말한다. 관리자에 따라 민주적, 독선적, 방임적 등 다양하게 나타날 수 있으며 조직구성원들의 동기부여나 조직문화에 직접적인 영향을 미치게 된다.

27. **다음 리더십 이론에 관한 설명 중 바르지 않은 것은?**

① 서번트 리더십은 타인을 위한 봉사에 초점을 두고, 구성원과 소비자의 커뮤니티를 우선으로 그들의 니즈를 만족시키기 위해 헌신하는 유형의 리더십이다.

② 규범적 리더십모형에서는 의사결정과정에서 리더가 선택할 수 있는 리더십의 스타일을 5가지로 구분하였다.

③ 거래적 리더십은 규칙을 따르는 의무에 관계되어 있으므로 거래적 리더들은 변화를 촉진하기보다 조직의 안정을 유지하는 것을 중시한다.

④ 상황부합 이론에 의하면 상황이 아주 좋거나 나쁠 때는 관계지향 리더가 효과적인 반면, 보통 상황에서는 과제지향 리더가 효과적이다.

NOTE

④ 상황부합 이론에 따르면, 상황이 아주 좋거나 반대로 나쁠 때는 과제지향 리더가 효과적인 반면, 보통 상황에서는 관계지향 리더가 효과적이다.

28. **다음 중 국민연금공단의 미션으로 적절한 것은?**

① 지속가능한 연금과 복지서비스로 국민의 생활안정과 행복한 삶에 기여

② 국민과 함께하는 혁신경영, 연금가족과 행복한 동행

③ 안정적인 연금복지 서비스로 국민의 복지향상과 사회공헌을 돕는다.

④ 세대를 이어 행복을 더하는 글로벌 리딩 연금기관

NOTE

② 공무원연금공단의 비전

③ 공무원연금공단의 미션

④ 국민연금공단의 비전

answer 26.① 27.④ 28.①

29. 다음 중 국민연금공단이 하는 일로 옳지 않은 것은?

① 국민연금기금 운용 전문인력 양성
② 가입자 및 가입자였던 자에 대한 기금증식을 위한 자금 대여사업
③ 가입자에 대한 기록의 관리 및 폐기
④ 가입 대상과 수급권자 등을 위한 노후준비서비스 사업

NOTE

국민연금법 제25조
㉠ 가입자에 대한 기록의 관리 및 유지
㉡ 연금보험료의 부과
㉢ 급여의 결정 및 지급
㉣ 가입자, 가입자였던 자, 수급권자 및 수급자를 위한 자금의 대여와 복지시설의 설치·운영 등 복지사업
㉤ 가입자 및 가입자였던 자에 대한 기금증식을 위한 자금 대여사업
㉥ 가입 대상과 수급권자 등을 위한 노후준비서비스 사업
㉦ 국민연금제도·재정계산·기금운용에 관한 조사연구
㉧ 국민연금기금 운용 전문인력 양성
㉨ 국민연금에 관한 국제협력
㉩ 그 밖에 이 법 또는 다른 법령에 따라 위탁받은 사항
㉪ 그 밖에 국민연금사업에 관하여 보건복지부장관이 위탁하는 사항

30. 다음 내용을 참고할 때, 빈칸에 들어갈 사자성어로 적절한 것은?

> 우리 속담에 (   )라는 사자성어가 있다. 군사시설 주변에는 이러한 사자성어에 해당하는 일이 다반사로 일어나고 있다. 군사시설을 지을 때는 인근 지역 주민이 생업에 지장을 초래하지 않고 최대한 민원이 발생하지 않도록 한적한 곳에 위치하게 한다. 하지만 세월이 흐르면서 인적이 드문 군사시설 주변에는 건물이 들어서고 상가가 조성되면서 점차 번화가로 탈바꿈하게 된다. 이럴 경우 군사시설 주변에 군 관련 크고 작은 민원이 제기됨으로써 화합을 도모해야 할 민·군이 갈등관계로 변모되는 사례가 종종 있어 왔다.

① 塞翁之馬　　② 客反爲主
③ 燈火可親　　④ 指鹿爲馬

NOTE

'객반위주'라는 말은 '손님이 오히려 주인 행세를 한다.'는 의미의 사자성어로, 비어 있는 곳에 군사시설이 먼저 들어가 있는 상황에서 점차 상가가 조성되어 원래의 군사시설 지역이 지역 주민에게 피해를 주는 시설로 인식되고 있는 상황을 사자성어에 견주어 표현하였다.
① 새옹지마 : 인생의 길흉화복은 늘 바뀌어 변화가 많음을 이르는 말이다.
③ 등화가친 : 등불을 가까이할 만하다는 뜻으로, 서늘한 가을밤은 등불을 가까이 하여 글 읽기에 좋음을 이르는 말이다.
④ 지록위마 : 사슴을 가리켜 말이라 한다는 뜻으로, 윗사람을 농락하여 권세를 휘두르는 경우를 말한다.

answer 29.③ 30.②